U0527851

本书受到

浙江省哲学社会科学重点研究基地杭州师范大学中国创新创业教育研究院资助
浙江理工大学基本科研业务费专项资金资助（24256108-Y）
浙江理工大学学术著作出版资金资助（2024年度）（24256064-Y）
浙江理工大学科研启动基金项目资助（20102230-Y）

·新时代创新创业教育丛书·

面向高水平科技自立自强的
高校学术创业路径、机理及影响效应研究

陈艾华◎著

STUDY ON THE PATH, MECHANISM AND EFFECT OF
ACADEMIC ENTREPRENEURSHIP IN UNIVERSITIES ORIENTED TO SELF-RELIANCE AND
STRENGTH IN SCIENCE AND TECHNOLOGY AT HIGH LEVEL

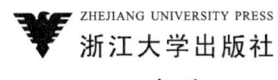

ZHEJIANG UNIVERSITY PRESS
浙江大学出版社
·杭州·

图书在版编目（CIP）数据

面向高水平科技自立自强的高校学术创业路径、机理及影响效应研究 / 陈艾华著. -- 杭州：浙江大学出版社，2024.10. -- ISBN 978-7-308-25494-6

Ⅰ.G647.38

中国国家版本馆 CIP 数据核字第 2024QE9590 号

面向高水平科技自立自强的高校学术创业路径、机理及影响效应研究

陈艾华　著

责任编辑	李海燕
责任校对	朱梦琳
封面设计	雷建军
出版发行	浙江大学出版社
	（杭州市天目山路 148 号　邮政编码 310007）
	（网址：http://www.zjupress.com）
排　　版	杭州好友排版工作室
印　　刷	广东虎彩云印刷有限公司绍兴分公司
开　　本	710mm×1000mm　1/16
印　　张	14.25
字　　数	256 千
版 印 次	2024 年 10 月第 1 版　2024 年 10 月第 1 次印刷
书　　号	ISBN 978-7-308-25494-6
定　　价	68.00 元

版权所有　侵权必究　印装差错　负责调换

浙江大学出版社市场运营中心联系方式：(0571) 88925591；http://zjdxcbs.tmall.com

前　言

国家持续内生性增长的重要源泉在于创新及其产生的新知识、新产品、新技术、新生产方式，或组织模式经由组织内外的流动和扩散应用。它们在产生"创造性破坏"的同时，对经济增长有着边际收益递增效应。创新引领高质量发展的关键在于完善国家创新体系以及对知识创造、扩散和应用这一"创新闭环"的不断赋能。

在当今"百年未有之大变局"时代，新一轮科技革命加速演化，中国却面临着基础性创新不足、关键核心技术受制于人的严峻挑战。因此，党的二十大报告提出要加快实现高水平科技自立自强，加快实施创新驱动发展战略。在此形势下，国家和社会对高校知识溢出和高校科研成果产业化提出了更为迫切的要求。科学创新与基础研究唯有和高校学术创业相结合，才能持续提供原创性知识，构建新发展格局，从而为引领中国高质量发展提供重要支撑。

随着创新型国家战略的深入实施与创新创业、众创空间热潮的出现，反映知识资本向创业活动演变的学术创业成为高校必然的"第三使命"，在实现高校组织创新、促进区域经济发展、提升国家核心竞争力等方面发挥着日益显著的作用。然而，我国高校学术创业成功率并不高，且易在两三年内陷入"死亡之谷"。对高校学术创业的路径、机理及影响效应认识不足可能是导致这一现象频现的原因。

因此，本书选取面向高水平科技自立自强的高校学术创业路径、机理及影响效应问题为研究议题。遵循从"学术创业路径"到"学术创业机理"再到"学术创业影响效应"的逻辑链条，本书形成了三个核心研究模块。①研究模块1：面向高水平科技自立自强的高校学术创业路径。全面系统地了解高校学术创业路径，实现科技与经济的深度融合，是实现高水平科技自立自强的关键。技术转移是学术创业最主要的一种具体表现形式，而作为世界上最大的学术研究机构之一，中国高校体系发挥其核心作用的一个关键是开展学术创业，进行技术转移。研究模块1以中国高校技术转移为例，基于文献计量学方法，利用元分析法和知识图谱分析法，试图对面向高水平科技自立自强的高校学术创业路径进行剖析。②研究模块 2：面向高水平科技自立自强的高校学术创业机理。作为开展高校学术创业的关键载体，高校跨学科创业团队在提升高校科技成果转化力、助推国家创新体系构建中发挥着举足轻重的作用。因此，研究模块 2 以高校跨学科创业团队为例，构建高校跨学科创业团队中变革型领导、跨学科合作、冲突、团队异质性、角色认同与学术创业绩效初始概念模型，以期发现高校跨学科创业团队生产力物化过程的匹配规律，为高校学术创业过程中核心要素的耦合提供证据。通过调查收集数据，利用 OLS 估计方法对模型参数进行估计，进而阐释面向高水平科技自立自强的高校学术创业机理。③研究模块 3：面向高水平科技自立自强的高校学术创业影响效应。研究模块 3 从企业视角出发，基于产学知识联盟，构建从"知识共享模式"到"组织间学习"再到"创新绩效"的理论假设模型，提出研究假设，并通过调查收集数据，利用 OLS 估计方法对模型参数进行估计，检验研究假设，重点阐释面向高水平科技自立自强的高校学术创业影响效应问题。

通过理论分析和实地调查，本书获得以下主要研究结论。

第一，对构建的数据库利用元分析法和知识图谱分析法进行统计分析发现，创建校办企业、创办高校科技园、建立高校衍生企业、开展高校专利工作等系面向高水平科技自立自强的高校学术创业具体路径。同时，从横向上比较了两者存在的异同，从纵向上刻画了两者在时间上的演化轨迹与演化规律。

第二，在面向高水平科技自立自强的高校学术创业内部治理机理中，跨学科创业团队是高校开展学术创业的关键载体，因此以高校跨学科创业团队为例，研究发现，变革型领导对跨学科合作以及学术创业绩效均具有正向影响；跨学科合作在变革型领导和学术创业绩效之间发挥着部分中介效应；冲突中的关系冲突在变革型领导和跨学科合作的不同维度之间既发挥着负向调节效应又发挥着正向调节效应，冲突中的任务冲突在变革型领导和跨学科合作中的合作质量两者之间的关系中具有不显著的负向调节效应。

第三，在面向高水平科技自立自强的高校学术创业协同创新机理中，高校跨学科创业团队社会性异质性中的年龄异质性和教育背景异质性，以及高校跨学科创业团队功能性异质性中的产业经验异质性均对学术创业绩效具有显著的正向效应，而高校跨学科创业团队功能性异质性中的职能经验异质性对学术创业绩效具有不显著的负向效应；角色认同中的学术认同在功能性异质性中的产业经验异质性与学术创业绩效之间发挥着完全中介作用，学术认同在社会性异质性中的年龄异质性、教育背景异质性与学术创业绩效之间发挥着部分中介作用,角色认同中的商业认同在社会性异质性中的教育背景异质性与学术创业绩效之间发挥着部分中介作用。

第四,在面向高水平科技自立自强的高校学术创业影响效应中,产学知识联盟中知识共享模式与组织间学习均对企业创新绩效具有显著的正向效应。知识共享模式中的个体—个体模式、组织—个体模式通过组织间学习影响企业创新绩效的中介效应得到了实证研究的支持。其中,知识共享模式中个体—个体模式通过组织间学习影响企业创新绩效的中介效应部分成立,知识共享模式中的组织—个体模式通过组织间学习影响企业创新绩效的中介效应完全成立,知识共享模式中的组织—组织模式通过组织间学习中的知识获取影响企业创新绩效的中介效应完全成立。值得注意的是,尽管知识共享模式中的个体—个体模式及组织—个体模式对组织间学习分别具有显著和极显著的正向效应,但知识共享中的组织—组织模式对组织间学习中的知识创造具有不显著的负向效应。

本书将学术创业理论、知识管理理论和跨学科科研合作理论引入面向高水平科技自立自强的高校学术创业问题之中,通过理论分析、模型构建、问卷调查等方式,探索面向高水平科技自立自强的高校学术创业路径、机理及影响效应问题,以期拓展高校学术创业问题的研究空间,丰富学术创业的研究域,为推动高校学术创业,加快实现高水平科技自立自强,进而促进社会高质量发展提供实践指导。

目 录

第1章 绪 论 ... 1
1.1 研究背景 ... 1
1.1.1 学术创业是实现高水平科技自立自强的重要途径 ... 1
1.1.2 高校跨学科创业团队成为学术创业的关键载体 ... 2
1.1.3 促进高校学术创业困难重重 ... 2
1.2 研究论域 ... 3
1.2.1 当前研究局限 ... 3
1.2.2 研究问题廓清 ... 3
1.3 研究目的与意义 ... 4
1.4 研究方法 ... 5
1.5 研究架构及创新之处 ... 6
1.5.1 技术路线 ... 6
1.5.2 研究结构 ... 7
1.5.3 创新之处 ... 8
1.6 本章小结 ... 9

第2章 理论基础 ... 10
2.1 学术创业理论 ... 10
2.1.1 学术创业概念界定 ... 10
2.1.2 学术创业的影响因素 ... 12
2.1.3 评述:学术创业理论对本书研究的理论贡献 ... 15
2.2 知识管理理论 ... 17
2.2.1 知识管理理论演化与内涵 ... 17
2.2.2 知识管理的内容 ... 19
2.2.3 评述:知识管理理论对本书研究的理论贡献 ... 20

2.3 跨学科科研合作理论 …………………………………………… 22
　　2.3.1 跨学科科研合作释义 ………………………………… 22
　　2.3.2 跨学科科研合作的动力机制 ………………………… 26
　　2.3.3 评述：跨学科科研合作理论对本书研究的理论贡献 ……… 28
2.4 本章小结 ………………………………………………………… 29

第3章 面向高水平科技自立自强的高校学术创业路径 ……………… 30
3.1 高校研发及其技术转移 ………………………………………… 30
3.2 数据收集方法 …………………………………………………… 40
3.3 数据基本信息 …………………………………………………… 41
　　3.3.1 元分析(1997—2014年) ……………………………… 41
　　3.3.2 知识图谱分析(2015—2022年) ……………………… 70
3.4 研究结果 ………………………………………………………… 75
　　3.4.1 创建校办企业 ………………………………………… 75
　　3.4.2 创办高校科技园 ……………………………………… 75
　　3.4.3 建立高校衍生企业 …………………………………… 75
　　3.4.4 开展高校专利工作 …………………………………… 76
3.5 本章小结 ………………………………………………………… 77

第4章 面向高水平科技自立自强的高校学术创业机理 ……………… 79
4.1 跨学科科研合作与学术创业关系 ……………………………… 79
4.2 研究问题 ………………………………………………………… 80
4.3 理论模型与研究假设 …………………………………………… 82
　　4.3.1 变革型领导与学术创业绩效 ………………………… 82
　　4.3.2 变革型领导与跨学科合作 …………………………… 82
　　4.3.3 跨学科合作与学术创业绩效 ………………………… 84
　　4.3.4 冲突的调节作用 ……………………………………… 85
　　4.3.5 高校跨学科创业团队异质性与学术创业绩效 ……… 87
　　4.3.6 角色认同在"团队异质性—学术创业绩效"关系中的中介作用
　　　　　……………………………………………………………… 89
4.4 研究设计与数据收集 …………………………………………… 93
　　4.4.1 问卷设计 ……………………………………………… 93

4.4.2　样本和数据收集 ………………………………………… 94
　　4.4.3　指标构建 …………………………………………………… 94
4.5　数据分析方法选择 ………………………………………………… 96
4.6　调查样本描述性统计 ……………………………………………… 97
　　4.6.1　样本基本信息 ……………………………………………… 97
　　4.6.2　调查样本开展学术创业的情况 …………………………… 98
4.7　量表品质评估 …………………………………………………… 101
　　4.7.1　变量的信度分析 ………………………………………… 101
　　4.7.2　变量的效度分析 ………………………………………… 107
4.8　假设检验——学术创业内部治理机理 ………………………… 117
　　4.8.1　共同方法偏差检验 ……………………………………… 117
　　4.8.2　模型估计结果与分析 …………………………………… 117
　　4.8.3　学术创业内部治理机理结论与讨论 …………………… 121
　　4.8.4　学术创业内部治理机理理论贡献与实践启示 ………… 123
4.9　假设检验——学术创业协同创新机理 ………………………… 124
　　4.9.1　相关性分析 ……………………………………………… 124
　　4.9.2　多元回归分析 …………………………………………… 125
　　4.9.3　学术创业协同创新机理研究结论与启示 ……………… 127
4.10　本章小结 ………………………………………………………… 129

第 5 章　面向高水平科技自立自强的高校学术创业影响效应 ………… 131

5.1　问题提出 ………………………………………………………… 131
5.2　初始概念模型与研究假设 ……………………………………… 132
　　5.2.1　知识共享模式与创新绩效 ……………………………… 132
　　5.2.2　组织间学习与创新绩效 ………………………………… 133
　　5.2.3　知识共享模式与组织间学习 …………………………… 134
5.3　研究过程 ………………………………………………………… 135
　　5.3.1　问卷设计过程 …………………………………………… 135
　　5.3.2　变量测量与样本收集 …………………………………… 137
　　5.3.3　分析方法 ………………………………………………… 138
　　5.3.4　描述性统计分析 ………………………………………… 139
　　5.3.5　数据分析和处理 ………………………………………… 141

  5.3.6 直接效应与中介效应检验 ………………………… 151
 5.4 讨论与结论 …………………………………………………… 154
  5.4.1 研究发现与讨论 ………………………………… 154
  5.4.2 理论贡献与实践启示 …………………………… 155
 5.5 本章小结 ……………………………………………………… 156

第6章 结论与展望 …………………………………………… 158
 6.1 主要研究结论 ………………………………………………… 158
 6.2 政策建议 ……………………………………………………… 165
  6.2.1 开放知识边界,激活学术心脏地带 ……………… 165
  6.2.2 促进科研成果转化,提升知识应用能力 ………… 166
  6.2.3 构建人才流动机制,发挥政府引导作用 ………… 166
 6.3 研究局限与研究展望 ………………………………………… 167

参考文献 ……………………………………………………………… 169

附录Ⅰ:调查问卷Ⅰ ………………………………………………… 207

附录Ⅱ:调查问卷Ⅱ ………………………………………………… 212

后 记 ……………………………………………………………… 215

图目录

图 1-1　技术路线 …………………………………………………… 6
图 1-2　研究结构框架 ……………………………………………… 8
图 3-1　1998—2022 年中国 R&D 经费支出 …………………… 38
图 3-2　高等学校发表的国内科技论文以及发表在国际期刊上的中国科技论文被 SCI 收录情况(2001—2017 年) ……………………… 39
图 3-3　每年发表的关于 CUTT 的文章(1998—2014 年) ………… 42
图 3-4　英文学术期刊上刊发的 CUTT 文章数量(1997—2014 年) … 43
图 3-5　中文学术期刊上刊发的 CUTT 文章数量(1998—2014 年) … 43
图 3-6　中英文文章引用的参考文献数量(2001—2014 年) ……… 45
图 3-7　中英文文章引文网络(1997—2014 年) …………………… 46
图 3-8　引用英文文章作者的 CUTT 文章数量(1997—2014 年) …… 47
图 3-9　中文文献中关于 CUTT 研究主题的变化(1997—2014 年) … 49
图 3-10　英文文献中关于 CUTT 研究主题的变化(1997—2014 年) … 49
图 3-11　CUTT 中文文章作者合作知识图谱(2015—2022 年) …… 70
图 3-12　CUTT 研究国内机构共现图谱(2015—2022 年) ………… 71
图 3-13　CUTT 中文文献研究热点分析图谱(2015—2022 年) …… 72
图 3-14　CUTT 中文文献关键词聚类图谱(2015—2022 年) ……… 73
图 4-1　变革型领导、跨学科合作、冲突与学术创业绩效之间的关系概念模型 …………………………………………………… 87
图 4-2　团队异质性、角色认同和学术创业绩效的关系理论模型 … 92
图 4-3　性别分布状况 ……………………………………………… 97
图 4-4　关系冲突在变革型领导与合作强度两者关系中的调节效应 … 120
图 4-5　关系冲突在变革型领导与合作质量两者关系中的调节效应 … 121
图 5-1　初始概念模型 ……………………………………………… 135
图 5-2　知识共享模式对企业创新绩效的直接效应和中介效应检验结果 ……………………………………………………………… 154
图 6-1　总体研究结果 ……………………………………………… 161

表目录

表号	标题	页码
表 3-1	与中国高校技术转移相关的主要政策(1949—2023 年)	32
表 3-2	关于 NIS 和政府政策的文章汇总	50
表 3-3	关于校办企业、高校科技园和高校衍生企业的文章汇总	53
表 3-4	关于 UILs 的文章汇总	57
表 3-5	UILs 的影响因素	59
表 3-6	关于高校政策与 TTOs 的文章汇总	61
表 3-7	关于高校专利和专利许可的文章汇总	64
表 3-8	高校专利申请量与授权量的影响因素	67
表 3-9	高校专利许可合同数量与许可合同金额的影响因素	68
表 3-10	关键词的频次和中介中心性(2015—2022 年)	72
表 3-11	CUTT 中文文献关键词聚类结果(2015—2022 年)	73
表 3-12	CUTT 中文文献前 25 位突现词(2015—2022 年)	74
表 4-1	调查样本的职称分布	98
表 4-2	调查样本的学科分布	98
表 4-3	调查样本学术创业初步描述性统计	99
表 4-4	调查样本学术创业测量指标的频次分布	100
表 4-5	信度分析结果——变革型领导	101
表 4-6	信度分析结果——跨学科合作中合作强度	102
表 4-7	信度分析结果——跨学科合作中合作质量	102
表 4-8	信度分析结果——冲突中关系冲突	103
表 4-9	信度分析结果——冲突中任务冲突	103
表 4-10	信度分析结果——创业团队社会性异质性中的年龄异质性	104
表 4-11	信度分析结果——创业团队社会性异质性中的教育背景异质性	104
表 4-12	信度分析结果——创业团队功能性异质性中的创业经验异质性	105

表 4-13	信度分析结果——创业团队功能性异质性中的职能经验异质性	105
表 4-14	信度分析结果——角色认同中学术认同	106
表 4-15	信度分析结果——角色认同中商业认同	106
表 4-16	信度分析结果——学术创业绩效	107
表 4-17	变革型领导的 KMO 和 Bartlett's 检验结果	108
表 4-18	变革型领导指标体系因子分析结果	108
表 4-19	变革型领导因子分析方差解释	108
表 4-20	跨学科合作指标体系的 KMO 和 Bartlett's 检验结果	109
表 4-21	跨学科合作指标体系因子分析结果	109
表 4-22	跨学科合作指标体系因子分析方差解释	110
表 4-23	冲突指标体系的 KMO 和 Bartlett's 检验结果	110
表 4-24	冲突指标体系因子分析结果	111
表 4-25	冲突指标体系因子分析方差解释	111
表 4-26	社会性异质性指标体系的 KMO 和 Bartlett's 检验结果	112
表 4-27	社会性异质性指标体系因子分析结果	112
表 4-28	社会性异质性指标体系因子分析方差解释	112
表 4-29	功能性异质性指标体系的 KMO 和 Bartlett's 检验结果	113
表 4-30	功能性异质性指标体系因子分析结果	114
表 4-31	功能性异质性指标体系因子分析方差解释	114
表 4-32	角色认同指标体系的 KMO 和 Bartlett's 检验结果	115
表 4-33	角色认同指标体系因子分析结果	115
表 4-34	角色认同指标体系因子分析方差解释	115
表 4-35	学术创业绩效指标体系的 KMO 和 Bartlett's 检验结果	116
表 4-36	学术创业绩效指标体系因子分析结果	116
表 4-37	学术创业绩效指标体系因子分析方差解释	117
表 4-38	主要变量相关系数	118
表 4-39	回归分析结果	119
表 4-40	主要变量相关系数	124
表 4-41	回归分析结果	125
表 5-1	被调查企业的基本情况	140
表 5-2	调查样本创新绩效的初步描述性统计	141

表 5-3　调查样本创新绩效测量指标的频次分布 …… 141
表 5-4　信度分析结果—个体—个体模式 …… 142
表 5-5　信度分析结果——组织—个体模式 …… 143
表 5-6　信度分析结果——组织—组织模式 …… 143
表 5-7　信度分析结果——知识获取 …… 144
表 5-8　信度分析结果——知识创造 …… 144
表 5-9　信度分析结果——创新绩效 …… 145
表 5-10　知识共享模式的 KMO 和 Bartlett's 检验结果 …… 145
表 5-11　知识共享模式指标体系因子分析结果 …… 145
表 5-12　知识共享模式因子分析方差解释 …… 146
表 5-13　组织间学习指标体系的 KMO 和 Bartlett's 检验结果 …… 147
表 5-14　组织间学习指标体系因子分析结果 …… 147
表 5-15　组织间学习指标体系因子分析方差解释 …… 147
表 5-16　创新绩效指标体系的 KMO 和 Bartlett's 检验结果 …… 148
表 5-17　创新绩效指标体系因子分析结果 …… 148
表 5-18　创新绩效指标体系因子分析方差解释 …… 149
表 5-19　量表的 Cronbach's α 系数 …… 149
表 5-20　样本数据的 KMO 和 Bartlett's 检验 …… 149
表 5-21　因子载荷及因子分析方差解释 …… 150
表 5-22　主要变量相关系数 …… 151
表 5-23　知识共享模式对知识获取的回归分析结果 …… 152
表 5-24　知识共享模式对知识创造的回归分析结果 …… 152
表 5-25　知识共享模式、组织间学习对创新绩效的回归分析结果 …… 153
表 6-1　研究结果的归纳总结 …… 162

第1章 绪 论

1.1 研究背景

1.1.1 学术创业是实现高水平科技自立自强的重要途径

党的二十大报告提出,坚持面向世界科技前沿、面向经济主战场、面向国家重大需求、面向人民生命健康,加快实现高水平科技自立自强。创新是引领发展的第一动力,是建设现代化经济体系的战略支撑。创新驱动的增长方式不仅仅是解决效率问题,更为重要的是依靠一些无形要素如知识资本、人力资本和激励创新制度等实现要素的新组合,是科技成果在生产和商业上的应用与扩散。作为发展战略,创新驱动本身也需要从外生向内生转变,即转变技术进步的模式,从外生转向内生,立足于自主创新,开发拥有自主知识产权的关键技术,形成自有的核心技术与专有技术。在创新驱动发展战略背景下,中国从四个方面提出了实施创新驱动发展战略、加快建设创新型国家的具体举措,这四个方面既包含了创新的"硬件"建设,又包含了创新的"软件"建设。其中,有利于调动创新积极性、促进科技成果转化的科技体制机制创新,成为创新"软件"建设中的关键,为创新驱动发展战略的深入实施提供了有效的制度保障。

在创新驱动发展战略背景下,促进科技成果转化,提升科技成果转化的效率和效益,已经成为支撑创新驱动发展、加快实现高水平科技自立自强、提高国家核心竞争力的重要手段。学术创业作为国家创新体系的重要组成部分,既是高校社会服务职能的深化,也是促进高校科技成果转化为现实生产力的有效路径与手段。拥有丰富知识资本和科研成果的高校,是学术创业的实践者(殷朝晖、李瑞君,2018),在国家与区域创新驱动发展战略以及加快实现高水平科技自立自强中发挥着极为重要的作用。

1.1.2 高校跨学科创业团队成为学术创业的关键载体

作为学术资本主义的组织手段(斯劳特、莱斯利,2008),跨学科研究中心及其科研团队根据不同的学科视角就共同的研究主题开展科研合作,不仅有利于知识的集成创新,而且有助于创新创业要素如资金、人才、资源等的集聚。从某种意义上而言,高校跨学科创业团队激活了高校的学术心脏地带,能拓展高校的发展外围以及多元化的资助基地。因此,基于问题意识与应用场景开展综合性、应用性研究的高校跨学科创业团队日益成为创业型高校的一个重要特征。

高校传统学科组织的研究成果由于难以向实践转化和应用,被认为是一国竞争力中未被充分利用的资源(Siegel, Waldman, Atwater et al., 2003),而集学术和创业于一体的高校跨学科创业团队(刘永芳,2013;马陆亭、陈霞玲,2013),积极进行跨学科科研合作,能促使科研工作者了解不同的知识库,接触更广的知识源,从而有能力将不同的知识流整合成创新性思想,主动开展学术创业,进行更高层次、更为深入的协同创新(Etzkowitz, 2003; Brennan & McGowan, 2006;陈劲、阳银娟,2012;毕颖、杨连生,2014),因而所取得的跨学科研究成果通过学术创业在众多领域作出了亘古未有的贡献(王兴元、姬志恒,2013),成为学术创业的重要载体。

1.1.3 促进高校学术创业困难重重

合作网络的日益拓展与团队优势的日益凸显表明,合作对创新思想的形成和工作绩效的提升尤为关键(Shane, 2004; Wuchty, Jones & Uzzi, 2007;张金福、王维明,2013)。作为一种特殊的合作形式,跨学科科研合作由于其产生的深远影响而受到了广泛关注(Clark & Llorens, 2012; Mo, 2016;刘仲林,1990;宣勇、张金福、凌健等,2009)。高校能够综合利用各种资源如跨学科知识和跨学科人才,开展各种形式的学术创业。因此,各种变革的压力向高校袭来;一方面,正在变革的知识生产模式迫使高校必须进行学术创业;另一方面,政府也需要高校进行改革,积极与产业界合作开展学术创业,将高校科研成果转化为现实生产力。

高校科研工作者作为学术创业的具体承担者,在从事学术创业和提升学术绩效之间可以共存,不存在天然的冲突关系,学术创业在一定程度上可以促进高校科研工作者的学术产出(Van Looy, Ranga, Callaert et al., 2004;

Gulbrandsen & Smeby,2005)。然而,在学术考核和晋升上,高校未能真正反映科研工作者的学术创业绩效,大大挫伤了其从事学术创业的积极性(Philpott,Dooley,O'Reilly et al.,2011;Brehm & Lundin,2012),使得高校科研工作者开展学术创业的动力仍不足。在价值认同和取向上,学术创业参与各方存在本质差异且缺乏有效沟通,使得高校科研工作者进行学术创业困难重重(Wang & Ma,2007),从而难以跨越学术创业的"死亡之谷"。高校学科组织的内外部应嵌入多层次的有效政策和行动(Rasmussen,2008;Rasmussen & Borch,2010),在产学知识协同中更好地理解市场需求,找准科研方向(何郁冰、张迎春,2017),以促进学术创业的发展。

1.2 研究论域

1.2.1 当前研究局限

随着创新型国家战略的实施与创新创业、众创空间热潮的出现,反映知识资本向创业活动演变的学术创业成为高校必然的"第三使命",在实现高校组织创新、促进区域经济发展、提升国家核心竞争力等方面发挥着日益显著的作用(Shane,Lockeea & Collins,2003;李华晶、王刚,2010)。

虽然已有研究取得了较具创新性的研究成果,为后续研究提供了一定的研究基础和有益启示,但仍存在一些亟待解决的问题:尽管高校学术创业能够加快实现高水平科技自立自强,但学术界对学术创业感性议论的多,实证研究的少;已有研究大多还停留在轶事性分析层面,对学术创业的研究还缺乏坚实的经验证据支持。这极大地限制了我们对高校学术创业的理解,也非常不利于政府与高校采取有效举措促进学术创业。总之,为了弥补现有研究的不足,有必要从整体的、系统的角度理论结合实证深入探究面向高水平科技自立自强的高校学术创业路径、机理及影响效应问题。

1.2.2 研究问题廓清

西方科技政策与创新管理学界用"死亡之谷"来形象地描述大量科技成果无法商品化、产业化的现象。尽管各国政府采用了各种举措促进学术创业,但大量的学术创业湮没于"死亡之谷"。这种现象在世界各国普遍存在,但中国高校学术创业的"死亡之谷"现象表现得尤其明显(周程、张杰军,2010)。

虽然中央于2015年出台了《中华人民共和国促进科技成果转化法(2015年修订)》,但中国高校学术创业的成功率并不高,且易在2~3年内陷入"死亡之谷"。这表明新政出台未实质性地改善高校学术创业的困局,相关政策依然未能解决一些根源性问题(罗建、史敏、彭清辉等,2019)。对高校学术创业的运行过程和演化规律认识不足可能是导致"死亡之谷"频现的原因(段琪、麦晴峰、廖青虎,2017),而学术科研成果转化为生产力的最优方式是开展跨学科科研合作,进行学术创业(D'Este,Llopis,Rentocchini et al.,2019;Brodack & Sinell,2017)。因此,探究高校跨学科创业团队学术创业,是跨越"死亡之谷",推动高校学术创业的关键。

如何促进高校学术创业,成为人类知识生产与知识应用过程中一项亟待解决的紧迫课题,对该问题进行深入而系统的研究,具有极其重要的理论意义与实践价值。如何完成这一课题,既需要进行不懈的实践探索,又需要构建完整而科学的理论指导体系。本书基于学术创业理论、知识管理理论和跨学科科研合作理论,通过文献分析、案例分析、问卷调查、访谈研究、统计分析等方法,识别面向高水平科技自立自强的高校学术创业路径,构建面向高水平科技自立自强的高校学术创业机理模型,剖析面向高水平科技自立自强的高校学术创业影响效应,研究设计促进高校学术创业发展的政策框架,为政府和高校促进学术创业的政策与战略的制定提供理论基础和实践指导。

具体而言,本书主要聚焦于回答如下几个问题。

问题1:解读面向高水平科技自立自强的高校通过哪些路径开展学术创业。

问题2:揭示面向高水平科技自立自强的高校如何开展学术创业。

问题3:剖析面向高水平科技自立自强的高校学术创业有何影响效应。

1.3 研究目的与意义

在宏观层面上,将学术创业理论、知识管理理论和跨学科科研合作理论引入学术创业中,有助于拓展学术创业的研究域。在微观层面上,有助于从更深层次揭示学术创业的工作机制;有助于揭示学术创业活动从初级水平逐步演进为高级水平的内在转变机理;有助于更好地解释不同高校的学术创业工作存在的差异。

在高校层面上，分析面向高水平科技自立自强的高校学术创业路径、机理及影响效应，不仅可以为当前学术创业工作提供提升策略建议，还可以为学术创业的可持续发展战略提供指导，从而为高校管理者提供更为系统和有效的学术创业优化方案。在政府层面上，可以为政府更好地制定学术创业政策提供指导建议。

1.4 研究方法

1. 访谈法

以学术创业理论、知识管理理论和跨学科科研合作理论等为理论基础，梳理现有研究获得线索，并通过半结构化访谈法提取可能影响高校学术创业的因素。采用深度访谈法从高校管理者、学术创业项目负责人或参与者等处获取高校学术创业活动的历史数据。

2. 问卷调查与统计分析法

在梳理现有文献的基础上，确定高校学术创业系统的边界以及基本假定，获得高校学术创业路径。通过问卷调查法获取数据，采用探索性因子分析法获得高校学术创业的关键影响因素，构建学术创业机理和影响效应模型。采用回归分析法对获取的数据进行分析，验证构建的初始概念模型与提出的研究假设。

3. 案例研究法

根据特殊性和典型性原则，选择案例研究对象即学术创业比较成功的高校。通过解剖多案例探寻面向高水平科技自立自强的高校学术创业路径、机理及影响效应，运用证据迭代方式构建构念，以面向高水平科技自立自强的高校学术创业跨案例的复制逻辑而非抽样逻辑为后续研究假设提供理论逻辑，运用前后贯通一致的分析方法解析面向高水平科技自立自强的高校学术创业的逻辑，并通过逐项复制和差别复制深入探究面向高水平科技自立自强的高校学术创业机理及影响效应问题。

1.5 研究架构及创新之处

1.5.1 技术路线

本书的总体研究目标为:探索面向高水平科技自立自强的高校学术创业路径、机理及影响效应,旨在为从本质上提升高校相应的学术创业工作水平提供理论依据,为政府和高校促进学术创业的政策与战略的制定提供理论基础和实践指导。

为实现研究目标,科学合理地解决研究中提出的研究问题,技术路线提供了指导性的框架。本书的技术路线如图 1-1 所示。

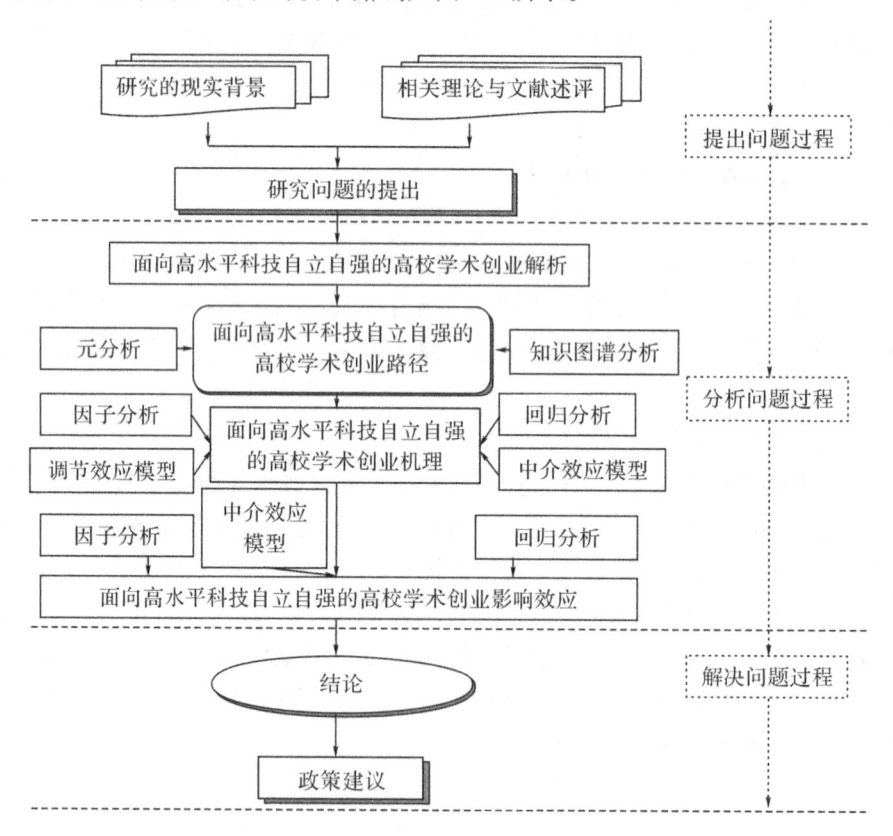

图 1-1 技术路线

1.5.2 研究结构

基于上述技术路线的研究逻辑框架,本书主要分为以下几个研究部分,具体章节安排和相应研究内容如下。

第1章 绪论。基于研究的理论与实践背景,主要关注以下四个问题:研究什么——研究的主要问题;为什么要研究——研究的目的与意义;怎样研究——研究的方法和技术路线;有何创新——研究的创新之处。

第2章 理论基础。主要关注学术创业理论、知识管理理论和跨学科科研合作理论,在阐释每一个理论后,均对其理论贡献进行评述,以期为后续章节提供坚实的理论基础。

第3章 面向高水平科技自立自强的高校学术创业路径。全面系统地了解高校学术创业路径,实现科技与经济的深度融合,是实现高水平科技自立自强的关键。由于技术转移是学术创业最主要的一种具体表现形式,而作为世界上最大的学术研究机构之一,中国高校体系发挥其核心作用的一个关键是开展学术创业,进行技术转移。以中国高校技术转移为例,基于文献计量学方法,利用元分析和知识图谱分析法,试图对面向高水平科技自立自强的高校学术创业路径进行剖析。

第4章 面向高水平科技自立自强的高校学术创业机理。作为开展高校学术创业的关键载体,高校跨学科创业团队在提升高校科技成果转化力、助推国家创新体系构建中发挥着举足轻重的作用。因此,以高校跨学科创业团队为例,构建高校跨学科创业团队中变革型领导、跨学科合作、冲突、团队异质性、角色认同与学术创业绩效初始概念模型,以期发现高校跨学科创业团队生产力物化过程的匹配规律,也为高校学术创业过程中核心要素的耦合提供证据。通过调查收集数据,利用OLS估计方法对模型参数进行估计,进而阐释面向高水平科技自立自强的高校学术创业机理。

第5章 面向高水平科技自立自强的高校学术创业影响效应。从企业视角出发,基于产学知识联盟,构建从"知识共享模式"到"组织间学习"再到"创新绩效"的理论假设模型,提出研究假设,并通过调查收集数据,利用OLS估计方法对模型参数进行估计,检验研究假设,重点阐释面向高水平科技自立自强的高校学术创业影响效应问题。

第6章 结论与展望。首先阐述和总结本书的主要结论;其次根据主要研究结论,提出相关政策建议,并讨论本书未涉及或未深入研究的有关问题;最后对未来研究方向进行展望。

本书研究内容的具体结构如图 1-2 所示。

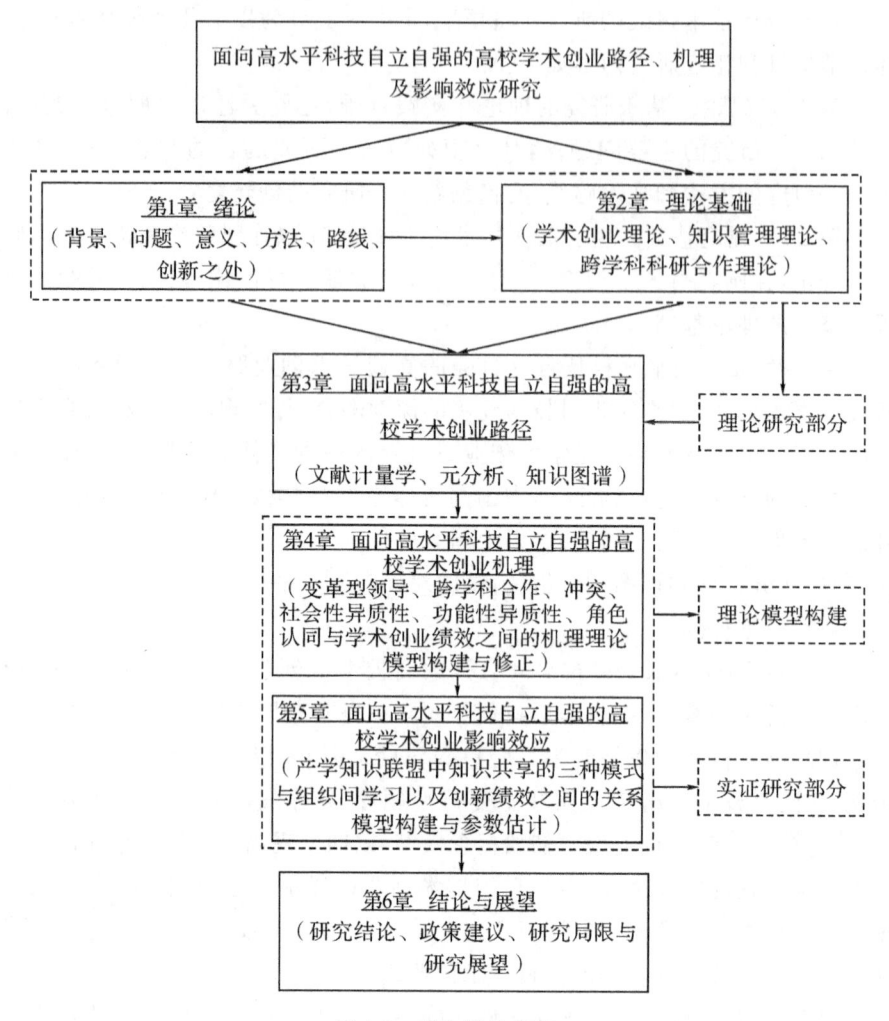

```
                面向高水平科技自立自强的高校学术创业路径、机理
                          及影响效应研究
                                │
                ┌───────────────┴───────────────┐
                ▼                               ▼
         第1章 绪论                        第2章 理论基础
    （背景、问题、意义、方法、路线、       （学术创业理论、知识管理理论、
           创新之处）                       跨学科科研合作理论）
                │                               │
                └───────────┬───────────────────┘
                            ▼                         ┌──────────────┐
              第3章 面向高水平科技自立自强的高        │              │
                    校学术创业路径              ◄──│  理论研究部分 │
              （文献计量学、元分析、知识图谱）       │              │
                            │                         └──────────────┘
                            ▼
              第4章 面向高水平科技自立自强的高
                       校学术创业机理
              （变革型领导、跨学科合作、冲突、       ┌──────────────┐
                 社会性异质性、功能性异质性、角色    │              │
                 认同与学术创业绩效之间的机理理论 ──│  理论模型构建 │
                        模型构建与修正）             │              │
                            │                         └──────────────┘
                            ▼
              第5章 面向高水平科技自立自强的高
                      校学术创业影响效应
              （产学知识联盟中知识共享的三种模式    ┌──────────────┐
                 与组织间学习以及创新绩效之间的关系─│  实证研究部分 │
                     模型构建与参数估计）           │              │
                            │                         └──────────────┘
                            ▼
                   第6章 结论与展望
              （研究结论、政策建议、研究局限与
                         研究展望）
```

图 1-2　研究结构框架

1.5.3　创新之处

本书通过识别面向高水平科技自立自强的高校学术创业路径，揭开面向高水平科技自立自强的高校学术创业机理"黑箱"，剖析面向高水平科技自立自强的高校学术创业影响效应，提出促进高校学术创业发展的政策建议，为政

府和高校更好地制定学术创业战略和政策提供科学的理论指导和实践工具。

第一，学术思想的创新。以往研究对学术创业感性议论的多，大多还停留在轶事性分析层面，对学术创业的研究还缺乏坚实的经验证据支持。本书从理论与实证层面探析面向高水平科技自立自强的高校学术创业问题，有助于形成探索高校学术创业的新思路，加快实现高水平科技自立自强，体现学术思想的创新性。

第二，学术观点的创新。已有研究着重提出了学术创业的作用、影响因素、实施困境等问题，但其中深层次的学术创业过程却没有得以揭示，这是一个难点，但必须突破它才能将研究引向深入。本书系统完整地描绘出一幅面向高水平科技自立自强的高校学术创业全景图，彰显学术观点的创新性。

第三，研究方法的创新。定性研究方法和定量研究方法的综合运用是新趋势。综合运用定性研究方法和定量研究方法可以弥补传统研究方法和资料收集上的不足，以更深层次地揭示面向高水平科技自立自强的高校学术创业本质与规律，展现研究方法的创新性。

1.6 本章小结

首先，本章介绍了面向高水平科技自立自强的高校学术创业理论与现实背景。其次，基于研究背景和已有研究局限，本章提出了所要研究的问题。再次，本章对本书的研究目的与意义进行了阐释，介绍了本书所采用的研究方法与技术路线。最后，本章对本书的结构框架与内容安排进行了说明与介绍，并指出了本书的创新之处。

第 2 章　理论基础

本章主要分为四个部分:第一部分对学术创业理论进行了阐释;第二部分对知识管理理论进行了深入介绍;第三部分对跨学科科研合作理论进行了系统梳理;第四部分为本章小结。

2.1　学术创业理论

2.1.1　学术创业概念界定

学术创业、创业型高校、技术转移,学者们对这几个概念时有混淆。实际上,学术创业与创业型高校、技术转移既有联系又有区别。

何谓创业型高校？Etzkowitz(1998)认为,创业型高校是经常从政府获得政策鼓励的高校,其构成人员从知识中收获资金,这种从知识中收获资金的兴趣使得学术机构在精神实质上更接近公司。Clark(2003)认为,创业型高校凭借自己的力量在事业中创新,并在组织特性上寻求实质性的转变,以期在将来获得更好的发展态势。张应强、姜远谋(2021)提出,创业型高校是一种新型高校,这种高校具有如下精神气质:追求卓越、勇于创新、引领社会变革,是现代高校制度的产物,但又对现代高校制度框架进行了突破与创新。邹晓东、陈汉聪(2011)对创业型高校的两种不同研究路径进行了分析,认为创业型高校的内涵有变革式和引领式两种,变革式创业型高校即克拉克提出的为应对环境变化而进行改革的"革新式"高校,如英国的沃里克大学;引领式创业型高校即Etzkowitz(1998)提出的以知识转移和学术创业为基本特征的高校,如美国的麻省理工学院。

技术转移的概念于20世纪60年代中期被首次提出,20世纪70年代,世界各国开始对技术转移工作展开不同程度的分析与研究。由于技术转移体系比较庞杂,学术界对技术转移的概念存在不同的理解。日本学者小林达也

(1981)认为,知识的流动和分配即为技术转移,这一观点也得到了Park和Zilberman(1993)的认同。Rebentisch和Ferretti(1995)提出,技术转移是将物化知识资产如技术、操作程序和组织结构等在组织之间进行转移。Bozeman(2000)认为,技术转移可以分为两种,一种是地域上的转移,另一种是技术所属领域的转移。根据高校在技术转移中参与的程度与形式,Carboni(1992)将技术转移划分为高校直接对企业进行技术转移和高校通过衍生机构进行技术转移等两种形式。Yusof和Jain(2010)认为,技术转移、技术商业化、衍生企业、专利许可等均是学术创业的具体表现形式。关于高校技术转移的概念界定,Wright等(2004)提出,高校技术转移是高校所开发的技术或发明被逐渐商业化的过程。Link和Siegel(2005)认为,高校技术转移有两种机制,一种是正式机制,如专利授予、高校许可、合资企业、衍生企业以及战略联盟等,另一种是非正式机制,如知识转移、顾问咨询、联合出版等。Chen、Patton和Kenney(2016)认为,中国和西方国家对于什么是高校技术转移均没有标准的定义。

学者们从广义、狭义与中义上对学术创业的概念进行了界定。从广义上而言,Brennan和McGowan(2006)将学术创业视为一个宽泛的概念,认为学术创业不仅包括诞生新的组织、衍生企业等,还含括高校系统内部的战略更新、转型与创新。Provasi和Flaminio(2007)从学术生涯战略管理过程视角出发,认为学术创业是学者根据个人的学术成果创建新领域或新机构,同时,这一过程可能伴随着商业化,这一观点也得到了李华晶(2011)的认同。从广义上对学术创业的概念进行界定,虽然对高校教师的学术创新具有较为重要的指引意义,但从高校教师的主体视角而言,广义上的学术创业将本属于教师的传统职责和应然使命的内容全部纳入进来,是对学术创业概念的一种泛化界定,不利于构建相应的理论体系对学术创业实践进行指导(付八军,2020)。从狭义上而言,Jain、George和Maltarich(2009)、段琪、麦晴峰和廖青虎(2017)认为,学术创业是学者或科研人员以创业的形式将自身的科研成果商业化的过程。李华晶(2011)指出,学术创业指学术组织或学者参加商业创业活动。Hayter等(2018)认为,不少学者目前仍然从创办新企业的角度对学术创业进行理解与应用,如主张创办科技园区、创建衍生企业,重视有形产出的"硬活动"(Philpott,Dooley,O'Reilly et al.,2011)。从狭义上对学术创业的概念进行界定,一方面缩小了学术创业的活动边界,另一方面不符合高校教师——"最适切的知识转移方式仍是软活动"(Cohen,Nelson & Walsh,2002)这一事实。从中义上而言,Klofsten 和 Jones-Evans(2000)指出,除了高校正式的教学和科研任务外,所有的商业化活动均是学术创业。Stuart 和 Ding(2006)认为,学术创业是指科学转向追求利润的过程。易高峰(2020)指出,学术创业是指高校的科研人员将知识商业化,将学术成果转化为技术、产品或者服务。付八军(2020)认为,学术创业是高校教师在岗位职责之外进行知识转移转化的各种活动,相当于中国政策文本中提及的以知识服务为基础的兼职兼薪。从中义上对学术创业概念进行界定的观点认为,学术创业是学者个人或学术组织在传统职责以外进行知识转移转化的各种活动,不仅包括创办新企业,还包括专利转让、技术入股、顾问咨询、产业合同研究、社会培训以及校外兼课等。这一观点以学术职业为主体,比较符合高校教师开展学术创业的基本特征。结合本书的研究议题与研究对象,本书倾向于采用学术创业概念的中义界定,认为学术创业是高校跨学科科研团队在其成员岗位职责之外进行的各种知识转移活动。

从以上对创业型高校、技术转移以及学术创业的概念界定中可以看出,创业型高校的概念比学术创业的概念更为宽泛,创业型高校包含学术创业,而学术创业的概念又宽泛于高校技术转移,高校技术转移是学术创业最主要的一种具体表现形式。

2.1.2 学术创业的影响因素

许多专家学者都对学术创业的影响因素进行了研究。这些影响因素可以划分为两个层面:个人层面(内在层面)和环境层面(外在层面)。个人层面(内在层面)涉及教师的性别、年龄、遗传差异、经验、学习经历、学科背景等。环境层面(外在层面)涉及政策、高校的使命与文化、高校技术转移办公室(technology transfer offices,简称 TTO)、院系领导及同事的影响、社会环境等。

在性别与年龄方面,Minniti 和 Nardone(2007)通过研究发现,学术创业与性别、年龄存在相互关系。在教师利用小企业创新研究(small business innovation research,简称 SBIR)计划资助方面,Elston 和 Audretsch(2010)发现性别是主要的决定因素,男性申请 SBIR 资助的数量远远高于女性。这一发现与 Link 和 Scott(2009)的观点相吻合,他们通过研究后指出,82.5%的 SBIR 企业由男性创办,由女性创办的 SBIR 企业仅占 17.5%。在创办企业时的年龄方面,Audretsch(2000)通过研究发现,高校科学家的年龄要大于企业科学家,他认为这与高校的评价制度密切相关。

在遗传差异与经验方面,Shane(2010)指出,遗传差异与经验是影响个体差异的两个主因,而个体差异是影响创业者的关键因素(Shane & Venkataraman,2000)。Nicolaou 等(2008)也认为,在个体经营、经营自有业务、开创公司、参与公司创建过程等各种创业形式中,个体差异都会对创业行为产生影响,与种族、受教育程度、收入水平、婚姻状况等因素相比,个体差异在整个差异中占据了近 60%。Nicolaou 等(2009)指出,在影响一个人的创业倾向上,遗传差异占了 60%,这种遗传差异可以用来解释个人的创业能力,如机会识别能力有一部分不受后天环境因素的影响,是天生的。无论失败的创业经验,还是成功的创业经验,都会使再次创业的可能性增加(Shane & Venkataraman,2000)。这一观点也得到了 Bercovitz 和 Feldman(2008)的印证,他们在研究中指出,如果研究者以前向他们所在高校技术转化办公室披露过研究发明,那么他们在以后更有可能去重复这种披露行为。多次创业的人,可能具有企业家思维,这使得他们能够不断地探寻新的机会(McGrath & MacMillan,2000)。Krabel 和 Mueller(2009)认为,有创业经验的教师有可能夸大商业风险,过高地预估资金需求。

在学习经历与学科背景方面,Bercovitz 和 Feldman(2008)认为,教师在高校的学习经历对其参加学术创业具有显著的正向影响。这可能缘于专业化训练会对个体行为规范产生印记(Biglaiser & Brown,2003)。如果教师在高校学习期间参加过学术创业实践活动或接受过创业教育,这种经历会对教师以后继续进行学术创业活动产生很大的促进作用,而如果教师就读的学校不鼓励技术转移,那么在高校毕业以后教师也很少参加学术创业活动(Bercovitz & Feldman,2006)。Shane 和 Venkataraman(2000)指出,一些研究者发现拥有多学科知识背景的教师往往能更好地识别创业机会。Bercovitz 和 Feldman(2008)通过研究指出,从事跨学科研究的教师(以教师身份隶属于学校内多个学术部门为衡量方式)更有可能向所在高校的技术转移办公室披露发明。Shane(2004)的研究表明,许多从专利中识别出创业机会的企业家认为,正是由于跨学科研究经验的积累,才使他们识别出了创业机会。这一观点与 D'Este 和 Perkmann(2011)的研究结论一致,即具有跨学科背景的教师具有更强的识别创业的能力,这是因为这些教师具有多种方法论视角,能够综合多学科的优势,因而更具创新性,从而具有较强的学术创业能力。

在高校政策方面,Shane(2004)认为,一些政策如提供专有技术独占许可、提供种子基金、持有股份代替专利收入、可使用高校资源如孵化器与资金、允许教师离岗创业等有助于增加高校衍生企业活动。Malone 和 Roberts(1996)通过比较研究发现,在 20 世纪 90 年代早期斯坦福大学之所以比其他研究型高校创办的衍生企业少,是因为斯坦福大学没有制定独占许可政策。与 Malone 和 Roberts(1996)的研究类似,Goldfarb 和 Henrekson(2003)对美国和瑞典高校体系的学术创业政策进行对比后指出,美国高校体系中知识产权归高校所有的政策比瑞典高校体系中直接赋予发明人个人所有的政策更能促进学术成果商业化。Kenney 和 Goe(2014)对加州大学伯克利分校和斯坦福大学教师的"离开政策"进行了比较,发现允许教师暂时性地离开教职岗位去创办企业的高校政策,有利于产生更多的高校衍生企业。在社会政策方面,Farsi 和 Modarresi(2014)在构建影响学术创业的制度性因素模型的基础上,认为正式因素中的政府政策和法规、知识产权法等对学术创业产生影响。

在高校的使命与文化方面,Etzkowitz 和 Leydesdorff(2000)认为高校的使命与文化会对教师学术创业产生影响。Hayter(2013)指出,高校文化有助于促进创业活动,鼓励创办衍生企业,那些认为创办衍生企业会有损害学术工作与高校声誉的高校,其创办的衍生企业较少。Louis 等(1989)通过对美国生命科学教师进行调查后发现,教师是否创办衍生企业受到组织文化的显著影响,并影响着教师参与其他创业活动。

在高校技术转移办公室方面,高校教师创办企业的种类、数量均受到不同层次高校技术转移办公室的影响(Clarysse,Wright,Lockett et al.,2005)。1990 年以来欧洲高校衍生企业的快速增长,与专业化的高校技术转移办公室息息相关(Baldini,2010)。高校技术转移办公室对高校教师参加学术创业活动有促进作用(Clarysse,Wright,Lockett et al.,2007;Phan & Siegel,2006)。在高校创建高校技术转移办公室后,美国高校的专利申请数量增加了(Thursby & Thursby,2002)。比利时高校在创建高校技术转移办公室后,合同的规模、数量以及获取的收入较之以前都有所增加(Vanaelst,Clarysse,Wright et al.,2006)。

在院系领导及同事影响方面,Bercovitz 和 Feldman(2008)通过研究发现,教师的学术创业行为在很大程度上与教师所在系的领导——系主任有关。如果系主任在过去 5 年内,向技术转移办公室披露过发明,那么来自该系的教师披露发明的可能性会增加 4%,因为在教师晋升考核中,系主任发挥着直接而重要的作用。如果系主任有过学术创业等经历,就会释放"积极参加学术创业有利于教师晋升"的信号,这种信号不仅会对面临诸多不确定性因素的青年教师产生影响,还会对资深教师起作用。Azoulay、Ding和Stuart(2007)认为,教师参加学术创业不仅受到院系领导的影响,还受到院系同事的影响。因为社会学习理论认为,当个体在面对不确定的情形而又需要作出行为决策时,就会观察和模仿与自己身份相似的人的行为(Bandura,1986)。Bauer(2001)通过研究发现,高校教师创业者会为其他教师和大学生提供如何获得创业资金与创办企业等非正式课程。大多数人从事一项新的工作是通过观察、模仿成功人士开始的,提供创业成功的榜样会鼓励人们开展创业活动(Kenney & Goe,2004)。但也有与之相反的研究结论,如Hill(2010)发现,院系同事对教师参加学术创业无显著影响。

在社会环境方面,Stuart和Ding(2006)通过研究发现,支持环境的创建可以促使高水平学术创业活动的产生。他们重点关注了当地社会环境对教师学术创业的影响,从社会环境因素方面解释了教师从单纯的科学研究者转变为学术创业者的原因。Bercovitz和Feldman(2008)发现,良好的创业环境虽然能增加教师参加学术创业的可能性,但无法断定这是否只是一种选择效果,也就是说,或许教师是由于机构支持创业而被吸引。如果只有创业能力弱的教师或只有创业能力强的教师愿意加入该机构的话,良好的创业环境是否会产生相同的效果,他们对此没有取得确定的研究结论。在鼓励学术创业的环境下,强大的社区有能力为高校选择最好的项目并为之分配资源(Degroof & Roberts,2004)。在这种情况下,高校可以采取被动接收策略。在不鼓励学术创业的环境下,Wright等(2007)认为,研究机构在不鼓励学术创业的环境下需要发挥更为主动的作用,比如为新创企业提供孵化器等。Farsi和Modarresi(2014)认为,社会环境中的市场结构、高校—产业关系等对学术创业有着重要影响。

2.1.3 评述:学术创业理论对本书研究的理论贡献

自高校教师成为一门专门职业以来,高校教师在岗位工作之外通过个人学识获得收益的学术创业活动就已出现。自1862年美国颁布《莫里尔法案》(Morrill Act)以来,高校教师的学术创业活动逐渐呈现出普遍化、多元化与职业化的特征。中国政府也积极推动与鼓励高校教师开展学术创业,如2016年出台《关于实行以增加知识价值为导向分配政策的若干意见》,允许教师进行适度的兼职兼薪;2017年又印发了《关于支持和鼓励事业单位专业技术人员创新创业的指导意见》,进一步推动事业单位专业技术人员兼职或在职创办企业。

在遵循内在发展逻辑时,高校也必须适当对外部社会不断发展的需求进行回应。在回应的过程中,高校的职能不断拓展。从中世纪至18世纪末,高校的基本职能是传播知识和为少数关键职业提供训练。此后,高校引发了两次学术革命。第一次学术革命发生在19世纪初的洪堡改革,这次改革使研究成为高校的一项主要学术任务,高校的职能转变为教学与研究相统一。第二次学术革命发端于20世纪中期,这次学术革命使得高校除了教学与研究外,还承担着为国家和地区经济发展服务的任务,"创业"成为高校的一项新任务。在环境需求变化以及高校内外部发展的背景下,20世纪90年代末,高校学术创业的概念引入中国,21世纪初期,中国国内已有一批高校开始重视学术创业,学术创业也逐渐成为大家关注的热点问题。

促进高校教师开展学术创业,是推动中国经济转型的有效途径,也是建设创新型国家的必由之路。高校教师学术创业受到多方面因素的影响,其中,跨学科背景对高校教师学术创业具有非常重要的影响。高校跨学科科研团队是集创业与学术于一体的组织。由于跨学科科研团队一般根据研究主题创建,他们开展的研究往往与社会需求的拟合度比较高。同时,高校跨学科科研团队也是院系学术资源的整合者。他们通过与校内各个院系教师的合作,引导院系开展学术创业。因此,高校跨学科科研团队是高校开展学术创业的主要载体,是高校学术创业的先锋队和主力军(马陆亭、陈霞玲,2013)。高校跨学科科研团队在开展学术创业方面具有明显的优势。一方面,他们在一个共同主题之下基于不同学科视角开展合作,有助于知识的集成创新;另一方面,高校跨学科科研团队构筑了校、政、企沟通与合作的平台,有助于集聚创新创业要素如资金、人才、资源等。学术创业本身是一个跨学科、多层次的复杂现象,而高校跨学科科研团队能够灵活地转变研究领域,迅速进入令人振奋的新的未知领域,在不断提出与解决新问题的过程中推动学术创业的拓展与深入。

2.2 知识管理理论

2.2.1 知识管理理论演化与内涵

最早对知识管理进行论述的学者是英籍犹太裔哲学家和物理化学家迈克尔·波兰尼。经验主义和理性主义的论争，是波兰尼研究知识管理的起点。波兰尼将以往对知识的经验与理性主义的讨论转移到了知识的客观性与个人性的分析之中。在他看来，知识是信念和寄托，信念难以描述，属于知识的默会部分。波兰尼将无法言说的知识称为隐性知识（也称默会知识），可言可述的知识称为显性知识（迈克尔·波兰尼，2000）。隐性知识往往难以表达与传播，学习这类知识必须基于实践。虽然波兰尼明确提出了显性知识与隐性知识的概念，但他并非最早发现隐性知识的人。严格而言，对知识最早进行显性与隐性划分的人是亚里士多德（Aristotle）。在亚里士多德看来，纯粹理性知识是那些可以精确研究的知识，实践理性知识是指导实践选择的知识，隐含经验知识则是无法用言语表达而只能通过实践才能掌握的知识（黄荣怀、郑兰琴，2007）。

美国学者彼得·德鲁克于20年代60年代初首先提出知识管理的概念，他认为，在知识社会中，资本、自然资源和劳动力不再是最基本的经济资源，知识成为知识社会中最基本的经济资源。20世纪80年代以后，德鲁克继续发表了大量相关论文，对知识管理作了许多开拓性的工作。20世纪90年代中后期，美国波士顿大学教授托马斯·H.达文波特在知识管理的工程实践以及知识管理系统领域作了诸多开创性的工作（陈建东，2007）。知识的隐性和显性的划分契合东方哲学，引起了"知识创造理论之父"——日本学者野中郁次郎（Ikujiro Nonaka）对此进行研究的极大兴趣。他于1994年对组织知识的隐性维度和显性维度进行了系统阐述，认为知识的隐性维度植根于行为与经验之中，并涉及具体的情境，涵括认知因素与技术因素；知识的显性维度是指可以用自然语言或符号的形式进行阐述、编码以及交流。野中郁次郎还将知识划分为个人知识与组织知识，并据此对知识进行了分类，提出了关于知识的SECI模型，这一模型包含了知识转化的四种模式，即社会化（socialization）、外化（externalization）、组合化（combination）、内化（internalization）等。SECI

模型轰动了学术界,不仅为组织管理提供了新的思路,而且将知识管理推向了新的研究热潮。

后来的学者在知识管理的要素、重点、过程等方面对知识管理展开了进一步的讨论。在知识管理的要素方面,Quintas、Lefere 和 Jones(1997)指出,知识作为权力关系的产物,其管理包含信息管理、传播管理、人力资源管理、智力资本管理以及品牌管理等。Wiig(1997)、Wiig、Dehoog 和 Vanderspek(1997)认为,知识管理主要涉及四个方面,即自上而下地控制和促进与知识相关的活动的开展、知识基础设施的维护、知识资产的更新与转化、知识利用以提升其价值等。在知识管理的重点方面,Leidner(2000)提出,知识管理需要弄清什么是必要的知识,也需要认识到人是进行成功的知识管理的关键。建立一个网络结构,并鼓励积极联网以进行隐性知识的分享是知识管理的重点(Swan、Newell、Scarbrough et al.,1999)。弄清知识流程体系结构是进行有效知识管理的先决条件(Gold、Malhotra & Segars,2001)。Desouza(2003)认为,知识管理作为一种新的管理哲学,将之前的管理关注点——为达到组织目标而对有形资产如土地、劳动力和资本等进行控制、开发和利用,转向对无形资产如知识、专利和智力等的管理上。在知识管理的过程方面,Inkpen 和 Dinur(1998)认为,所有的知识管理过程均具有潜在的有效性。Alavi 和 Leidner(2001)指出,知识管理包括知识创造、知识存储/索引、知识转移以及知识应用等四个基本过程。

何谓知识管理?Bassi(1997)认为,知识管理是创造、获取和使用知识的过程,旨在增强组织的绩效。毛义华、康晓婷、方燕翎(2021)认为,知识管理是指通过对知识进行获取、选择、分享、应用等活动来管理组织的内外知识。Dacenport、Delong 和 Beers(1998)从知识管理活动的分类视角,将知识管理划分为获取、创造、组装以及应用与再利用等活动。Holsapple 和 Singh(2001)基于波特价值链模型,提出了包含知识获取、选择、创造、内外部化等过程的知识管理活动的知识链模型。Shin、Holden 和 Schmidt(2001)指出,知识管理是知识从起始流向终点的一个过程,在这一过程中,知识是一种可以创造价值的资源。黄扬杰(2014)指出,知识管理是指对知识生产、创造、转移、应用等进行管理,从而提升组织绩效的过程。徐敏(2010)指出,高校知识管理的内涵包括三个方面:一是对高校知识和人员进行管理;二是对知识的获取、共享、应用与创新这一过程进行管理;三是对知识管理手段、方法、工具等进行管理。韩锦标(2011)认为,高校知识管理是指通过知识获取、传播、利用与创造,旨在实现显性与隐性知识的流通共享,以提升学校知识创新能力的过程。综上所述,本书认为,知识管理是指通过知识的共享、获取、选择、应用、创新等活动对组织的内外知识进行管理,从而增强组织绩效的过程。

2.2.2 知识管理的内容

知识管理涉及的内容较多,有广义与狭义之分。广义的知识管理涉及其主要流程与任务,如知识的来源、编辑、转化、传播、应用与创造等(Despres & Chauvel,1999)。狭义的知识管理即对知识要素本身的管理,内容涉及从知识产生到知识再创造的多个过程(Alavi & Leidner,2001)。

在广义的知识管理方面,随着知识管理的研究对象与核心内容的不断发展变化,学者们在广义的知识管理所涉及的内容中,逐渐认识到人的因素的重要性。Malhotra(2005)指出,知识管理既包括对组织信息处理能力进行管理,又包括对人的发展创造能力进行管理。这一观点与 Nonaka 和 Takeuchi(1996)的观点相吻合。Nonaka 和 Takeuchi(1996)基于隐性知识和显性知识的区别,指出知识创新并非简单地对客观信息加以处理,而是要对员工头脑中潜在的一些想法、灵感和直觉进行发掘,并加以综合运用。盛小平(2002)也认为,人的作用和人的发展在知识管理的主要内容之中占据着重要地位。徐锐(2000)从企业知识管理的视角,指出知识创新是企业知识管理的生命力,而人是企业知识管理的关键,信息技术作为一种工具,只是辅助人进行知识管理。韩锦标(2011)从高校管理视角出发,指出知识管理包括理念、制度和技术等维度,通过实施知识管理的三个维度,提升高校的管理力、学习力、创新力与文化力,以培育和提高高校的核心竞争力。此外,学者们越来越重视知识管理中关于人才管理和领导方式转型的研究(刘慎河,2000;郭强、叶继红,2000)。Mciver 等(2013)认为,知识管理不仅要对知识本身进行管理,还要对与知识相关联的各个方面、过程与资源进行管理。

在狭义的知识管理方面,毛义华、康晓婷、方燕翎(2021)认为,知识作为具有黏性的隐性创新资源,知识流动是知识管理的实质,从机构内外部获取不同类型的知识并进行传递,在组织内部吸收知识。陈文华(2010)认为,知识管理的主要内容包括知识获取、转移、整合和应用。许运娜(2003)从企业知识管理视角出发,指出企业的知识管理即在企业中构建一个技术与人文兼备的知识系统,以便使企业中的知识通过获取、创造、转移、整合、记录、存取、更新等一系列过程,实现知识不断创新的最终目标,并回馈到知识系统中,使企业与个人的知识进行持续的累积,有利于企业正确决策,以应对市场变迁。

2.2.3 评述:知识管理理论对本书研究的理论贡献

随着知识管理理论和实践的发展,知识管理理论不再仅仅局限于企业管理领域,而是走出企业领域,转向其他组织和个人。知识管理未来研究的重点在于为其学科规范发展服务,研究内容可以扩大至与知识利用和创新有关的所有问题(王平,2010)。愈来愈多的学者开始用知识管理理论对高校的管理开展研究或进行实践探索,作为一个关于知识的组织,高校学科组织承担着发现知识、创造知识、传递知识以及应用知识等功能,而高校跨学科科研团队整合了多学科间的知识,在学术创业方面具有得天独厚的优势。因此,知识管理理论对高校跨学科科研团队学术创业具有重要的理论贡献与启示。

第一,突破学科壁垒,促进知识共享,奠定学术创业的坚实根基。不同学科各自专注于一个特定领域,运用各自的方法分析、运算与推理,在日益缩小的范围内知道得愈来愈多。但是,学科作为知识的集合体,随着知识生产方式以及知识观念的改变,必然会发生发展逻辑变革。知识在知识经济时代不再被视为"闲逸地好奇",而更多地被视为学科发展的重要资源,基于知识的创新创业成为高校的时代使命。高校学科组织知识生产的外部效用性特征在知识经济时代明显加强,仅仅重视高校学科组织的知识生产特征必然会使学科建设面临困境。有效响应社会发展对高校的需求,将知识生产与学术创业进行整合,实现高校学科组织的知识价值增值,成为高校学科组织建设的重要指向。吉本斯、利摩日、诺沃提尼等(2011)认为,知识生产从模式 1 转变为模式 2,知识生产模式 2 强调知识生产组织的非等级性、异质性、灵活性、易变性以及短时性;同时,知识生产模式 2 也强调,高校知识生产活动是社会整个知识活动的重要组成部分,在高校、企业、政府之间构成的非线性链环结构中开展。在知识生产模式 2 中,高校知识生产活动的过程被纳入社会发展与市场领域之中。高校跨学科科研团队由于集学术和创业于一体(刘永芳,2013;马陆亭、陈霞玲,2013),对知识生产模式 2 进行了很好的回应。然而,高校跨学科科研团队在实际运作过程中,仍然存在组织结构设置障碍、学科壁垒未打破、学术评价制度缺陷、管理不完善、政策法规不健全、行政制度繁琐与僵化、人才培养缺位等诸多问题,而在这一系列问题中,学科壁垒问题最为严重,其他问题的存在都会引发学科壁垒问题。因此,只有突破学科壁垒,促进高校跨学科科研团队成员知识共享,才能更为有效地进行知识生产,为高校跨学科科研团队开展学术创业奠定坚实根基。

第二，提升团队成员知识获取与选择能力，激活学术创业的心脏地带。就理论而言，高校跨学科科研团队能够实现群体知识与个体思维的磋商互动、异质性知识与思维的交互以及不同学科知识之间的整合，是学术创新能力与学术创业能力两者兼具的组织。就实践而言，高校跨学科科研团队已成为科技创新和解决复杂问题的主要组织形式，有整合的创业文化与具有企业家精神的学科带头人，拥有强有力的驾驭核心，团队运行不断向外拓展，获得了社会各界的资金捐助，在高校学术创业中发挥了支撑和引领作用，激活了学术创业的心脏地带。在应对社会经济发展挑战和迎接高等教育领域的激烈竞争中，应该打破传统学术文化的限制，构建高校跨学科科研团队，在团队成员知识共享的前提下，提升团队成员的知识获取能力，并有效识别与选择有利于成员自身与团队发展的知识，进行知识的整合，从而突破知识能力瓶颈，使团队及其成员能够灵活地转换研究领域，迅速进入新的、令人振奋的未知领域，进行前沿性的拓展研究。在不断提出、分析与解决新问题的过程中，促进高校跨学科科研团队学术能力的发展，从而推动整个高校学术能力的提升。同时，应强有力地将创业态度扩散于整个学术基础结构，使高校跨学科科研团队与社会、企业频繁互动，从社会、企业中获取与选择知识的同时，利用综合性、应用性的高水准研究获得高校与企业的资金支持，使高校跨学科科研团队从一个学者群体转化为创业者的个体集合，从而全面激活高校学术创业的心脏地带。

第三，开展学术创业，促进知识应用与创新，实现知识的价值增值。随着知识经济时代的到来，人们的知识观念已经发生了重大变化。知识的生产、传播、应用和创新在知识经济时代已成为驱动经济与社会发展的重要源泉。知识已经不再局限于智力活动，不再被划分为"有知识"和"无知识"，而是进入生产过程，如同货币一般成为"用于支付的知识"和"用于投资的知识"(利奥塔尔，2011)，并在应用过程中不断被再创造(德兰迪，2010)。以学科为基础、以创造为理念和信念的高校，被要求创造价值与效益，高校已经成为以知识为联结中心的关系场域，致力于生产知识的高校学术逻辑开始面临来自市场逻辑的挑战。在高校以跨学科科研团队为载体的知识生产活动中，思考知识生产的目标与方向，推动学术文化与创业文化的融合，使知识生产具有社会实用价值，为高校知识生产活动提供了一个更为广阔的环境与舞台。以学术创业为导向，促进知识应用与创新，实现知识的价值增值，是高校跨学科科研团队获得持续竞争力的重要支撑，也是高校向创新创业转型发展的原动力。

2.3 跨学科科研合作理论

2.3.1 跨学科科研合作释义

在阐述跨学科科研合作的内涵之前,有必要对学科、跨学科以及相关概念进行较为系统的梳理与剖析,以便更为清晰地界定跨学科科研合作的概念。

1. 学科界说

目前,尽管有关学科的界定众说纷纭、莫衷一是,未达成共识,但从学者们的解释来看,关于学科的概念可以划分为三种:第一种是知识形态的学科,第二种是组织形态的学科,第三种是知识与组织双重形态的学科(陈艾华,2018)。

关于知识形态的学科,比较有代表性的观点如下。罗凤竹(1989)在《汉语大词典》中指出,"学科是知识或学习的一门分科,尤指在学习制度中为了教学将之作为一个完整的部分进行安排"。《现代汉语词典》中对学科进行了界定,认为学科是"按照学问的性质而划分的门类"(中国社会科学院语言研究所词典编辑室,2000)。Pearsall(1998)在《新牛津英语词典》中,将学科视为知识,认为特别是在高等教育中学习知识的一门分支即为学科。

关于组织形态的学科,比较有代表性的观点如下。欢喜隆司和钟言(1990)认为,学科是教学的一种组织形态。"学科首先是一个以具有正当资格的研究者为中心的研究社群,各个体为了利于互相交流和对他们研究工作设立一定程度的权威标准,组成了这个社群。"

关于知识与组织双重形态的学科,比较有代表性的观点如下。宣勇和凌健(2006)认为,以知识操作为主要任务的成员、知识信息和物质资料所组成的实体化的专门组织即为学科。"学科具有双重性格,即它不仅是一门知识,同时还具有知识、训练制度和方法的含义,这两种含义结合起来,表明在一门知识中受教即受规训而最终具备遵守纪律、能够自持等素质。"(庞青山,2006)"学科既要生产和传授最佳的知识,又需要建立一个权力结构,以期可以控制学习者及令该种知识有效地被内化。"(华勒斯坦等,1999)

基于上述对学科的界定,本书认为,学科具有两种形态,即知识形态和组织形态双重特征。也就是说,学科不仅具有"形而上"的知识门类的特征,还具有围绕"形而上"的知识形态而建立的"形而下"的实体化建制的特征。本书将知识作为学科的逻辑起点,将高校中的基本研究组织单元作为学科的一种存在符号。

2. 跨学科阐释

跨学科一词最早出现于 20 世纪 20 年代的美国。当时,美国社会科学研究理事会(Social Science Research Council,简称 SSRC)在一次会议速记中,运用了"跨学科"一词。美国哥伦比亚大学心理学家伍德沃斯(Woodvos R. S.)后来率先公开使用"跨学科"一词,但那时"跨学科"一词尚未普及。在 1924 年至 1930 年出版的大量文献中,通常使用的是"合作研究"一词,那时还没有强调不同学科间的"相互作用",而是强调探索"边缘地区"以填补"未被占领的空间"。《新韦氏大学词典》以及《牛津英语词典(增补本)》首次对"跨学科(interdisciplinary)"一词进行了收录。随着理论的发展,实践的需求也推动了关于跨学科的研究。由于第二次世界大战的紧迫需要,许多国家积极动员科技力量抓紧研制新型武器,发展新型技术,诸多工程皆是科技人员横跨多种学科与专业,共同协作完成的。冷战时期的高科技军备竞赛和战后恢复时期所带来的各种各样的复杂社会问题,从政治、经济、文化、教育等各个方面有力推动了关于跨学科的研究与发展。

20 世纪 60 年代,"跨学科"一词广泛出现于欧美各种出版物之中,成为当时的一个流行词。学者们对与"跨学科"概念相似的一些词汇如多学科(multidisciplinary)、复杂学科(pluridisciplinary)、交叉学科(crossdisciplinary)、超学科(transdisciplinary)①等进行了界定,以更为精准地界定跨学科。经济合作与发展组织(Organization for Economic Co-operation and Development,简称 OECD)(OECD,1972)认为,多学科是指不同学科并置,学科间不存在明显的关联性。Kockelmans(1975)指出,多学科更多地指向教育,不同学科间保持自己的独立性,并非在有意识之中产生学科间的联系。对于多学科中两种或更多的学科并置但不整合的情况,Palmer(2001)指出,多学科是低层次的,只是运用多门学科的知识进行研究。OECD 与 Palmer 的观点得到了 Klein(1996)的认同,他认为,来自不同学科的专家与学者虽然一起工作,但彼此间未有明显的联系,仅仅是从不同学科视角一起解决同一问题的不同方面,这一点也与美国促

---

① 有学者将 transdisciplinary 译为横断学科,但更多的学者将其译为超学科。因此,本书也将 transdisciplinary 译为超学科。

进跨学科研究委员会(Committee on Facilitating Interdisciplinary Research,简称CFIR)(CFIR,2004)的观点相吻合。① 然而,不同学科的观点与发现最终并未被整合(Van den Besselaar & Heimeriks,2001)。复杂学科是指各个不同的学科在同一级上开展工作,用一种分组的方式来增强彼此间的相互联系,但目标单一,往往来自某一个学科的严格控制(Klein,1996)。虽然学者们对交叉学科的概念界定并未达成共识,但均认为交叉学科的整合度更高。如刘仲林(1994)指出,交叉学科是一个学科群,这个学科群包括众多交叉性学科在内。炎冰和宋子良(1996)认为,交叉学科是科学主体基于两种或两种以上不同学科,凭借一些方法如对象整合、概念移植、理论渗透和类比推理等,探测对象世界及其变化,经体认和再现后所形成的超越单一学科性的独立的科学理论体系。Kockelmans(1975)指出,交叉学科是指将学科性质不一定比较接近的不同学科整合在一起,以解决研究与教学中的具体问题或社会问题。刘仲林(2003)认为,基于广泛的跨学科研究,以某些共同点如某种物质结构、层次、物质运动形式等为研究对象而形成的方法性、工具性较强的学科,即为超学科。Klein(1990,1996)指出,超学科建立在一般普通概念以及出现的认识论模式基础之上,是所有涉及的各种不同学科之间的协作。

从跨学科相关概念的界定中可以发现,虽然学者们对跨学科相关概念的界定并未达成共识,甚至存在相互混用的现象,但存在一个共同点,即理解跨学科相关概念的关键是整合,跨学科相关概念中涉及的整合程度是不同的。关于"跨学科"概念本身,有学者对此进行了界定,如金吾伦(1997)认为,对典型学科之间的问题进行研究即为跨学科。邹晓东和舟杭(2004)指出,跨学科是横跨几门学科的学科。Borrego(2010)以及Gumport和Snydman(2002)认为,跨越学科界限,整合两个或两个以上的理论,结合运用不同的观点以解决共同的问题,即为跨学科。"跨学科"如同一个散乱群岛,要描绘与勾勒这个群岛并非易事,因为跨学科现象非常广泛地存在,以致对国际、校际、校区与校区间甚至某一研究团队个体间的跨学科都存在不同的理解。虽然对跨学科概念进行界定非常困难,但所有对跨学科进行界定的核心均是学科之间的整合,在讨论跨学科时,整合是使用最为频繁的一个术语,跨学科即整合的学问。何谓

---

① 美国促进跨学科研究委员会(Committee on Facilitating Interdisciplinary Research,简称CFIR)由美国国家科学院(National Academy of Sciences of USA,简称NAS)、美国国家工程学院(National Academy of Engineering of USA,简称NAE)和美国医学院(Institute of Medicine,简称IOM)构成。

整合？整合是在系统的元素或组成部分日益专门化、差异化时,加深系统各部分的联系以保持系统效能的一种方式。在高校中,跨学科研究和跨学科教育是跨学科的两大支柱领域,这两大支柱领域在高校中获得统一。本书认为,跨学科是一个综合的概念,根据整合程度不同,包括多学科、复杂学科、交叉学科以及超学科等,是从多学科到超学科这个整合序列中的一系列阶段。本书所涉及的跨学科主要指向跨学科研究领域。

3. 跨学科科研合作界定

为了更好地理解和界定跨学科科研合作,以跨学科研究作为认识起点是必然的。与学者们对跨学科概念的多种界定类似,关于跨学科研究的概念阐释,学者们也是仁者见仁、智者见智。虽然学者们对跨学科研究的界定有很多,但主要可以划分为两种定义,即工具性定义和过程论定义。

将跨学科研究视为一种研究工具的定义如下。CFIR(2004)认为跨学科研究(interdisciplinary research,简称 IDR)是团队或个人的一种研究模式,该模式整合来自两门及以上学科或专业知识体系中的信息、数据、技术、工具、视角、概念或理论,以提高对基本原理的认识或解决单一学科或研究领域无法解决的难题。Schmidt(2008)在研究中也强调了跨学科研究的这种工具性作用,指出跨学科研究随着科学研究与工程研究中问题导向的趋势而产生,以恢复科学的统一性或解决社会中存在的紧急问题。将跨学科研究视为一种研究过程的定义如下。赵树智和张薇(1993)认为,跨学科研究是指通过两门或以上学科相互作用、相互结合而开展的科学研究活动,这种研究活动突破了某门学科领域的界限,涉及两门或以上学科。Miller(2010)指出,跨学科研究是一种在教学与研究中运用跨学科方法论、跨学科理论、跨学科范式的分析性与反思性的研究。综上所述,结合跨学科及其相关概念,本书认为,跨学科研究是一个以实际应用与解决问题为导向,跨越两门或以上学科领域,整合两门或以上学科知识的科学研究过程。在这一研究过程中,核心是知识整合,根据知识整合程度的不同,可以分为多学科研究、复杂学科研究、交叉学科研究、超学科研究。跨学科研究的产生和发展,表征着当代科学知识生产模式发生了转变(Baber,Gibbons,Limoges et al.,1995;Gibbons,Limoges,Nowotny et al.,1994)。

作为学术研究的重要形式和趋势,跨学科科研合作将对未来科学发展产生重要而深远的影响,在推动知识创新和社会进步中发挥着关键作用。曾粤亮和司莉(2020)认为,跨学科科研合作是跨学科研究的一个重要类型,来自不同学科的科研人员就共同的研究问题开展不同形式的学术合作研究活动,以促进知识共享与融合,并产生有价值的科研成果,是推动学科创新、知识发现、科学与经济进步甚至社会发展的重要途径与方式。跨学科科研合作被广泛视为整合两门或两门以上学科的专业知识以解决复杂科学难题与社会问题所必需的手段与途径(Klein & Falk-Krzesinski,2017)。鉴于跨学科、跨学科研究的相关概念,本书将跨学科科研合作视为一个综合概念,根据科研合作中不同学科知识整合程度的不同,可以分为多学科科研合作、复杂学科科研合作、交叉学科科研合作、超学科科研合作等科研合作形式,是整合两门或以上学科知识,对共同的研究问题展开的合作研究活动与过程。在这一活动与过程中,可能存在多种科研合作形式如多学科科研合作、复杂学科科研合作、交叉学科科研合作、超学科科研合作等并存的现象。

2.3.2 跨学科科研合作的动力机制

尽管诸多学者从不同视角对跨学科科研合作的动力机制进行了阐述,但本书基于已有的文献研究(Klein,2008;Holley,2009;王雁、孔寒冰、王沛民,2005)认为,跨学科科研合作的动力机制不外乎两种:第一种是跨学科科研合作的外力驱动,第二种是跨学科科研合作的内生动力。

1. 跨学科科研合作的外力驱动

跨学科科研合作的外力驱动主要包括两个方面,一方面是政府的推动,另一方面是现实问题的驱使。

在政府推动方面,以美国政府为例,早在20世纪40年代,美国政府为实施原子弹发展计划即"曼哈顿计划",组织了来自多个学科领域的科研人员共同攻关,顺利完成了这一计划。美国在冷战时期与苏联展开了大规模军事竞赛,为此美国政府大力推动需要跨学科科研合作的尖端科技领域的发展,极大地促进了跨学科科研合作(Wang X, Wang Z, Huang et al.,2017)。在现实问题驱使方面,发展中国家和发达国家随着经济的发展,皆不同程度地面临着贫富差距、全球气候变化、隐私安全、社会不平等、疾病预防等社会性问题,这些复杂问题的处理,均不是单一学科可以解决的,必须跨越多个学科领域,开展跨学科科研合作。因此,复杂多变的、亟待解决的现实问题是推动跨学科科研合作的重要外部力量(Tobi & Kampen,2017;Wagner,Roessner,Bobb et al.,2011)。在外部力量的推动下,科研活动的内部机制发生了非常明显的变化,过分专业化的现象大大减弱,从自然科学和社会科学的学科交叉视角进行跨学科研究日益成为独立的、自成体系的科研活动(唐磊,2011)。

政府大力推动跨学科科研合作和现实问题驱使科研人员进行跨学科科研合作往往交织在一起。20世纪80年代以后,在政府推动和现实问题驱使的共同作用下,在学科间找寻新突破点和生长点已成为科研界的一种共识,许多高校和科研机构纷纷开始从事跨学科科研合作活动,涌现出大量跨学科研究组织。可以说,跨学科科研合作已成为促进世界科技进步的关键要素(朱凌、薛萍、梅景瑶,2015;陈艾华、吕旭峰、王晓婷,2017)。

2. 跨学科科研合作的内生动力

在整个知识体系中,学科是将不同的知识体进行区分的标记,学科的这种区分方式是相对的、动态变化的。在知识体系中,每个学科子系统均由其核心知识区域和边缘知识区域组成,越接近核心区域的知识越容易被清晰地划分和界定,而越远离核心区域的边缘知识则学科边界越模糊。学科界限的模糊性与流动性,使得跨学科科研合作成为可能(王雁、孔寒冰、王沛民,2005)。

跨学科科研合作的内生动力可以概括为兴趣驱动和使命驱动两个方面。兴趣作为认识活动中人的非智力性因素,对人的认识起着重要的导向功能。哈贝马斯(1999)也认为兴趣是认识的构成性功能要素,对认识起着导向作用。在学术兴趣的诱导下,科研人员有可能在满藏丰富瑰宝的学术殿堂中将研究推向纵深,在研究上有所创新,这缘于学术兴趣是使学术研究保持持久性的根本动力。随着科研人员对自身所在学科领域研究的不断深入,他们往往会发现自身所在领域与其他学科领域存在着千丝万缕的联系,使得他们主动与来自其他学科的科研人员谈论问题。在学科交接之处与组织结构图上的空白之处,往往会产生一些最有趣的科学问题(CFIR,2004)。这会诱发科研人员探索复杂问题的好奇心和追求学术前沿的热情,科研人员在学术兴趣的驱动下,会产生从事跨学科科研合作的动力。

当代社会的重大科技、经济与社会问题如网络安全、大数据、云计算、人工智能、区块链、全球气候、环境保护、新能源等都具有高度的跨学科性,任何单一学科都不可能全面系统地认识这些问题并提供一套比较完整的解决方案,必须依靠跨学科的理论与方法来分析和解决这些复杂问题。同时,这些重大复杂问题的解决,是世界各国在竞争之中获得先机的关键。当前经济全球化带来的激烈竞争,更强化了社会对开展跨学科科研合作研究的需求。科研人员承担着服务国家战略、解决社会复杂问题的重任与使命,这种使命使他们产生了开展跨学科科研合作的强大动力。与此同时,在进行跨学科科研合作解决复杂问题的过程中,科研人员也可以创造更多的机会与条件,获取更多的资源,提升自身的竞争力。

2.3.3 评述:跨学科科研合作理论对本书研究的理论贡献

21世纪是一个崇尚多元合作的新经济时代,随着社会发展的综合化、集成化的态势日益增强,解决社会发展中呈现出来的重大问题以及科技发展中展现出来的前沿问题必须依赖跨学科合作,需要有跨学科的综合性思维与多学科知识整合的模式框架。在这种发展情境之下,学科发展高度分化又高度综合,跨学科合作成为解决社会发展中的重大与前沿问题的有效途径。

因此,学科建设也从单学科的注重知识生产能力演变为跨学科的注重知识应用能力,并相互共存与发展,即学科从科学范式转变为学术和创业集成的范式,在注重学术能力的同时,也要注重创业能力。跨学科科研合作作为研究的一种新模式,可以使学科知识构建更为规范,促使知识共享与交流成为可能,有助于形成更加完善的知识体系,不断激发科研人员的创新思维,拓展科研人员的学术视野,优化科研人员的学术方法和理论,使跨学科研究成果的受众范围不断扩大。同时,跨学科科研合作还可以更好地对研究工作进行解释和预测,即通过不同的数据集和方法论使科研成果更准确地贴近现实需求。正因如此,跨学科科研合作不仅受到了学术界的支持,而且通过跨学科科研合作取得的科研成果也受到了决策者和产业界的青睐。

正在变革的知识生产模式以及与知识生产存在利益关系的机构,尤其是政府,都对高校施加了变革的压力。所有地区的政府均对高校施压,迫使高校不得不进行改革,并且这种改革已经初见成效。高校里新的研究机构建立,高校与产业界开展合作成为现实(吉本斯、利摩日、诺沃提尼等,2011)。开展跨学科合作进行学术创业,是学术科研成果转化为生产力的最优方式(D'Este, Llopis,Rentocchini et al.,2019;Brodack & Sinell,2017)。作为跨学科科研合作组织的一些中心和研究所,是学术资本主义的组织手段(斯劳特,莱斯利,2008)。在科研问题日趋复杂化与交叉化的背景下,跨学科科研团队已成为科技创新与解决复杂问题的主要载体。为了顺应时代的发展要求,许多高校纷纷建立不同类型的跨学科科研团队,在承载国家基础研究、科技创新等重大科研创新任务的同时,以多种方式直接或间接地参与知识流动与产业化的全过程。跨学科科研团队的学术创业行为如申请专利、建立衍生公司等行为急剧增加,科研人员获得了越来越多的外部资助、股本金收入以及专利费用等。在跨学科科研合作氛围下,科研人员通过学术创业,加强了与产业界、政府的紧密联系,更好地促进了应用研究的发展,推动了知识转移与创新,大大改善了基础研究的质量,学术日益呈现出资本化的特征。

2.4 本章小结

本章是本书研究的理论视域,在对学术创业理论进行分析的过程中,主要界定了学术创业的概念,分析了学术创业的影响因素;在对知识管理理论进行介绍的过程中,主要对知识管理理论演化及内涵、知识管理的内容进行了阐释;在对跨学科科研合作理论进行阐述的过程中,主要对跨学科科研合作的概念进行了界定,并剖析了跨学科科研合作的动力机制;本章对每一个理论均进行了评述,以期为后续实证研究奠定坚实的理论根基。

第3章 面向高水平科技自立自强的高校学术创业路径

全面系统地了解高校学术创业的路径,实现科技与经济的深度融合,是实现高水平科技自立自强的关键。技术转移是学术创业最主要的一种具体表现形式,而作为世界上最大的学术研究机构之一,中国高校体系发挥其核心作用的一个关键是开展学术创业进行技术转移。因此,本章以中国高校技术转移为例,基于文献计量学方法,试图对面向高水平科技自立自强的高校学术创业路径进行剖析。

3.1 高校研发及其技术转移

中国是世界上最大的学术研究机构之一,其高校也正快速地提高它们的研究绩效(Zhou,2015)。中国希望为全球知识库作出贡献,也期望其高校向社会转移研究成果促进经济发展。值得注意的是,学术界对欧洲和北美的高校技术转移(university technology transfer,简称UTT)进行了广泛关注,对非欧洲国家的高校技术转移却知之甚少。[①] 直到最近,这一现象的存在仍然被认为可能情有可原,因为发展中国家几乎所有的高校均聚焦于教学。由于许多发展中国家,尤其是中国,在学术研究上增加投入,发展中国家的高校聚焦于教学这一情况已发生改变(Altbach & Balan,2007)。

尽管中国高等教育历史悠久,但现代西式大学在19世纪90年代才开始在中国建立。直到20世纪30年代,在经过一系列的行政改革后,中国高校体系才具备少许的科学与工程培训功能。1949年,中华人民共和国成立,当时国家领导人的主要目标是复兴工业生产能力,使工业生产现代化。中国共产

---

① 早期的研究表明发展中国家对高等教育的投入对经济发展有负面影响(Psacharopoulos,1994),然而,后来的研究发现其投入可以为高等教育带来更积极的回报(Psacharopoulos,2004)。

党于1949年颁布了《中国人民政治协商会议共同纲领》——中国具有宪法性质的文件,声明自然科学应该为工业、农业和国防服务(Hayhoe,1989),由此可以断定,该共同纲领强调了任何技术都应该被转移这一观点。作为一个有列宁主义渊源的政党,中国共产党相信运用科学和技术的力量可以造福社会(见表3-1)。

当时,中国采用苏联高等教育模式使高校在很大程度上专注于教学,而中国科学院专门从事基础研究,科研院所从事应用研究。虽然中国采取各种措施发展研究能力,但中国高校很少开展研究工作(Liu & White,2001)。1966年至1976年的文化大革命使得高校和科研院所开展的科研活动极度受限而进一步影响了中国的科研能力。

随着文化大革命的结束,20世纪70年代末在向社会主义市场经济转变的过程中,中国政府出台了多项政策鼓励工业和技术的发展。当时,中国的科研院所或高校几乎没有将研究成果转移到工业生产中(Chen & Kenney,2007)。1978年,中国颁布了一项新的科技政策,提出中国的科学技术应该适应社会经济发展的需要,指出学术研究与工业需求之间的联系薄弱,需要采取措施加强这种联系(见表3-1)。尽管如此,中国高校当时很少开展研究工作,因此受到了相应的批评(陈祖嘉,1986)。

作为向社会主义市场经济转变的一部分,中国政府实施了一系列旨在鼓励技术发展的政策(见表3-1),例如,1984年中国政府使专利合法化,以此鼓励发明及其在经济上的应用。1985年,专利法的实施和技术转让的暂行规定旨在使技术许可更具吸引力。1986年,中国政府启动了大规模的国家技术研究计划,包括"863"计划;在对高校的作用进行重大反思后,国家教育委员会于1987年指出,高校必须更积极地参与科技的发展以促进国家发展和企业成长。伴随着这种反思,中国政府开始大幅增加高校研究经费。1987年,《技术合同法》的通过进一步鼓励中国高校进行技术转移。1988年,中国启动了火炬计划,资助一项具有首创精神的倡议,在高校和科研院所周围建立特区,鼓励在特区成立高新技术企业并促进其成长(毕会英,2006)。虽然当时中国高校很少有基于研究的技术转移(Zhu & Frame,1987),但在中国政府的政策引导下,1984年,中国科学院创办了Legend(现在的联想),同年,清华大学一群校友成立了四通公司(Stone Computer),1986年,北京大学创办了方正集团(Founder Computer)(Kenney,Breznitz,Murphree,2013;Lu,2000)。其他的一些校办企业(university-owned enterprises,简称UOEs)如清华同方、北大青鸟和浙大网新(Eun,Lee,Wu,2006),也在对高校技术进行商业化。

表 3-1　与中国高校技术转移相关的主要政策(1949—2023 年)

时间	主要法规	目标
1949 年 9 月	中国人民政治协商会议共同纲领	基本界定了科学在中国社会发展中的作用
1951 年 3 月	加强中国科学院对工业、农业、卫生、教育、国防各部门的联系的指示	科学工作者应该利用研究造福社会
1975 年 1 月	中华人民共和国宪法	研究应与生产劳动相结合
1978 年 3 月	1978—1985 年全国科学技术发展规划纲要	科技应在生产中发挥越来越大的作用,研究应与生产应用相结合
1984 年 3 月	中华人民共和国专利法	授予发明者发明专利的权利
1985 年 1 月	国务院关于技术转让的暂行规定	鼓励开放技术市场
1986 年 11 月	高新技术研究开发计划纲要(又称"863"计划)	对一些项目进行资助,旨在发展防御性技术
1987 年 5 月	高校科技改革意见	高校教育与研究应该有利于生产,大学、科研院所(universities and research institutes,简称 URIs)应该与企业合作
1987 年 6 月	中华人民共和国技术合同法	确保技术合同各方的法律权利与利益,并维护技术市场的秩序
1988 年 8 月	火炬计划	一项高新技术发展计划,旨在调整规制、提供设施以吸引外资企业、鼓励在全国的特区成立本土的公司,许多公司在 URIs 附近成立。这促进了大学科技园(university science parks,简称 USPs)的发展
1993 年 7 月	中华人民共和国科学技术进步法	堪称中国版的"拜杜法案",授权大学对技术和知识资产进行商业化

续表

时间	主要法规	目标
1995年11月	"211工程"建设规划	重点建设100所左右的高等学校和一批重点学科的建设工程
1996年5月	促进科技成果转化法	对URIs的技术转移进行促进、引导和规范化
1998年5月	"985"工程	有选择性地对一些大学提供大量资助,以使它们成为世界一流大学
1999年3月	关于促进科技成果转化的若干规定	鼓励科技人员发明新技术并对其进行转移以发展高新技术产业
1999年4月	高等学校知识产权保护管理规定	保护高校知识产权,鼓励高校为科技产业化做贡献
1999年8月	关于加强技术创新发展高科技实现产业化的决定	鼓励大学建立USPs,完善大学的知识产权管理体系
2002年6月	关于充分发挥高等学校科技创新作用的若干意见	进一步鼓励高校科技创新,促进科技与教育相结合以完善国家创新体系(national innovation system,简称NIS)
2003年12月	企业国有产权转让管理暂行办法	规范企业国有产权转让行为,加强企业国有产权交易的监督管理
2004年11月	关于进一步加强高等学校知识产权工作的若干意见	全面提高高等学校科技创新能力,充分发挥高等学校在国家科技进步和经济社会发展中的作用
2005年12月	关于国家科研计划项目研究成果知识产权管理的若干规定	促进我国自主知识产权总量的增加,加速科技成果转化,保障国家、单位和个人的合法权益
2007年12月	国家技术转移促进行动实施方案	构建产学创新体系以促进科技转化为生产力
2007年12月	中华人民共和国科学技术进步法(修订)	促进技术转移,鼓励地方政府支持产学合作研究

续表

时间	主要法规	目标
2008年6月	国家知识产权战略纲要	提升中国知识产权创造、利用、保护和管理能力
2008年12月	国务院办公厅转发发展改革委等部门关于促进自主创新成果产业化若干政策的通知	加快推进自主创新成果产业化,提高产业核心竞争力,促进高新技术产业的发展
2010年11月	全国专利事业发展战略(2011—2020年)	2020年中国成为一个具有高水平的专利创造、利用和保护的国家
2012年11月	关于深化科技体制改革加快国家创新体系建设的意见	通过构建研发平台和创新战略联盟,支持企业与URIs合作
2015年3月	关于深化体制机制改革加快实施创新驱动发展战略的若干意见	逐步实现URIs与下属公司剥离,URIs不再新办企业,同时加强知识产权管理
2015年8月	中华人民共和国促进科技成果转化法(2015年修订)	规范科技成果转化活动,为经济效益推动科技成果转化
2016年2月	国务院关于印发实施《中华人民共和国促进科技成果转化法》若干规定	打通科技与经济结合的通道,促进大众创业、万众创新,鼓励研究人员转移科技成果,推进经济提质增效升级
2016年4月	国务院办公厅关于印发促进科技成果转移转化行动方案的通知	加快推动科技成果转化为现实生产力,依靠科技创新支撑稳增长、促改革、调结构、惠民生
2016年8月	教育部、科技部关于加强高等学校科技成果转移转化工作的若干意见	加强高等学校科技成果转移转化工作
2017年9月	国务院关于印发国家技术转移体系建设方案的通知	加强系统设计,构建符合科技创新规律、技术转移规律和产业发展规律的国家技术转移体系,全面提升科技供给与转移扩散能力,推动科技成果加快转化为经济社会发展的现实动力

续表

时间	主要法规	目标
2018年5月	科技部关于印发《关于技术市场发展的若干意见》的通知	加快发展技术市场,健全技术转移机制,促进科技成果资本化和产业化
2019年12月	国家知识产权局公开发布《2019年中国专利报告》	中国专利情况的调查和成果保护管理和服务
2020年5月	科技部、教育部印发《关于进一步推进高等学校专业化技术转移机构建设发展的实施意见》的通知	创新促进科技成果转化机制,进一步提升高校科技成果转移转化能力
2020年6月	科技部解读《关于进一步推进高等学校专业化技术转移机构建设发展的实施意见》	提出了高校技术转移机构高质量建设和专业化发展的实施意见
2021年12月	中华人民共和国科学技术进步法(2021年修订)	促进科技成果向现实生产力转化,推动科技创新支撑和引领经济社会发展,全面建设社会主义现代化国家
2023年3月	关于印发《高质量培养科技成果转移转化人才行动方案》的通知	深入实施科教兴国战略、人才强国战略、创新驱动发展战略,推动创新链、产业链、资金链、人才链深度融合,提高科技成果转化和产业化水平

  1993年,中国政府认识到中国高校的研究严重不足,因此通过了《科学技术进步法》,以保障科学研究的自由,鼓励科学探索和技术创新,保护知识产权(这一法案与美国的拜杜法案类似)(贾大平,1996)(见表3-1)。

  20世纪90年代,中国继续齐心协力,通过重大研究资助计划提升高校的研究能力,其中最大的计划即是1995年启动的"211"工程(向116所高水平高校增加研究经费,旨在完善其研究工作以促进当地经济的发展)和1998年启动的"985"工程(主要对39所高校进行研究资助以激励其成为具有世界先进水平的一流大学)(Zhang,Patton,Kenney,2013)。

1999年,一系列法规的颁布进一步改变了中国的法律制度,中国政府规定,高校可以采取多种策略对高新技术成果进行商业化,包括成立自己的公司,允许研究人员利用业余时间成立新公司或协助转移技术。同年,教育部颁布法规明确界定了在知识产权保护中高校的责任,以此鼓励研究人员发明与转移技术。2002年,科技部和教育部联合制定政策,旨在增强高校在国家创新体系中的作用(毕会英,2006),加大了对USPs、孵化网络、UTT组织等的支持力度。

2007年,为了进一步促进技术转移,科技部、教育部和中国科学院颁布了《国家技术转移促进行动实施方案》,强调建立以企业为主体的创新体系。同年,全国人民代表大会对《中华人民共和国科学技术进步法》进行了修订,旨在再次加强国内的技术转移,鼓励地方政府支持产学间的研究合作。2008年,国务院发布《国家知识产权战略纲要》,促进知识产权的创造、运用、保护和管理,以构建创新型国家。2010年,国家知识产权局颁布了《全国专利事业发展战略(2011—2020年)》,进一步鼓励知识产权创造。

2012年,为加快推进创新型国家建设,全面落实《国家中长期科学和技术发展规划纲要(2006—2020年)》,充分发挥科技对经济社会发展的支撑引领作用,就深化科技体制改革、加快国家创新体系建设,中共中央、国务院印发了《关于深化科技体制改革加快国家创新体系建设的意见》。2015年3月,中国政府网公布《中共中央、国务院关于深化体制机制改革加快实施创新驱动发展战略的若干意见》,强调完善成果转化激励政策,构建更加高效的科研体系。2015年8月,为了促进科技成果转化为现实生产力,规范科技成果转化活动,加速科学技术进步,推动经济建设和社会发展,全国人大常委会发布了《中华人民共和国促进科技成果转化法(2015年修订)》。2016年2月,为加快实施创新驱动发展战略,落实《中华人民共和国促进科技成果转化法》,打通科技与经济结合的通道,促进大众创业、万众创新,鼓励研究开发机构、高等院校、企业等创新主体及科技人员转移转化科技成果,推进经济提质增效升级,国务院印发了实施《中华人民共和国促进科技成果转化法》若干规定。同年4月,为加快推动科技成果转化为现实生产力,依靠科技创新支撑稳增长、促改革、调结构、惠民生,国务院办公厅发布《关于印发促进科技成果转移转化行动方案的通知》。同年8月,为推动高校加快科技成果转移转化,教育部、科技部联合发布《关于加强高等学校科技成果转移转化工作的若干意见》。

2017年,为深入落实《中华人民共和国促进科技成果转化法》,加快建设和完善国家技术转移体系,国务院印发了《国家技术转移体系建设方案》。2018年,为加快发展技术市场,健全技术转移机制,促进科技成果资本化和产业化,科技部制定了《关于技术市场发展的若干意见》。2019年,国家知识产权局公开发布了《2019年中国专利调查报告》。2020年5月,为创新促进科技成果转化机制,进一步提升高校科技成果转移转化能力,科技部、教育部研究制定了《关于进一步推进高等学校专业化技术转移机构建设发展的实施意见》。同年6月,科技部解读《关于进一步推进高等学校专业化技术转移机构建设发展的实施意见》,提出了高校技术转移机构高质量建设和专业化发展的实施意见。2021年,为了全面促进科学技术进步,发挥科学技术第一生产力、创新第一动力、人才第一资源的作用,促进科技成果向现实生产力转化,推动科技创新支撑和引领经济社会发展,全面建设社会主义现代化国家,全国人民代表大会常务委员会公布了《中华人民共和国科学技术进步法(2021年修订)》。2023年,为贯彻落实党的二十大精神,科技部火炬中心研究制定了《高质量培养科技成果转移转化人才行动方案》。

  中国高校研发支出反映了上述政策的变化。在20世纪80年代大幅削减预算之后,20世纪90年代,中国政府逆转之前的局面在高校研发经费上出现了惊人的增长(Hershberg,Nabeshima,Yusuf,2007)。1991年,中国研发投入达150.8亿元,约占国内生产总值(GDP)的0.7%,1998年全国研究与实验发展(R&D)经费支出额为551.1亿元,比上年增加41.9亿元,增长8.2%,占GDP的比重为0.69%,比1997年略有提高。1999年,中国研发经费支出额为678.9亿元,比上年增加127.8亿元,同口径增长17.7%,占GDP的比重为0.83%,为历年来最高水平。2009年,全国R&D总经费5802.1亿元,是2000年的6.5倍,年平均增长23.00%,R&D经费占当年GDP的1.70%,比2000年提高了0.80个百分点。2009年,全国高等院校R&D经费为468.2亿元,是2000年的6.1倍,年平均增长22.3%。2013年,中国研发投入已增加到11850亿元,约占GDP的2.01%,2015年公布的计划显示,进一步增加经费至占GDP的2.5%。然而,据相关统计发现,2015年,中国研发经费支出14169.9亿元,比上年增加1154.3亿元,增长8.90%;R&D经费投入强度(与GDP之比)为2.07%,比上年提高0.05个百分点。高校与科研院所的研发支出均有增长,2004年至2013年,高校研发支出以复合年增长率18.9%的速度增长——史无前例的扩张,而科研院所,复合年增长率为20.55%,他们的预算更为快速地增长。2022年,中国R&D投入经费为30782.9亿元,比2021年增加2826.6亿元,增长10.1%;R&D经费投入强度(与GDP之比)为2.54%,比上年提高0.11个百分点(见图3-1)。

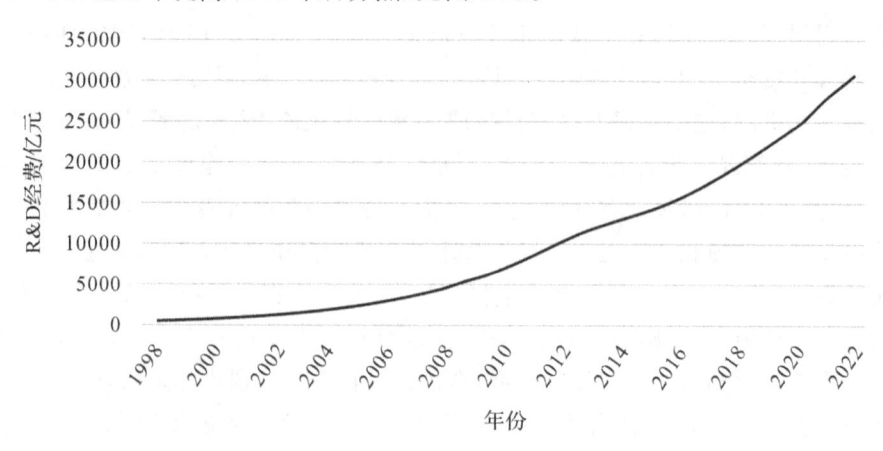

图3-1 1998—2022年中国R&D经费支出

来源:中国科技统计数据

中国大规模的R&D经费投入促进了学术期刊文章发表数量的快速发展(见图3-2)。尽管学术文章发表数量上的繁荣影响了国内外期刊的发展,但在2009年后,中国学者在国外期刊上发表文章的数量持续增加,而在国内期刊上发表文章的数量总体而言却停滞不前。这反映出两种变化:第一,最有可能的是,中国研发能力在质量上获得了提升,学者们越来越热衷于国际期刊;第二,高校管理部门和政府更加重视外文期刊出版物,开始对在外文期刊上发表文章的学者进行物质奖励。实际上,中国政府使用了全球学术评价体系来衡量研究人员的质量。在经济仍处于发展中的情境下,中国对高校研发投入飞速增长以期转移技术,这引起了全球研究人员及政策制定者的特别关注。

尽管中国在20世纪80年代末才开始对高校研究进行重大投入,但此后高校研究支出以复合年增长率(compound annual growth rate)15%的速度增长——在苏联第一颗卫星上天之后的年代(The Post-Sputnik Era),这一持续增长率只有美国能与之抗衡。2014年,按购买力平价计算,中国超过日本成为第二大高校研发投入国(美国国家科学基金会,2016)①。最引人注目的是,作为一个发展中国家——中国已开始着手构建研究型大学,这是因为,他们相

---

① 以美元来计算,在高校研究上日本的支出仍然高于中国。

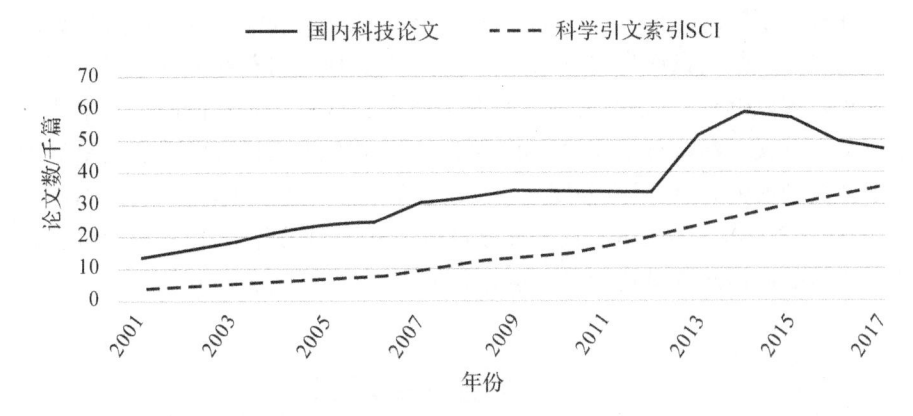

图 3-2　高等学校发表的国内科技论文以及发表在国际期刊上的中国科技论文被 SCI 收录情况(2001—2017 年)

来源:中国科技统计数据

信研究型大学至少在某种程度上会为经济发展作出重大贡献。鉴于中国在高校研究中的投入规模和投入可见性,其强调技术转移变得至关重要,尤其在人们已达成共识认为发展中国家高校技术转移是无效的情况下(Brundenius,Lundvall,Sutz,2011;Wu,2010;Yusuf & Nabeshima,2007)。

关于中国高校技术转移(Chinese university technology transfer,简称CUTT)的研究已将近 20 年,但对中国高校技术转移活动的整体知识形态还未进行过全面评述。① 有趣的是,中国和西方国家对于什么是高校技术转移均没有标准的定义。通过查阅期刊文献发现,除了校办企业(下面将会予以讨论),关于中国高校技术转移的界定皆基于特定的意图和目的,在大多数英文文献中大致也是如此,即特指专利、技术许可和衍生企业。在关于技术转移的英文文献中,将高校技术转移限定于专利、许可、衍生企业的做法由于其视角狭隘正日益受到批评,对中国高校技术转移进行简单化的定义也会为西方国家的学者研究中国高校技术转移带来困难(Kenney & Mowery,2014;Perkmann,Tartari,McKelvey et al.,2013)。

为了对学术创业最主要的一种具体表现形式——高校技术转移路径进行全面分析,弥补许多西方学者关于中国创新的研究几乎无一例外地只利用英文文献的缺憾,笔者对风格迥异且时间范围为 1997 年至 2014 年的中英文学

---

① 笔者发现有一篇关于中国所有类型的技术转移的综述(Chan & Daim,2011)。

术期刊进行了"元分析"（meta-analysis）。不足为奇的是，就所采用的数据及引用的参考文献数量而言，文章的类型及学术呈现风格存在明显差异。通过元分析发现，在研究主题及论述方面两个研究社区可能正趋向融合。笔者对中英文两种文献均进行了评述，这样可以使中英文研究社区的学者们更好地了解彼此的研究，从而最大限度地促进两个研究社区的相互融合。同时，笔者对2015年至2022年的中文期刊文献进行了知识图谱分析，以完整、全面、系统地剖析面向高水平科技自立自强的中国高校学术创业路径。

3.2 数据收集方法

笔者的文献评述始于查阅中英文期刊——最有可能刊发关于CUTT文章的期刊。笔者用关键词"技术转移"和"中国高校"对英文期刊如 *Research Policy*、*Journal of Technology Transfer*、*Technovation*、*World Development*、*Journal of Higher Education*、*R&D Management*、*Journal of Business Venturing*、*Management Science*、*Small Business Economics*、*International Journal of Industrial Organization* 以及 *International Journal of Innovation and Technology Management* 等进行了检索。由于不确定哪个中文期刊会刊发关于CUTT的文章，笔者搜索了所有中文期刊，所获得的文章数量巨大，且许多文章发表在高校学报上，为了获取最佳的文章数量，随后笔者限定于对被中国社会科学引文索引（Chinese Social Sciences Citation Index，简称CSSCI）收录的期刊进行检索。CSSCI开发于1997年，收录了500多种学术期刊，对中国人文社科类文章而言，是较为权威的来源。

笔者通过组合关键词或变化关键词来识别文献，这些关键词包括但不限于大学技术转移、高校技术转移、高校技术转让、大学技术转让、大学专利、高校专利、高校科技成果转化、大学科技成果转化、大学知识转移、高校知识转移。为了获取更多的文献，查阅了每一篇文章的参考文献，还查阅了关于CUTT的中文书籍中的参考文献，以获得其他相关文章。

笔者剔除了一些在文中对UTT阐述不多的期刊文章，按照相关标准对所确定的所有文章进行了评述，并查阅了所有文章的参考文献以获取可能出现的更多文章。在对中英文文献的检索中，笔者的工作达到饱和后才停止检索,即笔者所遇到的所有文献都已包括在笔者的数据库中,或因为其相关性已将其排除于数据库外。在笔者的数据库中,不包括书籍中涉及的UTT章节。

针对每一篇文章,笔者数据库涵括的信息有：(1)作者姓名；(2)文章标题；(3)发表年度；(4)期刊名称；(5)谷歌学术(Google Scholar)中所显示的文章被引次数；(6)期刊影响因子。根据文章是否具有理论性与实证性、是否是案例研究、是否叙述性或评论性,笔者将文章进行了分类。[①]

3.3 数据基本信息

笔者通过认真阅读每一篇文献后,共确定了1997年至2022年233篇关于CUTT的文章。其中,中文文章197篇,英文文章36篇。由于笔者在 *Research Policy*、*Journal of Technology Transfer*、*Technovation*、*World Development*、*Journal of Higher Education*、*R&D Management*、*Journal of Business Venturing*、*Management Science*、*Small Business Economics*、*International Journal of Industrial Organization* 以及 *International Journal of Innovation and Technology Management* 等期刊上收集到在2015年至2022年仅有3篇与CUTT相关的英文文章,笔者将关于CUTT的中英文文章划分为两个阶段：1997年至2014年和2015年至2022年,以比较两个阶段CUTT中英文文章的异同点,探究其演变规律。

3.3.1 元分析(1997—2014年)

(1)描述性统计分析

1997年至2014年,笔者通过认真查阅,确定了191篇关于CUTT的文章。其中,33篇英文文章发表在15种不同的期刊上,158篇中文文章发表在40种不同的期刊上。由于全球对UTT的兴趣不断增长,人们对CUTT的兴趣与日俱增,促使中国政府更加关注这一议题,也使中国研究人员更有兴趣为全球科学社区作出越来越大的贡献。尽管中国政府出台政策鼓励UTT始于20世纪80年代,但当时学术界很少留意这一议题,仅在20世纪90年代末学

[①] 大量的中文期刊文章皆是评论性的,它们对技术转移的一般特性及其愿景进行了评论。它们没有建立在研究的基础之上,大多数甚至都不具描述性。

术界对这一议题的研究兴趣才有所增加,因此关于 CUTT 的中英文文章数量也大量增长(见图3-3)。虽然英文文章数量增加,但其增长速度滞后于中文文章。

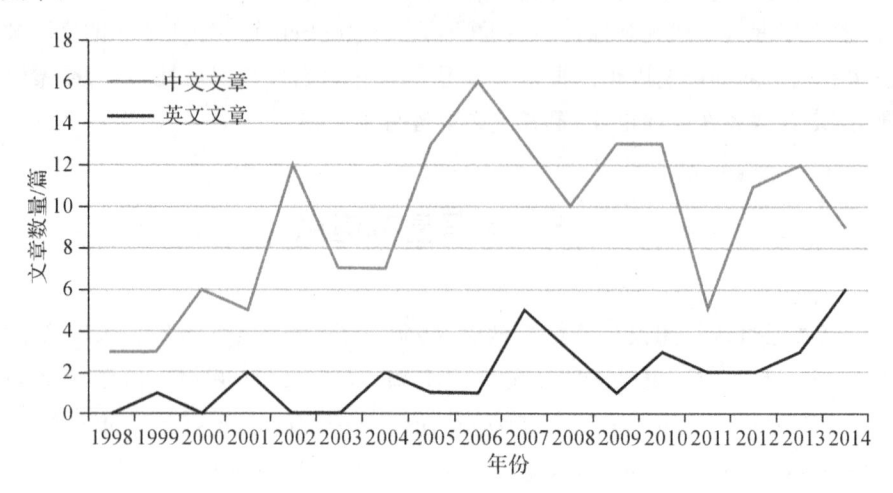

图 3-3 每年发表的关于 CUTT 的文章数量(1998—2014 年)①

UTT 是一个特定的领域,因而关于 UTT 的文章可能集中发表在一些专业领域的期刊上。*Journal of Technology Transfer* 和 *Research Policy* 是刊发 CUTT 英文文章最多的两种期刊,占所发表的英文文章的 39%(13 篇文章)(见图 3-4),其他 4 种英文期刊分别刊发了 2 篇以上 CUTT 文章,另外 9 种英文期刊分别只刊发了 1 篇文章。不足为奇的是,中文期刊的模式也是如此(见图 3-5)。6 种中文期刊刊发了 65% 的 CUTT 文章(102 篇),《研究与发展管理》期刊刊发了最多的 CUTT 文章,其次是《科技管理研究》期刊,这两种期刊刊发的 CUTT 文章占了所有 CUTT 中文文章的 33%,另有 25 种中文期刊分别只刊发了 1 篇文章。②

按照五种方法论——理论、案例研究、历史性、实证性以及实证假设检验,对每一篇文章进行归类。尽管这些分类相当宽泛,但有助于笔者对文献进行分析并探究其随着时间的推移而演化的情况。中国学者在研究方法论上呈现

---

① 由于未查询到 1997 年的英文文章,只对 1998 年至 2014 年的中英文文献进行了描述。
② 在其他学术文献综述中,如 Rothaermel、Agung、Lin(2007)关于学术创业和 Certo、Holcomb、Holmes(2009)关于 IPO(initial public offerings)研究的文献综述中,他们所检索的期刊有限,而笔者检索的期刊文章数量远远大于他们,因此他们有更大的聚集度。

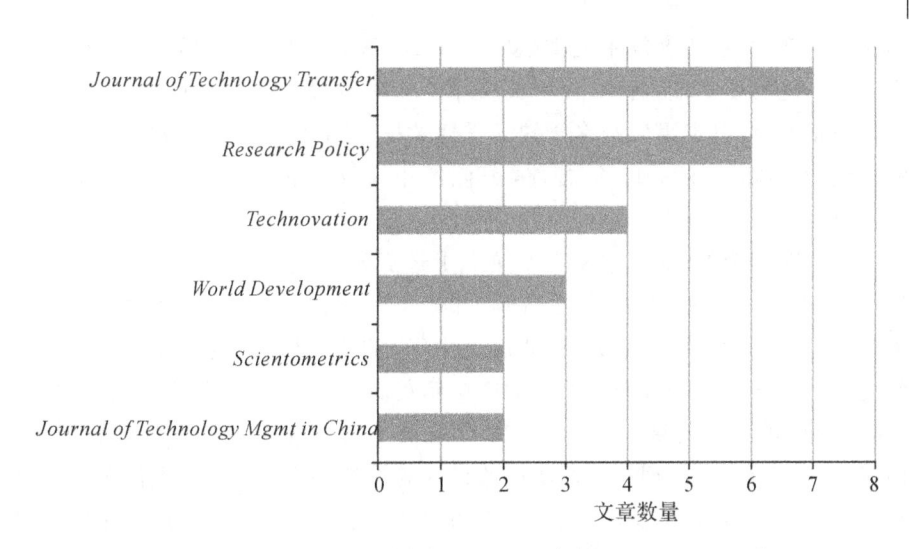

图 3-4　英文学术期刊上刊发的 CUTT 文章数量(1997—2014 年)

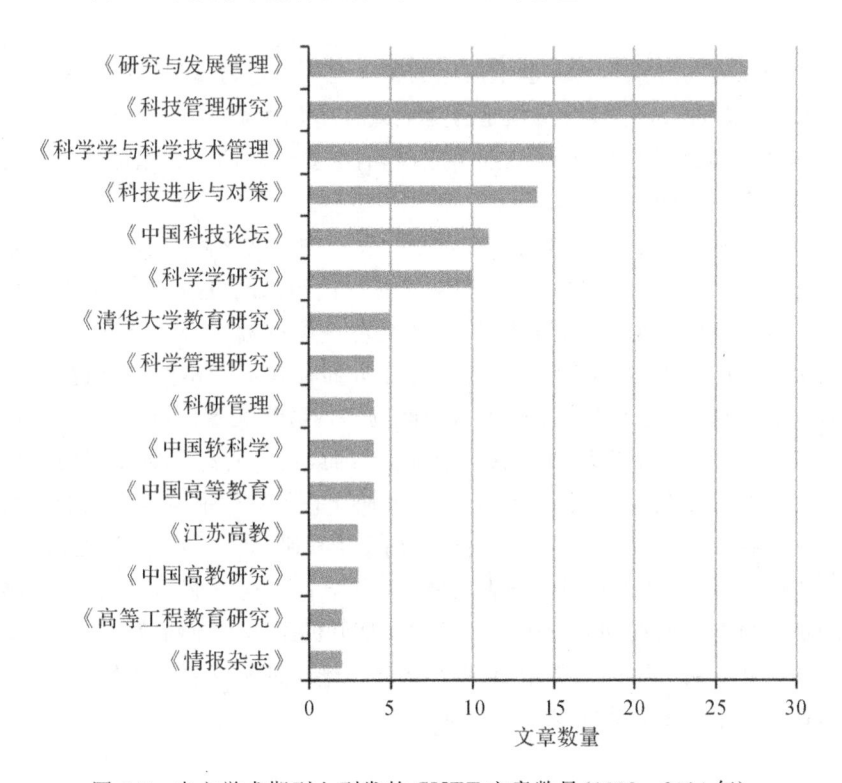

图 3-5　中文学术期刊上刊发的 CUTT 文章数量(1998—2014 年)

出快速的变化，在158篇中文文献中，有120篇采用的是定性的、非实证的研究方法。尤其在早期，有69篇中文文章在很大程度上是倡导性的，劝勉人们促进技术转移，其典型特征在于缺乏任何数据，笔者将这类文章归入"解说性"的探讨这一类。在2010年之前，类似的中文文章占到了所有中文文章的50%以上。

笔者对其余的89篇中文文章按照上述五种研究方法进行了归类，其中，19篇是基于一所或一所以上的高校（如北京大学、中南大学、福州大学、南昌大学、上海交通大学、清华大学、武汉大学等）的案例研究，英文文章中的案例研究所选择的案例也倾向于相同的中国精英高校。在2006年之前，仅仅只有2篇实证性的中文文章，尽管在2013年之前实证性的中文文章占到了75%，但直到2007年，才出现第1篇实证假设检验性的中文文章。早期的英文文章与中文文章类似，虽然运用了访谈法、历史研究法、档案研究法等，但采用的也是定性的研究方法。之后，英文文章与中文文章在研究方法上趋同，更多采用的是实证研究法。

引用以前的文献是西方学术惯例的特征之一。笔者探讨了中英文文献的引文行为，以便了解中英文文献是否互动或互鉴。大量的互引表明，标准化的知识体已经形成。然而，在研究互引之前，有必要了解两种文化传统在引文行为上是否存在不同。

引证在本质上是一种呈现方式，因此，发现中英文文献在引证上存在差异不足为奇。从图3-6中可以发现，中文作者不依赖引证，这点与英文作者存在不同。在笔者的数据库中，有21篇中文文章一篇参考文献都没有，中文文章缺乏引证可能是因为其与英文文章在写作方面存在显著不同。有趣的是，随着时间的推移，每篇英文文章的参考文献的平均数量大致保持不变，而每篇中文文章的参考文献的平均数量稳步增加。然而，几乎所有中文文章的参考文献都比英文文章的少。从1998年至2002年，中文文章中参考文献的众数为0。2009年之前，中文文章中引用英文文献的不到20%。2014年之前（见图3-2），中国学者在SCI期刊上发表文章（西方学者在这方面具有优势）的倾向性增加。可能外文期刊的竞争增加了中文期刊的学术严谨性，数据显示，中文文章的作者开始有不同的学术惯例，这并不奇怪，因为较之自然科学领域，中国的社会科学较少融入全球的知识对话中。

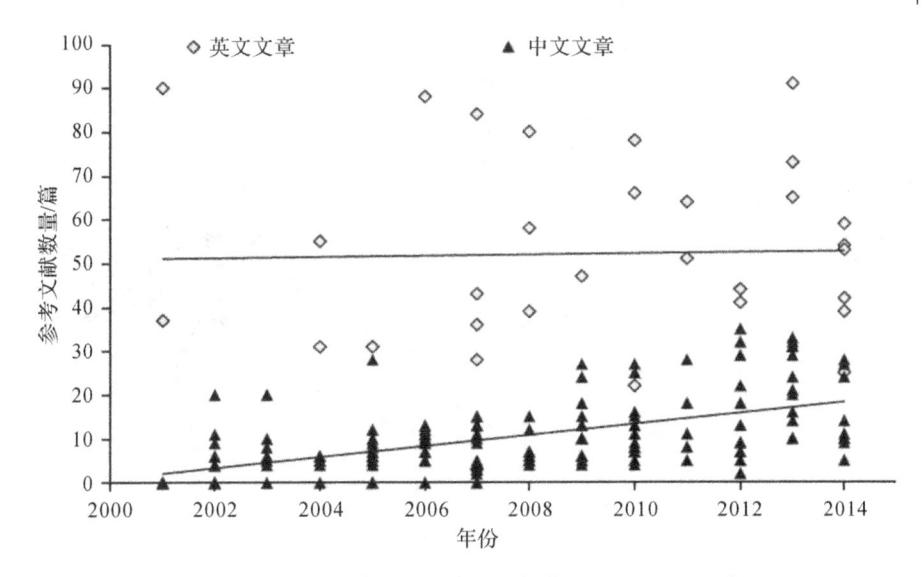

图 3-6　中英文文章引用的参考文献数量（2001—2014 年）

衡量研究 CUTT 的中西方社会科学家们是否在对话的一个措施是检验他们是否相互引用。从中英文文章两个研究群体的内部入手，笔者发现引文模式的差异。如图 3-7 所示，英文文章形成了更连贯且自我引用的研究体，因为 33 篇英文文章相互引用了 73 次，而 158 篇中文文章只相互引用了 148 次。造成这种差异的原因某种程度上可能在于，中文文章的参考文献通常都比英文文章的少，但是这也进一步说明两种学术惯例存在差异。

在笔者的研究群体中，中英文两组文章之间的关系是值得注意的，如图 3-7 所示，中文文章和英文文章几乎遗忘了彼此，只有 1 篇英文文章引用了 1 篇中文文章，而 7 篇中文文章引用了 8 篇英文文章。这种情况的出现可能会被认为是由于语言障碍造成的，但这是不可能的，因为几乎每篇英文文章都有一个拥有中文技能的作者或合作者。同样地，几乎所有的中文作者都拥有英语技能，因为他们在文章里引用了英文期刊上的文章。显而易见的是，尽管中英文文章的作者都有能力阅读彼此的文章，但他们却没有相互引用。

从中英文文章两个研究群体的外部即引用源入手，笔者发现，中英文文章都引用了外文文献资料，例如，33 篇英文文章中的 25 篇文章引用了中文文献资料，158 篇中文文章中的 73 篇文章引用了英文文献资料。英文文章中所引用的中文文献资料来源大多是官方的，如政府统计报告，也有一些是中文学术

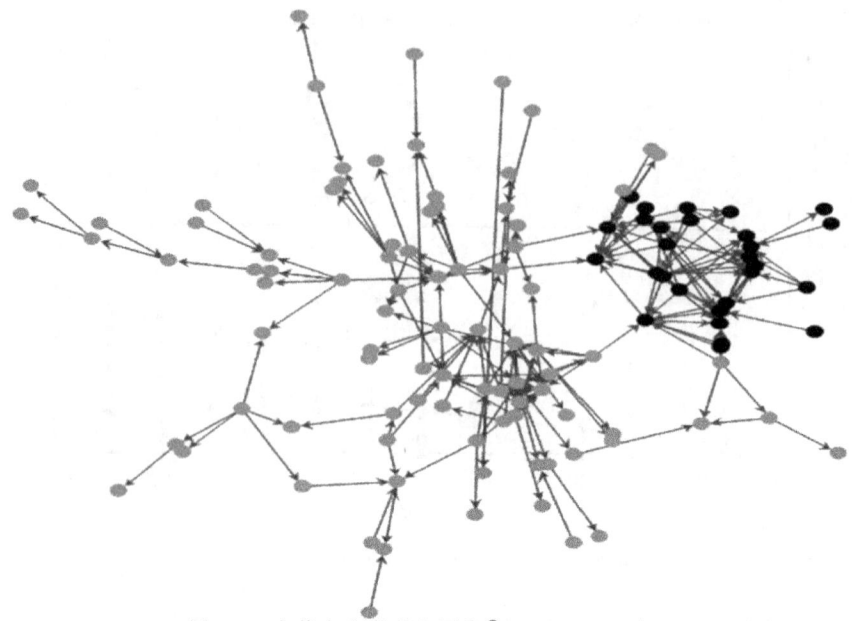

图 3-7　中英文文章引文网络①(1997—2014 年)

出版物和大众媒体。②

在引用源上,中英文文章存在两个共性:第一个共性是引用了政府统计数据,特别是中国科技统计年鉴;第二个共性是引用的关于 UTT 的英文文献,均有关美国高校体系。笔者确定了 48 位英文文章的作者或合作者,他们除了被笔者研究群体中的文献所引用外,还被其他文章或书籍引用至少 2 次。图 3-8 显示了这些作者在笔者的研究文献中的引用情况。

中英文文章这两个研究群体没有共享常见的资源。从图 3-8 可见,在被不到 10 篇的文章引用的 26 位作者中,15 位作者的文章仅被英文文章引用,1 位作者的文章仅被中文文章引用,只有 10 位作者的文章被中英文文章共引。被 10 篇或 10 篇以上的文章引用的作者均被中英文文章共引。然而,显著差异仍然存在,例如,理查德·纳尔逊(Richard Nelson)、内森·罗森伯格(Nathan Rosenberg)和戴维·莫厄里(David Mowery)被笔者研究群体中的

---

①　灰色节点代表中文文章,黑色节点代表英文文章,箭头表示引用的方向。
②　33 篇英文文章中的 24 篇引用的中文文献资料来源于官方渠道,主要是中国政府统计数据,16 篇引用的中文文献资料来源于各种学术资源,通常是关于中国技术或产业的书籍或文章,只有 4 篇引用的中文文献来源于大众媒体。

英文文章大量引用,而迈克尔·赖特(Michael Wright)和安德鲁·洛克特(Andrew Lockett)却更多地被笔者研究群体中的中文文章引用。

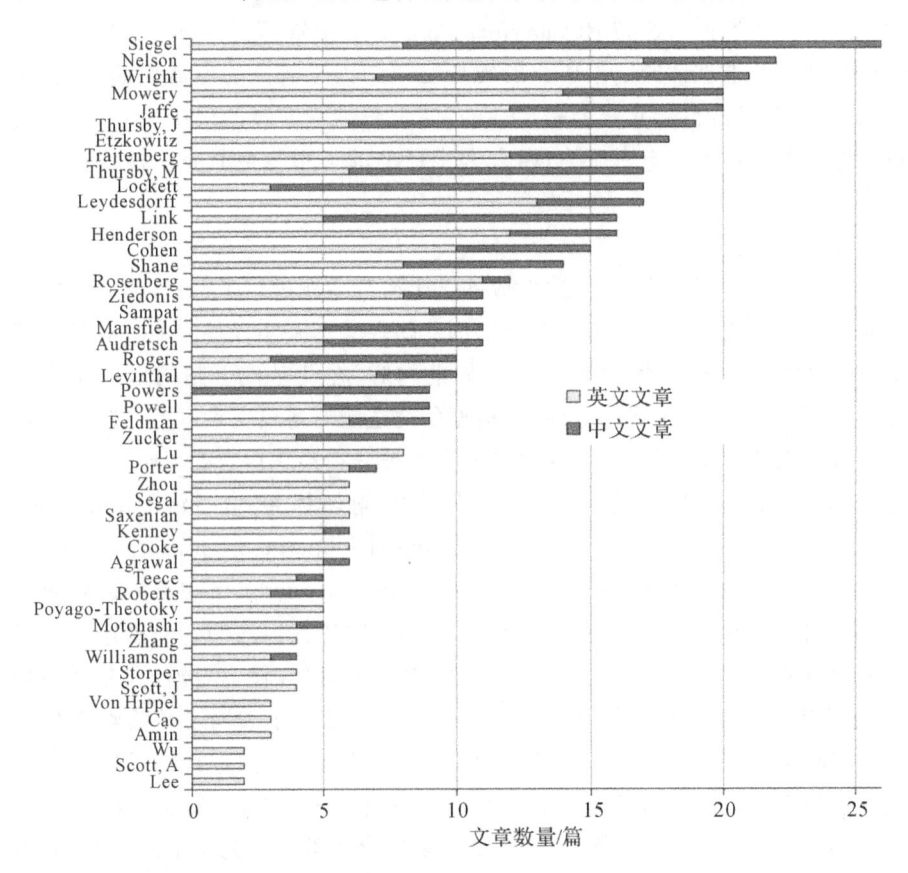

图 3-8　引用英文文章①作者的 CUTT 文章数量(1997—2014 年)

总之,通过元分析发现,中英文文献存在显著差异。这些差异表明,至少在早期阶段,中英文的文章的作者在对待学术期刊出版物上有不同的理解。不论中英文文章风格存在差异的原因,笔者的数据表明,至少在参考文献的引用上,关于 CUTT 的中文研究最近正采用与西方期刊更接近的风格。鉴于 CUTT 议题在诞生初期的新颖性,早期的学术出版物关于 CUTT 的研究通常是定性的一般性描述,笔者对此就不以为怪了。直到 21 世纪,由于更多的定

---

① 此处的英文文章非笔者研究群体中的 CUTT 英文文章,而是指被其他文章或书籍引用至少 2 次的英文文章。

量数据可以被获取到(其中大部分定量数据是政府为进行各种评估而收集的),同时,可能对西方研究标准更加接受,因此 CUTT 文章在研究方法和阐述方式上更为严谨。这与 Rothaermel、Agung、Lin(2007)的结论一致,即从定性研究到更具推理性的定量研究的转变可以归因于研究的生命周期,在生命周期的早期发展阶段,其研究是定性的,注重归纳或演绎的理论发展,之后的研究注重实证检验。笔者认为,西方学术标准的采用与生命周期过程可能是同步的。

(2)研究主题

笔者按照时间顺序,对大致形成的五个研究主题进行了分析,为后续探究面向高水平科技自立自强的高校学术创业路径奠定坚实根基。笔者对每一篇中英文文章进行了阅读,并讨论了它们的内容,在此基础上归纳形成研究主题,按照每篇文章的主要研究内容,根据研究主题对每篇文章进行了归类。除了那些评论性的文章外,其余的每篇文章都被分类汇总在这五个研究主题中。五个研究主题分别是:①政府政策与国家创新体系(national innovation system,简称 NIS);②校办企业(university-operated enterprises,简称 UOEs)、USPs 和衍生企业;③产学联系(university-industry Linkages,简称 UILs);④TTOs;⑤高校专利及专利许可(见图 3-9、图 3-10)。根据这五个研究主题对所有文章进行了分类,并汇总生成一个附录,限于篇幅,未在文中列出,感兴趣的读者可向笔者索取。研究主题的演变似乎表明了政治经济环境和政府政策措施的变化所产生的影响,也体现出高校试图进行技术转移的方式发生的变化。由于这些原因,2004 年的一篇关于 CUTT 的文章所介绍的体系,与 2014 年的一篇关于 CUTT 的文章所介绍的体系完全不同。例如,由于 UOEs 的重要性下降,同时专利许可的重要性增加,学术界的研究兴趣也随之发生了变化。此外,由于西方学术标准日益被中国期刊所采用,发表在中国期刊上的学术文章的风格也发生了变化。

最早期的文章,特别是英文文章研究政府政策和 NIS,但是后来这类文章的数量相对下降,随之而来的是研究 UOEs 和 USPs 以及 UILs,这类文章在 2006 年至 2010 年相对较多,2011 年至 2015 年数量下降。目前,采用高校专利和专利许可数据进行实证研究的文章是最普遍的,最引人注目的是,在早期,那些几乎没有任何实证数据的评论性文章的数量快速增长,但在 2010 年后,这类文章的数量在很大程度上下降了。

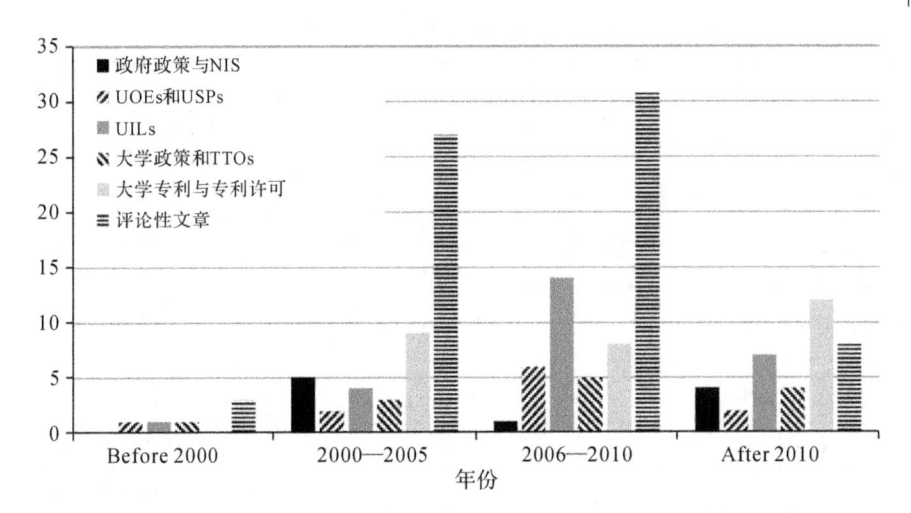

图 3-9　中文文献中关于 CUTT 研究主题的变化(1997—2014 年)

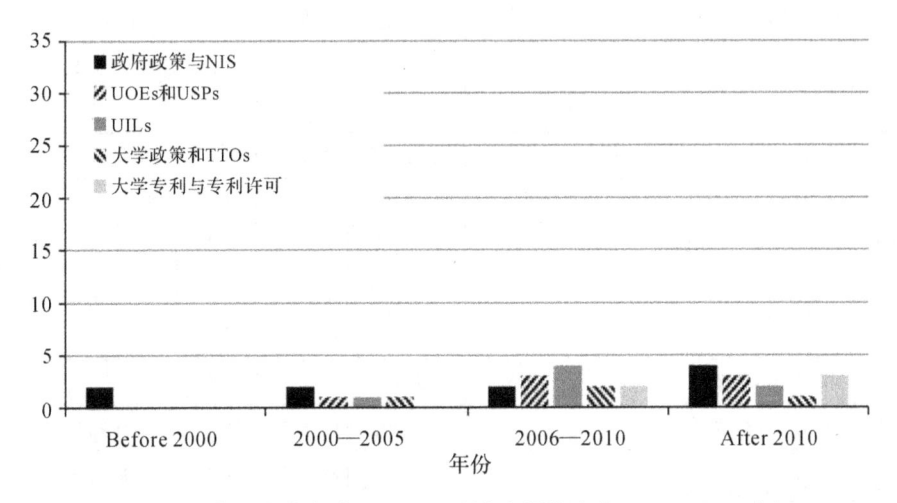

图 3-10　英文文献中关于 CUTT 研究主题的变化(1997—2014 年)

① 主题一:NIS 和政府政策

由于最早期的 CUTT 文章聚焦 NIS 和政府政策,关于第一个主题的文章也是最早发表的。在这一主题中,英文文章的作者集中于对创新系统进行概述,并关注高校在创新系统中的作用。因此,关于 CUTT 早期的研究更多聚焦政府政策并探讨高校如何适应中国的创新系统(见表 3-2)。

表 3-2　关于 NIS 和政府政策的文章汇总

文献	被引次数	研究方法	关注点
Zhu 和 Frame(1987)	3	历史研究	CUTT 的早期历史
Gephardt(1999)	9	理论研究	跨国公司和 CUTT
翁君奕(2000)	12	理论研究	美、日、中 UTT 政策比较
Liu 和 White(2001)	668	理论研究	中国 NIS 框架
李平(2002)	19	理论研究	地方政府技术转移政策和中国的 NIS
雷朝滋和黄应刚(2003)	41	理论研究	中外 UTT 政策比较
Chang 和 Shih(2004)	131	理论研究	中国大陆与台湾创新体系比较
吕春燕、孟浩、何建坤(2005)	28	理论研究	研究型大学在国家自主创新体系中的作用
毕会英(2006)	9	理论研究	政府在 UTT 中的职能定位
李平(2006)	7	案例研究	粤港政府在高校科技成果转化中的作用比较
Chen 和 Kenney(2007)	175	案例研究	北京和深圳区域创新体系
刘彦(2007)	24	理论研究	UTT 中政府职能概述
Hu 和 Mathews(2008)	198	实证研究*	中国与亚洲其他国家的 NIS 评估
曲雁(2010)	4	理论研究	中、美高校科技成果转化中的知识产权保护政策
Chan 和 Daim(2011)	13	理论研究	CUTT 政策概述
饶凯、孟宪飞、徐亮等(2012)	6	实证研究*	研发投入对 CUTT 合同的影响
翟天任和李源(2012)	4	理论研究	高校科技成果转化的政府政策支持概述
Zhang、Patton 和 Kenney(2013)	24	实证研究*	985 工程对学术出版物的影响
Baglieri、Cesaroni 和 Orsi(2014)	2	实证研究*	中、日 UTT 和纳米技术
Fisch、Block 和 Sandner(2014)	4	实证研究*	985 工程对专利数量与质量的影响

* 表示实证假设检验研究,通常采用的是回归分析。被引次数来自 2015 年 8 月 25 日谷歌学术搜索。

Lundvall(1992)和Nelson(1993)开创了从NIS视角研究CUTT的先河，随后NIS视角作为一种理论框架被广为接受，因为它能有效解释不同社会制度通过何种方式相互作用生产创新以及商业化创新。6篇文章（4篇英文和2篇中文）采用NIS理论框架对中国高校体系进行了特别的关注。第1篇探讨中国NIS的文章作者是Liu和White(2001)，这篇文章的引用次数高达668次，是我们数据库中引用次数最多的一篇文章，发表在 *Research Policy* 上。Liu和White(2001)注意到，关于发达国家的NIS研究聚焦行动者而非他们所开展的活动。Liu和White建议，将非西方国家与西方国家进行比较分析，这种方法是无效的，因为非西方国家的行动者履行着不同的NIS职能。为了解决这一问题，他们提出了一个特别关注活动而非行动者的框架，如教育、研发、生产、最终用途以及协调。

始于1978年的改革从两个重要方面使NIS行动者的动机发生了变化，并改变了NIS行动者之间的关系：第一，基于经济效果考量绩效；第二，决策权下放。这导致在以下几个方面产生了深刻的变化：如何开展以及在哪里开展研发工作，高校如何履行他们的使命。研发曾经是科研院所的专有领域，后来，一些行动者如高校和企业，都可以进行研发。而且，以政府为中心的转移功能的萎缩，迫使商业组织与非商业组织之间构建转移机制。

与此同时，中国的学者们也意识到了这些变化。李平(2002)和吕春燕、孟浩及何建坤(2005)专门研究了高校在中国NIS中的作用。李平(2002)指出，虽然中国高校能帮助企业进行创新，但企业仍然是技术创新的主体。吕春燕、孟浩及何建坤(2005)建议中国高校应该主要通过跨学科为企业提供融合技术的能力，从而在NIS中发挥更大的作用。

Chang和Shih(2004)通过对比台湾和大陆的技术转移发现，台湾和大陆的本质区别在于台湾发展一些技术，而大陆一般引进技术。Baglieri、Cesaroni和Orsi(2014)基于纳米技术专利的调查发现，日本和中国在构建各自的NIS的方式上存在不同，中国依靠一小部分行动者包括高校，而日本依靠庞大的公司网络。Hu和Mathews(2008)拓展了他们之前关于韩国、中国台湾和新加坡的研究，对中国的创新驱动力进行了测量，他们采用专利数量作为因变量，用它来衡量现有的知识存量、总体的研发情况、研发人员、风险投资（venture capital，简称VC）的有效性以及高校研发情况。他们发现，与亚洲四小龙存在不同的是，中国高校的教学作用是最为重要的。尽管培训在中国高校中占据着重要位置，但在之后的研究中发现，中国高校也是创办新公司的重要源泉。

Chen 和 Kenney(2007)指出,在中国区域创新体系中高校占据着一席之地。

第 1 篇探讨政府政策的英文文章是 Zhu 和 Frame(1987)发表在 *Journal of Technology Transfer* 上的有关 CUTT 的文章,他们指出,如今活跃在市场经济中的技术转移在 20 世纪 80 年代中期之前在中国根本不存在,1978 年的改革才使技术转移机制得以引入。Gephardt(1999)通过对在中国大陆和中国台湾的外国公司进行访谈发现,跨国公司与当地高校合作,提升了中国的技术转移能力。

第 1 篇探讨政府政策的中文文章是翁君奕的关于比较美国、日本、中国 UTT 的文章,翁君奕(2000)指出,与日本高校或美国高校相比,虽然中国高校在技术转移上肩负着更大的责任,但中国高校有效的技术转移仍然有限。雷朝滋和黄应刚(2003)将中国与几个发达国家的 USPs 和 TTOs 进行了比较,发现中国高校不得不依靠政府,因为政府是研究经费的主要来源。李平(2006)通过访谈,对广东省政府和香港特区政府在 UTT 中所发挥的作用进行了比较指出,香港特区政府在一些方面发挥着更为有效的作用。曲雁(2010)发现,美国对知识产权保护的力度更大,美国的 TTOs 也更专业。Chan 和 Daim(2011)在一项概述性的研究中认为,在制定 NIS 政策时,政府应该从企业视角进行考虑。学者们也采用政府统计数据对 CUTT 进行考量,毕会英(2006)发现政府的作用是至关重要的,刘彦(2007)、翟天任和李源(2012)对 CUTT 进行了批评,认为中国对此的努力不专业,与市场不匹配。

学者们也对 20 世纪 90 年代中国政府为提升高校研究绩效而采取的一系列措施的成效进行了研究,其中最重要的工程即"985"工程,旨在在中国建立若干所具有世界先进水平的一流大学。例如,饶凯、孟宪飞、徐亮等(2012)研究了"985"工程及政府其他研究投入对 UTT 合同的影响,发现它们对高校从产业界获取研究合同的数量与金额具有显著的正向影响。Zhang、Patton 和 Kenney(2013)发现,排名较低的"985"大学的出版物数量比排名最高的两所大学(清华大学和北京大学)的出版物数量增长更快。Fisch、Block 和 Sandner(2014)采用专利研究了通过鼓励专利以促进高校研究的两项政府政策,发现高校对两项政府政策的参与度显著影响其专利申请数量,但只有"985"工程提升了专利的质量。

尽管政府政策的重要性众所周知,但对中国政策变化是否促进技术转移缺少系统研究。由于中国 NIS 的快速变化,需要对政府政策影响进行更多的实证研究。同时,对科技决策的历史性研究以及基于访谈的研究能为各种政策变化的原因提供重要见解。

②校办企业、高校科技园及高校衍生企业

最早的两项商业化举措,即在中国允许创办 UOEs 和创建 USPs,始于 20 世纪 80 年代。这两项举措在 20 世纪 80 年代迅速蔓延,其重要性一直持续到 20 世纪 90 年代。在 20 世纪 90 年代中期,中国政府反思了 UOE 战略,并开始改变政策以鼓励独立于高校之外的衍生企业发展。下面以举措发生时间的先后顺序进行探讨(见表 3-3)。

表 3-3 关于校办企业、高校科技园和高校衍生企业的文章汇总

文献	被引次数	研究方法	关注点
李平(1999)	19	理论研究	USPs 概述
樊晨晨和陈益升(2000)	17	理论研究	USPs 概述
李仕明、韩春林、杨鸿谟(2002)	7	理论研究	USPs 概述
邱琼(2002)	4	理论研究	UOEs 分析
徐井宏和梅萌(2003)	10	案例研究	清华大学科技园
冯冠平和王德保(2003)	27	理论研究	UOEs 中高校的作用
Cao(2004)	80	案例研究	中关村科技园评论
刘春林、彭纪生(2004)	0	案例研究	南京大学科技园
陈静远、黄长春、左亮(2005)	14	理论研究	英国与中国 USPs 比较
Eun、Lee 和 Wu(2006)	193	理论研究	UOEs 分析
孟浩、何建坤、吕春燕(2006)	3	案例研究	清华大学科技园
杨德林、汪青云、孟祥清(2007)	22	理论研究	UOEs 分析
Kroll 和 Liefner(2008)	115	案例研究	UOEs 分析
胡海峰(2010)	7	理论研究	清华大学和威视股份公司
Zhou、Minshall 和 Hampden-Turner(2010)	7	案例研究	清华大学衍生企业
Su、Ali 和 Sohn(2011)	4	案例研究	清华大学和北京大学衍生企业
李正风和张寒(2013)	1	案例研究	清华大学和威视股份公司

续表

文献	被引次数	研究方法	关注点
Zhou 和 Minshall(2014)	4	案例研究	四所高校衍生企业的案例研究
Zou 和 Zhao(2014)	4	案例研究	清华大学科技园

注：被引次数来自2015年8月25日谷歌学术搜索

UOE 是一种独特的组织形式，也许只出现在中国。UOE 是20世纪80年代早中期中国的一项成果，当时，中国高校经费大幅缩减，迫使高校不得不削减成本并寻找替代性收入来源。作为回应，中国许多高校新建了一些商业项目包括基于技术的运营项目和各种各样的活动如食品服务、出版社的语言翻译服务以及土地开发等。UOE 也是中国高校商业化其新开发技术的一种机制，UOE 的创办、人员配备、资金、权属关系以及控制等都由高校进行管理(Eun，Lee，Wu，2006;邱琼，2002)，这使得高校能够从他们所开发的任何技术中获取收入。

Eun、Lee 和 Wu(2006)的文章被高度引用，在文章中他们发现，三个因素影响 UOEs 的创建:高校技术能力、当地企业的吸收能力以及高校寻求新的经费来源的愿望。这一结论得到了杨德林、汪青云、孟祥清(2007)的支持。在早期，中国高校技术能力优于国内企业，因为当地企业和生态系统没有足够的吸收能力使新技术商业化。此外，UOEs 有技术熟练的高校职员，而这是羽翼未丰的私营部门所不能获取的(Xue，2004)。

虽然中国许多 UOEs 影响不大，但有些十分成功。2010年，排名前十的 UOEs 的利润总额约68亿元(10亿美元)，北京大学校办企业的收入约626.9亿元(92.5亿美元)，利润为30.1亿元(4.4亿美元)，清华大学校办企业的收入约350.3亿元(51亿美元)，利润为11.4亿元(1.65亿美元)(教育部科技发展中心，2012)。当时，UOEs 是高校一个非常重要的收入来源。

20世纪90年代末，随着环境的变化，中国企业已经具有更强的技术能力，UOEs 的数量和重要性下降。此外，政府开始大幅增加高校预算，从而消除了之前需要创造收入的巨大压力，越来越多的政府政策制定者和研究人员质疑高校行政人员管理企业的智慧(冯冠平、王德保，2003)。这两个变化使得人们对建立 UOEs 的需求不再像以前那么强烈，且人们也不再像以前那样拥有许多创建 UOEs 的机会。随着 UOEs 数量的减少，私人资助的高校创业衍生企业数量增加(Hroll & Liefner,2008)。2015年,政府出台了一项新政策,将逐步淘汰UOEs。

对UOEs而言,情况确实如此,因此中国学者在USPs上比他们的西方同行更感兴趣。创建USPs的动力与鼓励创办UOEs的动力均基于相同的政府政策,即高校经费减少。UOEs的创办使高校建立并出租科技园,但USPs也进行房地产开发,吸引其他公司并获取租金收入(Zou & Zhao,2014)。1983年,东南大学和东北大学首建了USPs。虽然国家高新技术开发区项目(National Hi-Tech Development Zones Program)的直接目的并非创建USPs,但许多USPs在高校附近创立。1999年,政府承认了USPs,并完全批准在北京大学和清华大学创建USPs。这一决定掀起了成立USPs的狂潮(Van Essen,2007)。鉴于USPs创建具有"自下而上"的特性,早期的文章介绍划分USPs类型和功能的框架(李平,1999;樊晨晨、陈益升,2000),而其他文章探究USPs的功能,如人员培训、研究、高新技术企业孵化等(李仕明、韩春林、杨鸿谟,2002)。

USPs文献大多是案例研究,缺乏普遍性。清华大学科技园(Tsinghua Science Park,简称TSP)可能是最成功的,一直是众多研究的焦点(徐井宏、梅萌,2003;孟浩、何建坤、吕春燕,2006;Zou & Zhao,2014)。刘春林和彭纪生(2004)对南京大学科技园进行了研究,陈静远、黄长春和左亮(2005)比较了中国与英国USPs的实践与目标。总体而言,研究人员发现影响USPs成功的最重要的因素是政府的支持、有效的领导、企业家精神及创新。

有文献对USPs进行了评论,例如,Cao(2004)认为,许多报道的统计数据具有误导性,他总结出以下几点结论:第一,大多数USPs的发展不是受本土技术的驱动,相反,USPs作为配送中心主要为国外科技企业提供服务;第二,USPs中的大部分研发人员在为国外企业工作;第三,中国高新技术企业的成功依靠的是创业人才(如创造新的商业模式),而不是技术能力。

由于最近政府政策的变化,中国高校技术商业化从创办UOEs转向鼓励建立高校衍生企业,比如,创建独立的公司对高校技术进行商业化(Kroll & Liefner,2008)。而且,最近已出现关于高校衍生企业的研究。事实上,清华大学衍生企业——威视(Nuctech)已催生了关于产业的研究(胡海峰,2010;Zhou,Minshall,Hampden-Turner,2010;李正风、张寒,2013)。Su、Ali和Sohn(2011)研究了北京大学和清华大学UOE的绩效,Zhou和Minshall(2014)认为高校衍生企业的成功在于它们采纳了本土高校的创新。从UOE

到高校衍生企业(高校衍生企业更像西方高校的情况)这种组织形式上的转变,为学者们提供了一个重要的研究机会。

目前的研究聚焦于技术转移系统的构成,而非关注组成系统的各要素相互作用的过程。中国创建USPs的经验为研究者研究USPs对技术转移的影响提供了重要的机会,也许这对进一步探究USPs以何种方式嵌入和促进高校或区域产业生态系统的发展也大有裨益。尽管已开展相关研究,但在推动高校技术成功转移方面,USPs、UOEs和最近出现的高校衍生企业的重要性如何,不得而知。

③主题三:产学联系(UILs)

除了UOEs、USPs和高校衍生企业,中国政府积极鼓励高校建立UILs,尤其鼓励高校在技术主导型增长中发挥积极的作用。该研究主题涉及研究合同和咨询,但不包括通过许可进行的技术转移,专利许可将在研究主题五中予以介绍。

可能有人认为,中国高校也许比美国高校的技术转移关系更广,例如,中国高校进行的大约35%的研究经费来自企业,而美国的这一数据仅约8%,鉴于这一事实,李修全、玄兆辉和杨洋(2014)认为,中国高校开展了更多的技术转移工作。[①] 这引出了一个有趣的问题,即研究合同反映的肯定是UILs情况,但它是否也代表了技术转移情况? 如果是,那么人们可以得出结论:中国的UILs出类拔萃。

关于UILs的研究始于21世纪初(见表3-4)。许多最早期的研究对UILs进行分类并识别UILs的发展阶段(郭东妮,2013;梅元红、孟宪飞,2009;谢开勇、赵邦友、张礼达等,2002;周训胜,2011)。最早关于UILs的英文研究来自Guan、Yam和Mok(2005),在对北京948家企业的创新活动进行调查后他们发现,18%的科技型企业使用高校的研究成果,但这种行为并没有对经济绩效产生影响。Wang和Lu(2007)采用Von Hippel(1988)关于黏性知识的概念将UILs划分成了交互作用的四种模式,每一种模式都需要不同类型的UILs以成功促进转移。在关于上海交通大学(SJTU)和复旦大学的一项研究中,Wu(2007)发现,两所高校在主题上的不同优势形成了它们各自的UILs。也有一些中文学者对评估UTT的方法进行了介绍(阎为民、周飞跃,2006;白利娟、汪小梅,2006;余晓卉、戚巍、李峰,2011)。

---

① 相比之下,美国高校专利收入约占研发总经费的4%,而中国不到1%。

表 3-4　关于 UILs 的文章汇总

文献	被引次数	研究方法	关注点
胡恩华(2002)	54	理论研究	UILs 概述
谢开勇、赵邦友、张礼达等(2002)	32	理论研究	UILs 概述
李文波(2003)	24	理论研究	UILs 概述
Guan、Yam 和 Mok(2005)	80	实证研究*	北京的 UILs 分析
白利娟和汪小梅(2006)	8	实证研究	评估 UILs 的方法
林晶晶和周国华(2006)	25	理论研究	UILs 概述
阎为民和周飞跃(2006)	24	实证研究	评估 UILs 的方法
何建坤、孟浩、周立等(2007)	27	实证研究*	北京的 UILs 和经济增长
Hershberg、Nabeshima 和 Yusuf(2007)	74	理论研究	UILs 概述和区域经济增长
Wang 和 Lu(2007)	29	案例研究	清华大学与威视的联系
Wang 和 Ma(2007)	9	历史研究	中国专利法的发展
Wu(2007)	78	案例研究	上海交通大学和复旦大学的 UILs 的比较
徐国东、叶金福和邹艳(2008)	16	理论研究	UILs 概述
胡金有(2009)	5	理论研究	UILs 概述
廖述梅和徐升华(2009)	20	实证研究	省市间的 UTT 效率
刘和东和施建军(2009)	2	实证研究*	UILs 与国家经济增长
梅元红和孟宪飞(2009)	17	案例研究	清华大学的 UILs
杨廷钫和凌文铨(2009)	0	实证研究*	广东的 UILs 和经济增长
刘泽政和傅正华(2010)	14	理论研究	UILs 概述
王铁军(2010)	7	案例研究	新疆高校的 UILs
吴凡和董正英(2010)	10	实证研究	UTT 能力影响因素
杨继明和李春景(2010)	11	案例研究	清华大学和麻省理工学院(MIT)的 UILs 比较
余晓卉、戚巍、李峰等(2011)	0	实证研究	评估 UILs 的方法
周训胜(2011)	7	理论研究	UILs 概述
Brehm 和 Lundin(2012)	9	实证研究*	省级 UILs

续表

文献	被引次数	研究方法	关注点
饶凯、孟宪飞和Piccaluga(2012)	3	实证研究*	研发对省级UILs的影响
Wu和Zhou(2012)	27	理论研究	第三使命已停滞
范柏乃和余钧(2013)	1	实证研究*	经费及人员对UILs的影响
郭东妮(2013)	5	理论研究	UILs概述
原长弘、高金燕和孙会娟(2013)	1	实证研究*	经费及人员对UILs的影响
张寒、胡宗彪和李正风(2013)	0	实证研究*	985工程对UTT合同的影响
周荣、涂国平和喻登科(2013)	1	案例研究	南昌大学技术转移
李修全、玄兆辉和杨洋(2014)	0	实证研究	中国与美国的UILs比较

注：* 表示实证假设检验研究，通常采用的是回归分析。被引次数来自2015年8月25日谷歌学术搜索。

正如西方的情形一样，中国的UILs也受到环境因素如政府法规和政策、信息的可获取性(Wang & Lu,2007;Wu,2007;Wang & Ma,2007;刘泽政、傅正华,2010)、知识产权(IP)保护、企业与高校之间的地理距离(徐国东、叶金福、邹艳,2008)、经济环境和中介组织(李文波,2003)以及组织文化(林晶晶、周国华,2006)的强烈影响。

最近，大量的定量研究对UTT的有效性进行了测量(见表3-5)。例如，在一项采用技术转移合同金额作为因变量的研究中，吴凡和董正英(2010)发现，高校类型和学术声誉对UTT能力有重要影响；研发人员的数量和企业经费数量对UTT具有正向影响(范柏乃、余钧,2013)，而当地市场的不确定性对UTT具有负向影响(原长弘、高金燕、孙会娟,2013)。在另一项研究中，张寒、胡宗彪和李正风(2013)以相同的变量衡量研发投入，通过研究发现，与UTT合同金额相比，它们对UTT合同数量有更为重要的影响。然而，就技术转移金额而言，各省市存在着明显的差异(廖述梅、徐升华,2009)。

关于外部经费对UTT的影响出现了相互矛盾的结论。一项研究的结论表明，政府研究经费对UTT具有负向的影响，另一项研究也发现，地方政府研究经费对UTT没有显著的正向影响(范柏乃、余钧,2013；张寒、胡宗彪、李正风,2013)。与此相反，原长弘、高金燕和孙会娟(2013)和饶凯、孟宪飞、Piccaluga(2012)发现，地方政府研究经费对UTT具有正向影响。关于企业经费对UTT的影响的实证研究，其结论也是混乱的。范柏乃和余钧(2013)

指出，企业经费对 UTT 有积极的影响，这一结论得到了张寒、胡宗彪和李正风(2013)的支持，然而，另外一些研究无法证明这两者之间存在任何影响。Brehm 和 Lundin(2012)从企业视角证明了衡量高校技术能力的变量以及 UILs 与企业绩效正相关，但这种关系取决于企业的吸收能力。研究人员发现，经济中心(如北京、上海和广东)中的 UTT 有助于区域成长(Hershberg, Nabeshima, Yusuf, 2007；何建坤、孟浩、周立，2007；杨廷钫、凌文辁，2009)。刘和东和施建军(2009)测试了关于区域性的研究结论的稳健性和有效性，发现 UTT 和国家层面上的经济增长之间存在正相关关系。

表 3-5 UILs[①] 的影响因素

文献	研究单元	主要结论
吴凡和董正英(2010)	高校	工科类院校有较多的 UTT 收入，声誉好的院校也是如此
饶凯、孟宪飞和 Piccaluga(2012)	省市	与 UTT 金额相比，研发经费对研发合同的数量有更为积极的影响
范柏乃和余钧(2013)	省市	政府研发经费对 UTT 金额有负向影响，而企业经费对 UTT 金额有正向影响
原长弘、高金燕和孙会娟(2013)	211 工程大学	学校及地方政府的研发经费对 UTT 金额和研发合同的数量均有正向影响
张寒、胡宗彪和李正风(2013)	985 工程大学	政府和企业研发经费不论是对研发合同的数量还是对研发合同的金额均无显著影响

高等教育改革鼓励高校进行 UILs，但许多人认为转移效率仍然欠缺。学者们识别了技术转移的三个不足：第一，教师晋升准则更多地偏重学术成果而非成果的商业化(杨继明、李春景，2010)；第二，国内与国外企业提升了研究能力，可能降低了它们对学术研究的需要(Cuan, Yam, Mok, 2005；Wu & Zhou, 2012)。这也许可以解释为什么 UTT 在 20 世纪 80 年代和 20 世纪 90 年代取得成功后其重要性似乎下降了。

西方的研究与此相呼应，他们识别出的第三个不足是高校与企业历来缺乏沟通。在中国，UIL 的历史很短，产权不太清晰，大多数学术研究没有被充

---

① 这里的 UILs 是采用 UTT 金额和合同数量等变量来衡量的。

分利用以实现经济效益。鉴于这一结论,一些学者建议,通过加强沟通和建立更好的合作关系,可以促进技术转移(胡恩华,2002;王铁军,2010;周荣、涂国平、喻登科,2013)。

虽然人们对 UILs 促进经济增长已达成共识,但探究 UILs 如何促进经济增长已成为一个研究目标,尤其从演化视角,探究 UILs 的不同模式及发展阶段,可成为未来研究的方向。高校咨询的作用以及毕业生以何种方式转移技术,鲜为人知。相互矛盾的结论可能由多种原因造成:第一,中国创新体系方方面面的快速变化,使得人们难以对不同时期的结果进行比较;第二,统计方法不尽相同,以及未被注意到的异质性的出现,可能遗漏影响 UILs 的变量,更为复杂的相互关系可能没有被获取;第三,通过研究合同有多少技术真正地实现了转移,不得而知。让人们更好地了解高校研究的质量及其经济适用性,并衡量国内企业的吸收能力,成为一个有前景的研究领域。为了解技术转移的维度,除定量研究外,还可以对特定的一些 UILs 进行大量的精细化的案例研究。

④主题四:高校政策和 TTOs

这一主题的第一个研究领域是对高校政策进行分析。由于中国高校治理的集中化,高校内部的政策深受国家政策变化的影响(赵文华、薛天祥、侯定凯,1998)。中国学者对美国精英大学的政策特别感兴趣(闵维方、马万华,1999)。第一篇关于 CUTT 政策的英文文章来自 Liu 和 Jiang(2001)。如表 3-1 所示,在改革的第一阶段,从 1986 年开始,高校对自己的预算负责;第二阶段,从 1995 年开始,高校继续拥有更大的自主性。最初,许多关于政策方面的规范性的文章劝告高校促进技术转移(闵维方、马万华,1999;卢金鹏、杨超,2005;何先美、符颖、孙景乐,2010)。他们指出,高校向企业转移技术和创新能力可以提升高校的教学与研究能力,并提高高校的声誉(何建坤、吴玉鸣、周立,2007)。张运华、吴洁和施琴芬(2008)发现,76.6%的中国高校科技投入有效,但仅有 6.7%的高校技术转移有效。

随着类似拜杜法案的法规 1993 年在中国出台,使得高校有必要改变政策和构建技术转移(许可)组织以进行技术转移(见表 3-6)。在这个研究主题中,学者们对 TTOs 的政策以及实践进行了评论。然而,由于关于专利或专利许可的定量研究对 TTOs 或高校实践政策几乎没有任何参考性,我们将在研究主题五对这一现象进行探讨。

尽管数据性质与研究主题阻碍了学者们的统计分析,但他们仍然对高校政策进行了实证研究。例如,Wu(2010)通过对复旦大学和上海交通大学的TTOs进行案例研究,总结了技术转移政策。基于2000年至2004年的中国UTT数据,Wu发现,第一,高校技术合同收入分别是专利许可收入和技术衍生企业收入10倍和2倍;第二,如同美国的情形一样,专利许可不是中国高校收入的重要来源,在2003年只占不到3%的高校研发收入;第三,高校衍生企业的数量在20世纪90年代末下降,它们对高校财政的贡献也随之下降。

表3-6 关于高校政策与TTOs的文章汇总

文献	被引次数	研究方法	关注点
赵文华、薛天祥和候定凯(1998)	2	理论研究	UTT政策概述
闵维方和马万华(1999)	6	案例研究	北京大学技术转移政策
Liu和Jiang(2001)	115	理论研究	UTT政策概述
王新德、张月珍和王志新(2004)	4	案例研究	上海交通大学和密歇根大学的技术转移比较
张爱萍和曹兴(2004)	6	案例研究	中南大学技术转移政策
卢金鹏和杨超(2005)	6	案例研究	华中科技大学技术转移政策
徐炎章和陈子侠(2005)	2	案例研究	在促进UTT中Internet的运用
何建坤、吴玉鸣和周立(2007)	7	理论研究	UTT政策概述
陆瑾和谈顺法(2008)	8	案例研究	上海TTOs
张运华、吴洁和施琴芬(2008)	20	实证研究	高校研发对UTT的影响
Cao、Zhao和Chen(2009)	11	案例研究	上海交通大学和复旦大学TTOs的比较
Wu(2010)	41	案例研究	高校政策和上海交通大学及复旦大学的校办企业(University-run Enterprises,简称UREs)
何先美、符颖和孙景乐(2010)	10	理论研究	UTT政策评估

续表

文献	被引次数	研究方法	关注点
张娟和刘威(2012)	3	理论研究	TTOs 评估
胡罡、章向宏、刘薇薇等(2014)	1	案例研究	中山大学 TTOs
Kaneva 和 Untura(2014)	0	理论研究	中国为俄罗斯树立了典范

注:被引次数来自 2015 年 8 月 25 日谷歌学术搜索。

导致 UTT 低效率的各种问题已被识别,这些问题可以划分为与高校有关的问题、与企业有关的问题以及更广泛的问题如中国环境。与高校有关的问题包括高校研究不成熟(何先美、符颖、孙景乐,2010)、高校晋升体系没有为技术转移提供激励措施(Wu,2010;何先美、符颖、孙景乐,2010;Cao,Zhao,Chen,2009)、支持技术转移的经费不足(何先美、符颖、孙景乐,2010)以及技术转移技能欠缺(Wu,2010)。与接受方即中国企业有关的问题有许多(王新德、张月珍、王志新,2004),包括国内企业缺乏吸收能力——特别是在 20 世纪 80 年代和 20 世纪 90 年代(Wu,2010;Liu & Jiang,2001)、企业和高校之间无效沟通、企业财政资源不足(Liu & Jiang,2001)、企业注重立竿见影的效果(Wu,2010)。

技术转移存在不足的原因在于缺乏知识产权保护(Liu & Jiang,2001)、缺乏中介机构如风险投资家(Wu,2010;Cao,Zhao & Chen,2009)、高校研究成果与企业的需要不匹配(Wu,2010)。值得注意的是,尽管缺乏实证数据,Kaneva 和 Untura(2014)认为中国政府在技术进步中发挥了主导作用,他们建议俄罗斯应该考虑采取类似的政策与机制。

为解决上述缺陷,学者们提出了各种各样的政策建议,包括学生与企业部门之间建立联系、为教师从事技术转移提供更大的激励(何先美、符颖、孙景乐,2010;徐炎章、陈子侠,2005)、促进高校与企业间的交流(Liu & Jiang,2001)以及建立 UTT 评估体系(何先美、符颖、孙景乐,2010)。

第二个研究领域是致力于分析 TTOs。中国第一批 TTOs 被称为"国家技术转移中心"。2001 年,在中国 6 所精英大学里创建了首批国家技术转移中心(Tang,2006)。学者们从演绎视角对 TTOs 的变化进行了分析。例如,张娟和刘威 2012 认为,在过去 20 多年里,UTT 组织形式逐步演变。有学者对上海市一些高校(陆瑾、谈顺法,2008)和中山大学(胡罡、章向宏、刘薇薇,2014)的TTOs管理进行了案例研究。有一篇文章提议,在浙江构建网络的TTOs平台可以为UTT提供支持(徐炎章、陈子侠,2005)。

大多数关于高校政策的研究聚焦于促进技术转移的对策,如同西方的研究一样,大多数研究局限于少数几所精英大学,未来应对更多的高校进行研究。此外,关于TTOs的研究大多是制度性的,没有对TTOs在中国环境下面临的挑战进行研究。鉴于政府的投入及举措塑造了高校的政策,TTOs作为技术转移的工具,学者们对其的关注增加,但这一领域的研究仍然非常不足。如同西方的情形一样,中国TTOs成功的主要举措在于专利许可收入,因此,我们在主题五对这一技术转移的特殊形式进行研究。

⑤主题五:高校专利与专利许可

在中国,基于研究的高校专利归高校所有,TTOs负责对这些专利进行许可。由于关于专利和专利许可收入的数据容易获取,大量的文章皆以此为基础。这一研究最显著的特点是易于进行统计测量,但我们注意到,与研究主题四相比,这些文章几乎没有提供有关技术转移发生的情境的信息。

尽管中国在1993年就出台了相关政策,但人们仍然担心高校缺乏动力进行技术转移。为此,自2005年以来,中国政府在对教师个人及学校进行绩效评估时,开始强调专利,以鼓励学校和教师开展专利工作。为了扫除财政障碍,国家对学校和研究人员的专利申请费用予以补助(Luan, Zhou & Liu, 2010; Wang, Huang, Chen et al., 2013)。

鉴于专利已成为衡量高校绩效和高校获得奖励的度量标准,学校和研究人员积极响应专利申请工作。1999年,中国高等教育机构申请的中国专利为988件,2013年为98509件,年增长率为39%。专利授权量从1999年的425件增加到2013年的33309件,年增长率为37%。相比之下,美国高校2012年美国专利授权量仅为4797件。我们大胆做出一个假设,如果两个国家的专利局对高质量的专利都给予同样的奖励,那么这意味着在专利和技术转移上中国高校体系的生产效率大约是美国高校体系的6倍。中国高校也在美国申请了专利。例如,从2010年至2014年,清华大学从美国专利及商标局(United States Patent and Trademark Office,简称USPTO)获得的专利授权量为767件,中国电信科学技术研究院(Chinese Academy of Telecommunications Technology)为104件。相比之下,在同一时期,较大的加州大学获得的美国专利授权量为1751件,斯坦福大学获得的专利授权量为

753件。显然,中国高校回应了政府要求在国内和国外增加专利授权量的目标,但随着专利的爆炸性增长带来的问题是专利的质量(Liang,2012)。

由于高校专利与专利许可易于观察,即使现在已公认它们仅是UTT的一小部分,它们仍引起了全球学术界的关注(Kenney & Mowery,2014)。西方将专利作为CUTT的一项产出的相关研究激增(见表3-7)。学者们研究了高校专利对国家经济的影响,许可或出售给中国企业的专利类型以及高校与企业间的联合专利关系。因此,我们首先对将高校专利作为一项产出的相关研究进行探讨,随后对将高校专利作为衡量技术转移绩效的相关研究进行分析。通常情况下,这些研究用专利申请数量、专利授权与许可数量、专利许可合同及其金额等变量来衡量专利绩效。

表3-7 关于高校专利和专利许可的文章汇总

文献	被引次数	研究方法	关注点
吴荫方、葛仲和郑永平(2001)	1	案例研究	清华大学专利
郭秋梅和刘莉(2005)	19	实证研究	高校专利概述
陈海秋、宋志琼和杨敏(2007)	22	理论研究	高校专利概述
刘月娥、张阳、杨健安等(2007)	22	理论研究	高校专利概述
周凤华和朱雪忠(2007)	23	实证研究*	研发及人员对专利的影响
Hong(2008)	111	实证研究*	中国专利模式
吴洁、张运华和施琴芬(2008)	15	实证研究*	研发人员对专利的影响
徐凯和高山行(2008)	24	实证研究*	研发对专利和出版物的影响
杨祖国(2008)	11	实证研究	高校专利概述
施定国、徐海洪和刘凤朝(2009)	10	实证研究*	政府经费对专利的影响
原长弘、贾一伟、方坤等(2009)	10	实证研究*	高校类型与专利产出
付晔、张乐平、马强等(2010)	19	实证研究*	研发对专利的影响
洪伟(2010)	17	实证研究	各省市专利模式
李娟、任利成和吴翠花(2010)	11	实证研究*	研发对各省市专利的影响
Luan、Zhou和Liu(2010)	15	实证研究	中国的拜杜法案
饶凯、孟宪飞、陈绮等(2011)	8	理论研究	中国与欧洲的高校专利

续表

文献	被引次数	研究方法	关注点
马艳艳、刘凤朝和孙玉涛(2012)	8	案例研究	清华大学专利
王燕和雷环(2012)	1	理论研究	中国高校与美国高校专利比较
王权赫、吴巨丰和沈映春(2012)	0	实证研究*	研发对专利数量与质量的影响
原长弘、赵文红和周林海(2012)	4	实证研究*	政府经费对研究产出的影响
原长弘、孙会娟和王涛(2012)	2	实证研究*	政府经费对专利的影响
何彬和范硕(2013)	1	实证研究*	不同时间段和跨地区的专利模式
Hong 和 Su(2013)	28	实证研究*	产学专利联系的地理性
饶凯、孟宪飞、徐亮等(2013)	1	实证研究*	研发项目对高校专利的影响
饶凯、孟宪飞和于晓丹(2013)	4	实证研究*	研发人员对高校专利的影响
Wang、Huang、Chen 等(2013)	3	实证研究*	高校的第三使命并没有停滞不前
许春(2013)	0	实证研究	高校专利保护力度太大
原长弘、孙会娟和方坤(2013)	0	实证研究*	高校合并对专利申请的影响
原长弘、孙会娟和李雪梅(2013)	0	实证研究*	经费对高校专利的影响
陈琨、李晓轩和杨国梁(2014)	0	实证研究	美、英、日、中高校专利比较
Gao、Song、Peng 等(2014)	0	实证研究*	中国专利概述
贺伟、张柏秋、田辛玲等(2014)	0	案例研究	吉林大学专利
肖国芳和李建强(2014)	1	实证研究*	上海市高校专利政策
叶静怡、杨洋、韩佳伟等(2014)	0	实证研究*	研发经费和人员对专利的影响

注：* 表示实证假设检验研究，通常采用的是回归分析。被引次数来自 2015 年 8 月 25 日谷歌学术搜索。

从强调 UOEs 到强调不太直接的 UTT 方法，伴随这种政策上的变化，将专利作为技术转移的一种途径的相关研究激增。第一项关于高校专利的研究是探究清华大学的专利(吴荫方、葛仲、郑永平，2001)，然后是关于中国高校专利的描述性介绍(刘月娥、张阳、刘健安，2007；杨祖国，2008)。有趣的是，刘月娥、张阳、杨健安等(2007)认为，专利的增长反映了 UTT 商业化的增长，然而，杨祖国(2008)发现，专利主要集中在少数技术上以及一些顶尖高校里。

Luan、Zhou 和 Liu(2010)将中国高校专利申请量的显著增长与高校专利的全球趋势进行了比较后发现，自 1998 年至 2007 年，全球专利申请量稳步上升。2008 年，全球专利申请总量增长几乎完全是由于中国高校专利申请量的增长造成的。当时,在全球排名前20名的高校专利权人中,中国高校有14所。当衡量专利质量时,清华大学是全球排名前6的高校中唯一的一所中国高校。因此,他们认为,中国于1993年出台的类似拜杜法案的法规促进了高校专利申请量的增长,但对高校专利质量没有影响(Luan,Zhou,Liu,2010)。在最近的一项研究中,有关学者对高校专利进行概述后发现,中国高校的数量超过2498所,但只有14.2%(354所)的高校有某种类型的专利许可(Gao,Song,Peng et al.,2014)。在一项关于清华大学专利的研究中,马艳艳、刘凤朝和孙玉涛(2012)发现,高校专利引用网络高度聚合,且核心的高校专利对专利引用的影响较大,这一结论与国际调查结果相符。

大多数学者从输入—输出视角对中国高校专利的影响因素进行了研究。专利数据的优势在于可以进行严谨的假设检验,因此专利被作为被解释变量,研发经费的来源、研发人员质量以及高校其他属性被作为解释变量,构建函数建模——它们均被发现对高校专利申请量其有显著的正向影响(周凤华、朱雪忠,2007;原长弘、孙会娟、方坤,2013;饶凯、孟宪飞、徐亮,2013;吴洁、张运华、施琴芬,2008;施定国、徐海洪、刘凤朝,2009;付晔、张乐平、马强,2010;李娟、任利成、吴翠花,2010;王权赫、吴巨丰、沈映春,2012;原长弘、孙会娟、王涛,2012)。然而,徐凯和高山行(2008)发现,研发经费与科研产出(专利申请量、发表的文章数量)之间的关系薄弱。而且,政府对专利申请的补助政策被发现对上海市一些高校的专利申请与授权结构具有负向影响(肖国芳、李建强,2014)。此外,合并后的中国高校的专利申请量显著增长(原长弘、孙会娟、李雪梅,2013)。关于经费及人员投入和高校专利产出之间的关系的研究结论汇总如表3-8所示。

专利曾经被用来衡量UILs、利用专利数据,学者们发现,自1985年至2004年,CUTT变得更加分散(Hong,2008)。由于北京精英高校集中,风险资本和风险资本投资企业大量集中,地理位置上与中央政府接近,北京曾是UTT的中心。北京在专利方面的重要性有所下降,到2004年年底,尽管全国的地区不平衡性依然存在,但北京、上海、深圳在专利方面几乎具有同等的重要性(洪伟,2010)。利用专利数据,Hong和Su(2013)对地理距离和制度相似性的影响进行了研究,发现地理距离对产学合作具有显著的负向影响,之前的合作关系、隶属于相同的政府部门和地方政府、制度上的相似性可以缓解这种负向影响的关系。

表 3-8 高校专利申请量与授权量的影响因素

文献	因变量	高校研发经费	政府提供的研发经费	企业提供的研发经费	研发人员的数量	研发人员的质量
周凤华和朱雪忠(2007)	专利申请量	+	+	n.s	n.s	+
吴洁、张运华和施琴芬(2008)	专利申请量	+			+	
徐凯和高山行(2008)	专利申请量	n.s				
施定国、徐海洪和刘凤朝(2009)	专利申请量		+			
付晔、张乐平、马强等(2010)	专利申请量	+			+	
李娟、任利成和吴翠花(2010)	专利申请量	+				
王权赫、吴巨丰和沈映春(2012)	专利申请量		+			
王权赫、吴巨丰和沈映春(2012)	专利授权量		n.s			
原长弘、孙会娟和王涛(2012)	专利申请量		+			
饶凯、孟宪飞、徐亮等(2013)	专利申请量				+	+
饶凯、孟宪飞、徐亮等(2013)	专利授权量				+	+
原长弘、孙会娟和李雪梅(2013)	专利申请量	+	+		+	

注：+表示有显著影响，n.s 表示无显著影响。

企业视角下的产学合作也受到了学者们的关注。例如，Wang、Huang、Chen 等(2013)发现，企业获得高校专利许可受到之前经验(如企业已从高校获得过专利许可或已与高校联合申请过专利)的积极影响。与这些积极的评价相对照的是,许春(2013)无法证实目前的高校专利制度促进了技术转移。基于理论模型和数据分析,许春(2013)认为,高校技术专利保护范围的扩大增加了企业创新成本,受政府公共资助的高校技术应该回归公共产品属性。

专利许可和专利合同的影响因素也备受关注。除了地理位置上的接近外,其他因素如高校研发人员的质量(周凤华、朱雪忠,2007)、研发经费及技术转移经费(叶静怡、杨洋、韩佳伟等,2014)、区域产业禀赋及其结构均显著影响专利许可绩效(Gao, Song, Peng et al.,2014;Hong,2004;洪伟,2010;何彬、范硕,2013)。获得国家与地方政府支持的高校,拥有大量专利;有TTO并坐落在经济繁荣的地区的高校,有更多的专利许可(Gao, Song, Peng et al.,2014)。

高校类型也对专利许可有影响(原长弘、贾一伟、方坤,2009)。研发经费支出对专利许可数量与收入具有显著的正向影响(周凤华、朱雪忠,2007;原长弘、赵文红、周林海,2012),尽管这种影响在专利类型上可能会存在不同。同样地,学术人员、研发人员、研发服务人员的数量与质量皆对专利许可合同数量与金额有正向影响(饶凯、孟宪飞、于晓丹,2013)。在其他研究中,研发人员和技术转移人员被发现对中国高校专利许可的数量与金额没有影响(周凤华、朱雪忠,2007;叶静怡、杨洋、韩佳伟等,2014)。关于政府研发经费的影响,存在复杂的研究结论。王权赫、吴巨丰和沈映春(2012)发现,政府研发经费对专利许可收入没有影响。面向基础研究的"973"计划的数量对专利收入具有正向的影响,而旨在促进本国技术发展的"863"计划的数量对专利收入没有影响(饶凯、孟宪飞、徐亮,2013)。关于经费与人员投入和高校专利许可之间的关系汇总如表3-9所示。

表3-9 高校专利许可合同数量与许可合同金额的影响因素

文献	因变量	高校研发经费	政府提供的研发经费	企业提供的研发经费	研发人员的数量	研发人员的质量
周凤华和朱雪忠(2007)	合同	+			n.s	+
周凤华和朱雪忠(2007)	合同金额	+				+

续表

文献	因变量	高校研发经费	政府提供的研发经费	企业提供的研发经费	研发人员的数量	研发人员的质量
王权赫、吴巨丰和沈映春(2012)	合同金额		n.s			
原长弘、赵文红和周林海(2012)	合同金额		+			
饶凯、孟宪飞和于晓丹(2013)	合同				+	+
饶凯、孟宪飞、徐亮等(2013)	合同	+				
叶静怡、杨洋、韩佳伟等(2014)	合同	+			n.s	+

注：+ 表示有显著影响，n.s 表示无显著影响。

中国高校技术许可的速度落后于发达国家(陈琨、李晓轩、杨国梁,2014)。在关于吉林大学的案例研究中,贺伟、张柏秋、田辛玲等(2014)发现,大多数技术申请均面向国内市场,且范围狭窄,这一结论也得到了杨祖国(2008)的支持。一些文章聚焦于政策,认为这些专利技术以及商业化的大环境存在问题(陈海秋、宋志琼、杨敏,2007),最终,专利的低质量、存在缺陷的管理体系导致了中国高校研发经费水平和高校专利申请数量与质量之间不对称(郭秋梅、刘莉,2007)。

有学者认为,存在这些问题的根源在于中国高校制度的组织与发展以及国内产业的现状(Luan,Zhou,Liu,2010)。促进中国高校专利发展的措施包括:提升技术管理者的技能(吴荫方、葛仲、郑永平,2001；陈海秋、宋志琼、杨敏,2007)、加强技术转移法(刘月娥、张阳、杨建安,2007)、更有效地激励教师和研究人员(陈海秋、宋志琼、杨敏,2007)。有学者认为,中国高校应该更加重视技术转移(饶凯、孟宪飞、陈绮等,2011),而其他学者不以为意,认为现在已过分强调技术商业化了(许春,2013)。发达国家对此也存在观点上的分歧。

关于高校专利和专利许可的研究表明,尽管中国专利数量急剧增长,但专利许可的增长速度十分缓慢。在某种程度上,这可能是激励增加专利数量的结果,从而导致范围狭窄且经济效益不高的专利数量增加。此外,中国企业关心的利益问题似乎也是上述问题持续存在的一个原因。由于专利数据易于获取,且相对易于操作,我们预计将会有更多关于高校专利的研究发表。关于专利的研究结论在很大程度上与发达国家一致,但现有文献没有解决这样一个问题,即专利和专利许可是否是技术转移的有效措施。

3.3.2 知识图谱分析(2015—2022年)

2015年至2023年,笔者通过认真查阅后,确定了42篇关于CUTT的中英文文章,其中,中文文章为39篇,英文文章为3篇。因此,仅对39篇中文文章进行知识图谱分析。

通过分析作者的合作网络,可以展现CUTT研究领域内的核心作者群及其合作关系。为最大限度地挖掘所需信息,主题词默认为全选,节点类型选择"author",剪枝方法选择pathfinder和pruning sliced networks,绘制作者合作网络图(见图3-11)。图3-11的节点有91个,连线87条。从图3-11中可知,2015年至2022年,研究CUTT的中国学者较多,但发文数量皆比较少,即缺乏核心领军学者;合作研究的学者数量较少,多为独立研究或三三两两的小范围合作,没有形成紧密的合作网络。

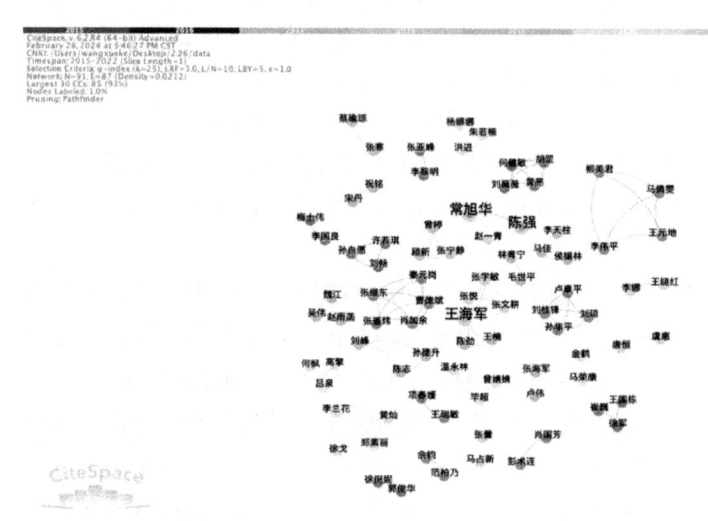

图3-11　CUTT中文文章作者合作知识图谱(2015—2022年)

对39篇有效文献按作者所属机构进行归类分析,借助CiteSpace 6.2.R4分别绘制CUTT中文文献的研究机构知识图谱(见图3-12)。图3-12的节点有 62 个,连线 32 条。从图 3-12 中可知,在 2015 年至 2022 年关于 CUTT 研究的中文文献中,研究较为活跃的机构有四川大学商学院、沈阳工业大学管理学院、同济大学经济与管理学院等。文献节点均较为分散,节点之间的连线也不多,说明研究机构之间联系不够紧密,只有为数不多的高校之间开展了相关合作。

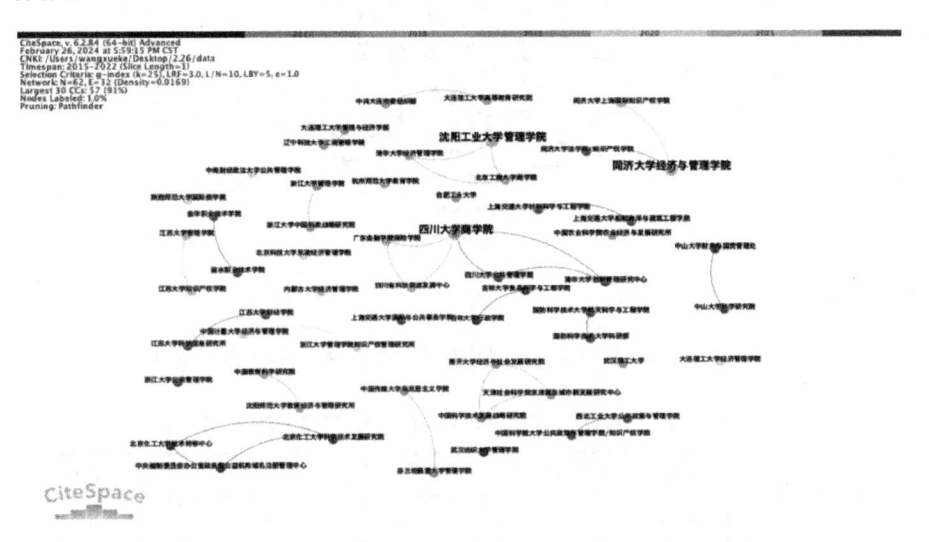

图 3-12　CUTT 研究国内机构共现图谱(2015—2022 年)

在 CiteSpace 6.2.R4 软件中,选择"关键词(keyword)"作为节点类型,选择 pathfinder 和 pruning sliced networks 的方式进行网络修建,利用 CiteSpace 6.2.R4 进行可视化分析,分别得到节点数为 81、边为 119 的中文文献关键词可视化网络(见图 3-13)。根据图 3-13 节点的大小寻找关键词的节点,可以探究 CUTT 中文研究热点。在图 3-13 中,提取关键词 81 个,"技术转移""高校"是图谱中最大的两个节点。此外,"大学专利""高等学校""专利转让""校企合作"等词也较为凸显,其节点相对较大。

同时,CiteSpace 6.2.R4 软件生成高频词的频数和中介中心性列表(见表 3-10)。在表 3-10 中,频次和中介中心性均较高的关键词为"技术转移""高校"。从中可以看出,这两个关键词之间的关系成为研究热点,凸显了高校技术转移的要义。

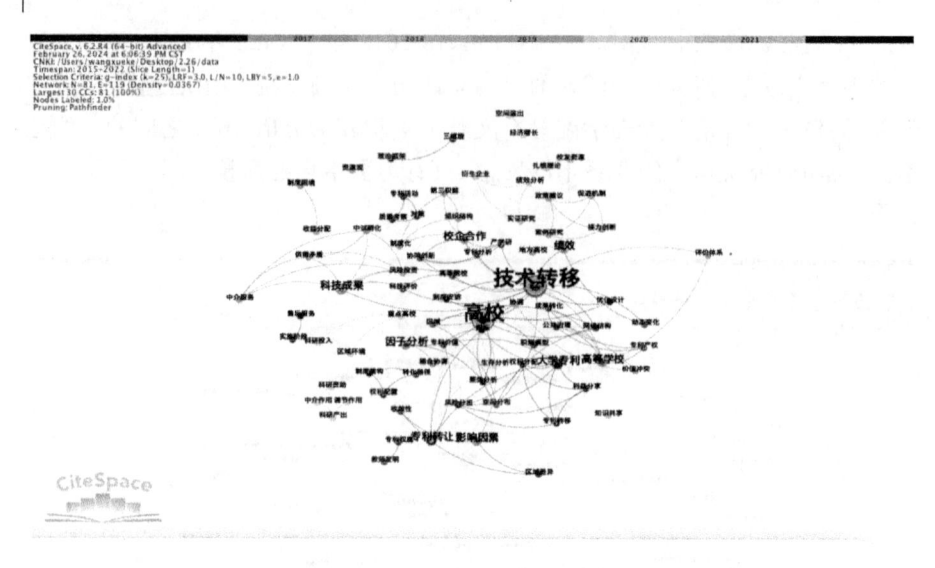

图 3-13　CUTT 中文文献研究热点分析图谱(2015—2022 年)

表 3-10　关键词的频次和中介中心性(2015—2022 年)

序号	关键词	频次	序号	关键词	中介中心性
1	技术转移	8	1	技术转移	0.47
2	高校	7	2	高校	0.39
3	大学专利	2	3	专利转让	0.17
4	高等学校	2	4	大学专利	0.11
5	专利转让	2	5	科技成果	0.11
6	校企合作	2	6	高等学校	0.08
7	影响因素	2	7	校企合作	0.08
8	绩效	2	8	影响因素	0.06
9	科技成果	2	9	绩效	0.03
10	因子分析	2	10	因子分析	0.03

　　进一步对 CUTT 研究中文文献的关键词进行聚类分析(见图 3-14),得到聚类模块化(modularity)的 Q 值为 0.7932,大于 0.3;平均轮廓(silhouette)即 S 值为 0.9552,大于 0.7,表明聚类结构显著且合理。由图 3-14 可知,从关键词聚类分析视角,当前 CUTT 中文文献研究可概分为五大知识域,分别为♯0 校企合作、♯1 高校、♯2 风险分担、♯3 中试孵化、♯4 高等学校。

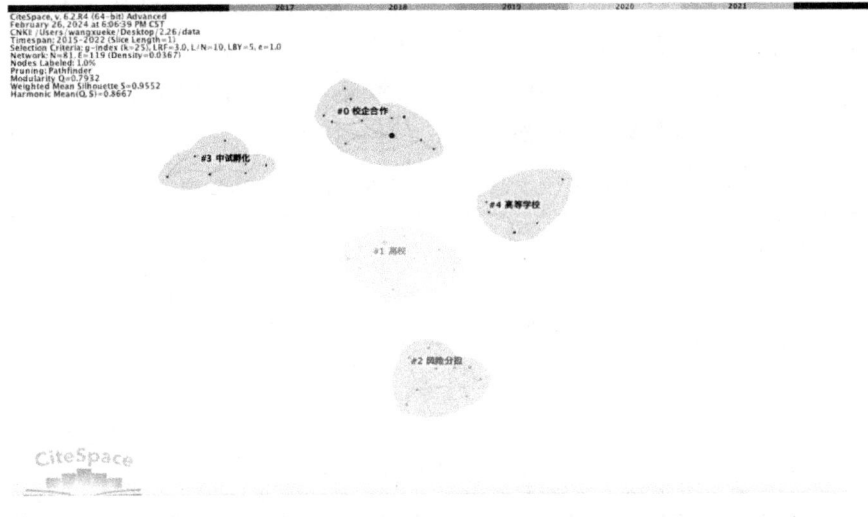

图 3-14　CUTT 中文文献关键词聚类图谱(2015—2022 年)

采用 CiteSpace 6.2.R4 软件对 CUTT 中文文献中标签♯0 至标签♯4 进行了引文关键词分析,结果如表 3-11 所示。由表 3-11 可知,CUTT 中文文献主要研究方向集中在利用校企合作进行技术转移,并优化制度设计;高校网络结构与空间分布对技术转移的作用;高校进行技术转移尤其是进行专利转移过程中如何分配利益与权力,并进行风险分担等方面。

表 3-11　CUTT 中文文献关键词聚类结果(2015—2022 年)

聚类标签	大小	S 值	前五高频关键词
校企合作	13	1	校企合作、技术转移、制度安排、优化设计、制度化
高校	10	0.927	高校、空间分布、网络结构、聚类分析、因子分析
风险分担	9	1	风险分担、大学专利、专利转移、利益分享、权力分配
中试孵化	7	0.955	中试孵化、科技成果、中介服务、风险投资、供需矛盾
高等学校	5	0.904	高等学校、成果转化、公共治理、专利产权、技术转移

上述分析可以揭示 CUTT 中文研究领域的可持续研究热点,但并未揭示该领域的新兴热点。关键词突现分析能够展示 CUTT 知识动态,预测其未来研究方向。CiteSpace 6.2.R4 软件自带的 burst detection 即突发性检测,能够检测出某个时间段内频繁出现的内容,可以识别出 CUTT 中文研究领域阶段性热点问题,并能解析出研究热点演进脉络。如表 3-12 所示,在 CUTT 中

文文献研究中,"校友资源""绩效分析""衍生企业""实证研究""知识共享""扎根理论"等词在中文文献研究中的突变时段最长,均为 2 年;CUTT 中文文献研究中"专利转让"这一关键词的突变强度最高(0.96),然后是"技术转移"(0.82)这一关键词,表明专利仍然是技术转移关注的焦点。

表 3-12 CUTT 中文文献前 25 位突现词(2015—2022 年)

序号	突现词	强度	突现时段
1	技术转移	0.82	2015—2015
2	中试孵化	0.51	2017—2017
3	资源观	0.69	2018—2018
4	高校	0.77	2019—2019
5	地方高校	0.6	2019—2019
6	协调	0.6	2019—2019
7	耦合协调	0.6	2019—2019
8	价值冲突	0.6	2019—2019
9	专利转让	0.96	2020—2020
10	经济增长	0.58	2020—2020
11	科研资助	0.58	2020—2020
12	调节作用	0.58	2020—2020
13	空间溢出	0.58	2020—2020
14	中介作用	0.58	2020—2020
15	生存分析	0.58	2020—2020
16	科研收入	0.58	2020—2020
17	重点高校	0.58	2020—2020
18	科研产出	0.58	2020—2020
19	区域环境	0.58	2020—2020
20	校友资源	0.63	2021—2022
21	绩效分析	0.63	2021—2022
22	衍生企业	0.63	2021—2022
23	实证研究	0.63	2021—2022
24	知识共享	0.63	2021—2022
25	扎根理论	0.63	2021—2022

3.4 研究结果

笔者对1997年至2022年关于CUTT的每一篇中英文文章进行了阅读，并讨论了它们的内容，在此基础上归纳了面向高水平科技自立自强的中国高校学术创业最主要的一种具体表现形式——技术转移的路径，分别是创建校办企业(University-operated Enterprises,简称 UOEs)、创办高校科技园(University Science Parks,简称 USPs)、建立高校衍生企业和开展高校专利工作(陈艾华,Patton,Kenney,2017)。

3.4.1 创建校办企业

Eun、Lee和Wu(2006)发现三个因素影响UOEs的创建：高校技术能力、当地企业的吸收能力以及高校寻求新的经费来源的愿望。在早期，中国高校技术能力优于国内企业，因为当地企业和生态系统没有足够的吸收能力使新技术商业化。此外，UOEs有技术熟练的高校职员，而这是羽翼未丰的私营部门所不能获取的(Xue,2004)。Su、Ali和Sohn(2011)研究了北京大学和清华大学UOE的绩效。

20世纪90年代末，UOEs的数量和重要性下降。此外，政府开始大幅增加高校预算，消除了高校需要创造收入的压力，越来越多的政府政策制定者和研究人员也质疑高校行政人员管理企业的智慧(冯冠平、王德保,2003)。

3.4.2 创办高校科技园

UOEs使高校建立并出租科技园，但USPs同时也进行房地产开发，吸引其他公司并获取租金收入(Zou & Zhao,2014)。鉴于USPs创建具有"自下而上"的特性，早期的文章多介绍划分USPs类型和功能的框架，而后期文章探究USPs的功能。

USPs文献大多是案例研究，缺乏普适性。TSP一直是众多研究的焦点(Zou & Zhao,2014)。Cao(2004)认为，大多数USPs主要为国外企业提供服务，中国高新技术企业的成功依靠的是创业人才而非技术能力。

3.4.3 建立高校衍生企业

由于最近政府政策的变化，中国高校技术商业化从创办UOEs转向鼓励建立高校衍生企业。随着 UOEs 数量的减少,私人资助的高校衍生企业数量增加(Kroll & Liefner,2008),比如,私人创建独立的公司对高校技术进行商业化(Kroll & Liefner,2008)。清华大学衍生企业——威视已催生了关于产业的研究(Zhou, Minshall & Hampden-Turner, 2010)。Zhou 和 Minshall(2014)认为高校衍生企业的成功在于它们采纳了本土高校的创新。

3.4.4 开展高校专利工作

Luan、Zhou 和 Liu(2010)发现,中国于 1993 年出台的类似拜杜法案的法规促进了高校专利申请量的增长,但对高校专利质量没有影响。有学者指出,中国高校的数量超出 2498 所,但只有 14.2%(354 所)的高校有某种类型的专利许可(Gao,Song,Peng et al.,2014)。

专利数据的优势在于可以进行严谨的假设检验,因此专利被作为研发经费来源、研发人员的质量以及高校其他属性的一个函数用来建模——它们均被发现对高校专利申请量具有显著的正向影响(周凤华、朱雪忠,2007;饶凯、孟宪飞、徐亮等,2013)。然而有研究发现,研发经费与科研产出(专利申请量、发表的文章数量)之间关系薄弱(徐凯、高山行,2008)。政府对专利申请的补助政策被发现对上海市一些高校的专利申请与授权结构有负向影响(肖国芳、李建强,2014)。此外,合并后的中国高校的专利申请量显著增长(原长弘、孙会娟、李雪梅,2013)。

学者们利用专利数据发现,自 1985 年至 2004 年,CUTT 变得更加分散(Hong,2008)。到 2004 年年底,尽管全国的地区不平衡性依然存在,但北京、上海、深圳在专利方面几乎具有同等的重要性(洪伟,2010)。利用专利数据,Hong 和 Su(2013)发现地理距离对产学合作有显著的负向影响,之前的合作关系、隶属于相同的政府部门和地方政府、或制度上的相似性可以缓解这种负向影响的关系。Wang、Huang、Chen 等(2013)发现,企业获得高校专利许可受到之前经验的积极影响。与这些积极的评价相对照的是,许春(2013)认为,高校技术专利保护范围的扩大增加了企业创新成本。除了地理位置上的接近外,其他因素如高校研发人员的质量(周凤华、朱雪忠,2007)、区域产业禀赋及其结构均显著影响专利许可绩效(Gao,Song,Peng et al.,2014;Hong,2008;洪伟,2010)。获得国家与地方政府支持的高校,拥有大量专利;有 TTO 并坐落在经济繁荣地区的高校,有更多专利许可(Gao,Song,Peng et al.,2014)。研发经费支出对专利许可数量与收入具有显著的正向影响(周凤华、朱雪忠,

2007)。学术人员、研发人员、研发服务人员的数量与质量皆对专利许可合同数量与金额具有正向影响(饶凯、孟宪飞、于晓丹,2013)。在其他研究中,研发人员和技术转移人员被发现对中国高校专利许可的数量与金额没有影响(周凤华、朱雪忠,2007)。面向基础研究的"973"计划的数量对专利收入具有正向影响,而旨在促进本国技术发展的"863"计划的数量对专利收入没有影响(饶凯、孟宪飞、徐亮等,2013)。

一些文章聚焦于政策,认为专利技术以及商业化的大环境存在问题(陈海秋、宋志琼、杨敏,2007)。存在问题的根源在于中国高校制度的组织与发展以及国内产业的现状(Luan,Zhou,Liu,2010)。促进中国高校专利发展的措施包括提升技术管理者的技能、更有效地激励研究人员(陈海秋、宋志琼、杨敏,2007)、加强技术转移法(Hong & Su,2013)。

3.5　本章小结

在过去的30多年里,中国对高校研究进行了史无前例的投入,中国高校现已成为全球科学界的主要贡献者。中国政府相信,高校可以培育人才及创造科学知识,而这可以提升经济的创新绩效,因此,中国政府对中国高校研究追加投入[请见关于中国经济创新绩效的讨论(Fu,2015;Lewin,Murmann,Kenney,2016)]。不幸的是,现有研究很少对UTT造福社会进行分析或讨论,例如,中国高校研究是否有助于特定产业集群的形成和/或发展?它如何有助于特定产业集群的形成和/或发展?(Chen,Patton,Kenney,2016)。

由于学术创业最主要的一种具体表现形式是技术转移,因此,本章采用文献计量学方法,对226篇关于CUTT的文章进行了统计分析,确定了面向高水平科技自立自强的高校学术创业路径。

首先,对中国高校研发及其技术转移进行了概述,阐释了面向高水平科技自立自强的高校学术创业路径的时代背景。

其次,对数据收集方法进行了介绍,并对构建的关于面向高水平科技自立自强的高校学术创业路径数据库信息进行了笼统阐述。

再次,对构建的数据库中的基本信息进行了具体分析,从横向上比较了中英文文献在剖析面向高水平科技自立自强的高校学术创业路径时存在的异同;从纵向上刻画了中英文文献剖析面向高水平科技自立自强的高校学术创业路径时在时间上的演化轨迹与演化规律。

  最后,本章对统计结果进行了分析,表明创建校办企业、创办高校科技园、建立高校衍生企业、开展高校专利工作系面向高水平科技自立自强的高校学术创业具体路径。

第4章 面向高水平科技自立自强的高校学术创业机理

高校学术创业在实现高校组织创新、促进区域经济发展、提升国家核心竞争力等方面具有重要影响。作为开展高校学术创业的关键载体,高校跨学科创业团队在提升高校科技成果转化力、助推国家创新体系构建中发挥着举足轻重的作用。因此,本章以高校跨学科创业团队为例,剖析高校跨学科创业团队中变革型领导、跨学科合作、冲突以及团队异质性、角色认同与学术创业绩效之间的关系,以期发现高校跨学科创业团队生产力物化过程的匹配规律,也为高校学术创业过程中核心要素的耦合提供了证据。通过实证分析对研究假设进行验证,以探究面向高水平科技自立自强的高校学术创业机理。

4.1 跨学科科研合作与学术创业关系

实践经验和理论研究均表明,高校积极高效地规划跨学科合作有助于促进学术创业(Giuliani, Morrison, Pietrobelli et al., 2010; van Rijnsoever, Hessels, Vandeberg, 2008)。然而,跨学科合作是一个综合的概念,是各种程度学科整合与合作的统称(张炜、邹晓东、陈劲,2002; Abramo, D'Angelo, Di Costa, 2018),根据学科整合和合作程度的不同,可以将跨学科合作分成多学科合作、复杂学科合作、交叉学科合作、横断学科合作等(Struppa, 2002; Darbellay, 2015; Klein, 2008)。在跨学科合作不同整合程度下,学术创业的影响因素非常复杂多样。

近年来,随着学术创业理论框架和实证研究方法应用的不断整合,国内学者对国外学术创业研究成果的继承和创新也不断加强。姚飞、孙涛、谢觉萍(2016)对学术创业的边界、绩效与争议进行了梳理。付八军(2019)对创业型高校本土化的内涵进行了诠释。韩萌(2020)从跨学科合作视角对剑桥大学学术创业集群的构建及其启示进行了阐述,认为学术创业集群模式是新经济背景下高校作为一种社会机构在知识生产治理机制上的创新。殷朝晖和李瑞君(2017)对学术创业者角色冲突的表现形式、产生原因和调适对策进行了理论剖析。易高峰(2017)探究了中国高校学术创业政策演化的过程、问题与对策。张春博、杨阳、丁堃等(2016)认为学术创业过程中,科研评价成为高校和创业学者之间关系处理的一个至关重要的要素。更进一步地,苏洋和赵文华(2019)对中国研究型高校教师学术创业影响因素进行了实证研究的尝试,认为跨学科研究背景与学术创业活动正相关。然而,已有研究大多脱离了跨学科合作情境阐述学术创业,虽然有极少量研究关注到了跨学科合作这一重要环境,但模糊了跨学科合作与学术创业之间的界限,使得将跨学科合作与学术创业同时纳入研究框架后阐述不够深入。

4.2 研究问题

学术创业作为深刻影响创新生态和高校组织行为的一种现象,日益成为助推国家创新体系建设的重要力量(丁雪辰、柳卸林,2020)。集学术和创业于一体的高校跨学科创业团队,能整合各种创新资源,开展跨学科合作,在协同创新系统中更好地开展学术创业(Bozeman & Gaughan,2007)。尽管中央于2015年出台了《中华人民共和国促进科技成果转化法(2015年修订)》,人社部于2017年印发了《关于支持和鼓励事业单位专业技术人员创新创业的指导意见》,但新政出台未实质性地改善高校学术创业困局,相关政策依然未能解决一些根源性问题(罗建、史敏、彭清辉等,2019)。中国高校学术创业成功率并不高,且易在2~3年内陷入"死亡之谷",对高校学术创业过程和创业机制的规律认识不足可能是致使"死亡之谷"频现的本质(段琪、麦晴峰、廖青虎,2017)。学术科研成果转化为生产力的最优方式是开展跨学科合作进行学术创业(D'Este,Llopis,Rentocchini et al.,2019),因此,亟待针对高校跨学科创业团队理论结合实证澄清促进学术创业的关键要素和重要机制,这不仅成为高校学术创业可持续发展亟待解决的问题,而且也影响着国家创新体系的构建和高水平科技自立自强的实现。

尽管学者们认同跨学科合作是影响学术创业的重要因素,但开展跨学科合作过程中高校跨学科创业团队的异质性可能会导致认知差异,引发冲突,从而影响团队创新绩效(Deutsch,2014)。变革型领导可以为团队构建强大的心理安全体系,鼓励团队成员不畏惧异质性,减少团队成员的不安情绪,使团队成员在轻松愉悦的氛围中商讨可能的解决方案,从而提升创新绩效(Van Knippenberg & Schippers,2007)。学者们鲜有将变革型领导、冲突和跨学科合作这些至关重要的内部治理要素(许楠、田涵艺、刘浩,2021)纳入同一分析框架,深入且系统地刻画与揭示高校跨学科创业团队如何通过内部治理提升学术创业绩效。

虽然学者们在学术创业研究议题上取得了丰硕的成果,但目前绝大多数研究是对学术创业进行轶事性分析,理论层面获得的研究结论还缺乏坚实的实证研究的支持。虽有极少数学者对学术创业进行了实证研究的尝试,但取得的研究结论各异,这极大地限制了对高校学术创业的理解,也非常不利于政府与高校采取有效举措促进学术创业。关于创业团队异质性与绩效的关系,目前已有一定的研究基础,但绝大多数的文献集中于从企业视角进行研究,而从高校视角进行研究的文献较为少见。从企业视角聚焦创业团队异质性研究的主要理论基础为高阶理论和社会认同理论。基于高阶理论的研究文献认为,创业团队异质性有助于团队和企业绩效提升,而基于社会认同理论的研究文献认为,创业团队异质性使成员之间更容易出现偏见,引发信任危机,降低团队的凝聚力以及削弱团队的合作关系,致使团队与企业绩效下降。创业团队的异质性是否具有优势,已有的研究结论不一致甚至相互矛盾,在一定程度上表明创业团队的不同异质性之间可能存在差异。进一步地,高校跨学科创业团队异质性与学术创业绩效的关系是否与企业领域存在不同,目前对此缺乏研究。因此,为弥补现有研究的不足,有必要对高校跨学科创业团队异质性进行分类,并探讨创业团队不同类别的异质性与学术创业绩效提升之间的内在规律。

基于此,本章尝试将变革型领导、冲突和跨学科合作纳入同一研究框架,并探究以下研究问题:高校跨学科创业团队变革型领导是否及如何通过跨学科合作对学术创业绩效发挥作用?面对冲突,变革型领导如何促进跨学科合作?同时,本章提出并剖析以下研究问题:高校跨学科创业团队异质性与学术创业绩效之间存在怎样的作用关系?角色认同是否对上述作用机制发挥中介作用?发挥怎样的中介效应?本章构建并通过数据分析实证检验了高校跨学科创业团队学术创业机理的理论模型,不仅拓展了学术创业领域的研究边界,而且对国家创新体系构建和高水平科技自立自强背景下高校学术创业高质量发展具有重要的理论指导与现实启示意义。

4.3 理论模型与研究假设

4.3.1 变革型领导与学术创业绩效

高校跨学科创业团队具有高度的功能性异质性和社会性异质性,异质性团队相对难以自我调节,因此应该更多地关注可能引导异质性团队走出创新悖论的情境设置(Guillaume,Dawson,Otaye-Ebede et al.,2017)。传统的领导权变理论认为,面对管理悖论,领导者被期望在两者之间做出最佳决策(Waldman & Bowen,2016)。然而,这样的决定只在短期内是有利的。为了取得长期的绩效,领导者应该接受和调和矛盾,协调好相互冲突的需求(Smith & Lewis,2011)。高校跨学科创业团队开展学术创业,主要存在创业情境、创业行为和创业期望的不确定性。虽然已有研究对变革型领导的维度划分存在争议,但在不确定性环境中,变革型领导一直被学者们视为一种理想的领导方式。与战略型领导、魅力型领导相比,变革型领导更加聚焦于成员本身(卫海英、骆紫薇,2014)。

变革型领导致力于和高校跨学科创业团队成员建立道德与情感关联,使成员从内心情感上对团队产生归属感和认同感,构建起情感承诺(张婉莹、毛亚庆,2022)。变革型领导作为"愿景领导",善于传递和宣扬团队愿景,使成员将自己视为团队愿景中的利益相关者,愿意为团队愿景付出努力,提高追随者的信心,鼓励他们追求内在价值,激励他们超越自身利益而为实现集体利益工作,因而能够激发他们更高层次的需求,使他们有可能超越预期目标。王凤彬和陈建勋(2011)通过研究发现,在动态性和竞争性均高的外部环境中,变革型领导对组织绩效的提升作用最大。王永伟和韩亚峰(2019)认为,变革型领导能够利用其品质魅力、鼓舞性激励、智力激发以及个性化关怀等管理方式影响组织成员的行为和效率,进而提升组织绩效。基于此,本章提出以下假设。

H1:在高校跨学科创业团队中,变革型领导对学术创业绩效存在正向影响。

4.3.2 变革型领导与跨学科合作

在跨学科中激发学科合作优势,是跨学科合作的精髓所在,跨学科合作反映了高校跨学科创业团队成员之间的技术合作和知识交流特征与状态。在跨学科合作创新网络中,增强合作强度和合作质量,可以呈现出学科合作优势的多重面向与深层可能。在开展跨学科合作进行学术创业的不同阶段,高校跨学科创业团队成员之间的合作强度和合作质量会有所不同。在学术创业初期,跨学科合作质量较差,需要通过较高水平的跨学科合作强度维持高校跨学科创业团队成员之间的合作;在学术创业中期,虽然跨学科合作强度与合作质量基本持平,但跨学科合作质量的增长速度更快;在学术创业后期,高校跨学科创业团队跨学科合作质量超过了合作强度,主要依赖于成员间的信任关系来维系合作(申佳、李雪灵、马文杰,2013)。

创新过程包含两个"相关且同一"的阶段,即想法的产生和想法的实施(Anderson,Potocnik,Zhou,2014)。想法的产生需要变革型领导推动团队跳出思维定式,不断寻找新的可能性,而想法的实施需要变革型领导通过完善的渠道帮助推广新颖而有用的想法,并将创新计划整合于团队目标之中。团队必须在创新过程中平衡相互冲突的差异化整合需求,开展促进想法的产生和实施的活动,这对高校跨学科创业团队而言并非易事。虽然团队中具有不同知识的成员更有可能提出独特的意见和观点,并从不同角度提出建议和评论,从而促进想法的产生,但团队成员的异质性也可能使其根据分类身份对自己进行归类。在这种情况下,他们可能会认为来自不同背景的成员想法价值较低,并将不同意见视为对自己身份的威胁(Van Knippenberg & De Dreu,2004),这会阻止团队整合不同的想法,并最终阻碍想法的实施。变革型领导能够积极地促进团队成员间的信息共享,并引导成员关注团队中其他成员的知识与方法,减少团队成员差异性对团队产生的负面影响,促进成员之间的思想、观点与知识进行碰撞与交流。

作为"关系领导",变革型领导着力于建立相互信任的组织氛围,确保合作关系的深入、稳定、持久,而深入、稳定、持久的合作质量会进一步增强高校跨学科创业团队成员之间的相互信任、信息共享等程度,使得合作伙伴之间深化合作的意愿更强,参与知识转化与应用的意愿也更强烈(Camison & Fores,2011)。变革型领导能够提升高校跨学科创业团队整体的效能感及团队认同感,使团队成员的个体目标与团队目标保持一致,并以身作则,能够为团队愿景牺牲个人利益,从而让团队成员超越个人利益,更加关注与重视团队目标与利益,引导团队成员构建共享身份,形成彼此依赖的跨学科合作关系。同时,变革型领导鼓励成员从不同视角分析问题,挑战惯性思维,从而能够潜移默化地改变团队成员的工作方式与思考方式,使团队形成多元化的观点,为团队成员提供智力上的激荡,从而激发团队成员的创新激情(魏昕、张志学,2018),形成高质量的跨学科合作关系。基于此,本章提出以下假设。

H2:在高校跨学科创业团队中,变革型领导对跨学科合作中的合作强度存在正向影响。

H3:在高校跨学科创业团队中,变革型领导对跨学科合作中的合作质量存在正向影响。

4.3.3 跨学科合作与学术创业绩效

跨学科合作强度作为沟通时间、沟通频次、合作深度以及互惠服务的结合体,可以有效促进信息传递与合作交流,提高高校跨学科创业团队成员学习倾向性与积极性,对创新绩效有着显著的影响(Rost,2011)。高校跨学科创业团队内部异质性知识较多且存在诸多不确定性因素,符合复杂协同创新网络的特性。复杂协同创新网络内合作强度与创新绩效之间存在正相关关系,缘于合作强度越高,复杂协同创新网络抵抗外部随机因素的能力愈强,越容易运用异质性知识开展创新工作;合作强度较低,协同创新网络会面临越高的不确定性风险,不仅不利于资源整合和创新能力提升,而且还需要耗费一定精力维系合作关系,对创新绩效的提升产生负面影响。

跨学科合作质量是信任、依赖、稳定和持久等情感指标的结合体,减少了高校跨学科创业团队成员之间感知的不确定性,有利于提升合作效率与合作满意度(徐建中、吕希琛,2014)。不同跨学科合作质量直接影响着高校跨学科创业团队成员之间持续合作的可能性,在高校跨学科创业团队学术创业过程中,成员在依靠创业激情、信任关系塑造团队的同时,也会感知团队的跨学科合作氛围、衡量跨学科合作质量。成员会与心理预期相比较,当意识到团队存在凝聚力不足、个人主义倾向严重等问题时,会产生较为明显的心理落差,导致成员降低跨学科合作期望,甚至会根据跨学科合作质量,衡量其退出高校跨学科创业团队的机会成本,做出去留的决定。当成员存在目标一致、相互信任的关系时,成员之间就会形成合作利益共同体,这种亲密的跨学科合作关系能够增进成员之间的相互了解,增加成员之间的相互吸引,使优势资源汇聚互补,减少成员之间因异质性而可能出现的分歧,提升信息交换和团队学习的效率,并通过长久稳定的跨学科合作,达成跨学科合作共识,提升跨学科合作行为默契,实现跨学科合作行为同步(卢艳秋、叶英平、肖艳红,2017),从而提升学术创业绩效。基于此,本章提出以下假设。

H4:在高校跨学科创业团队中,跨学科合作中的合作强度对学术创业绩效存在正向影响。

H5:在高校跨学科创业团队中,跨学科合作中的合作质量对学术创业绩效存在正向影响。

基于中介变量含义(限于篇幅,不一一赘述),结合以上分析,提出以下假设。

H6:在高校跨学科创业团队中,跨学科合作中的合作强度在变革型领导和学术创业绩效之间发挥着中介作用。

H7:在高校跨学科创业团队中,跨学科合作中的合作质量在变革型领导和学术创业绩效之间发挥着中介作用。

4.3.4 冲突的调节作用

冲突是管理中一个永恒的主题,在每个团队中都不可避免地存在冲突。高校跨学科创业团队成员对冲突的态度存在着由最初的完全抵制到逐渐接纳的演化过程,原因在于高校跨学科创业团队成员看到冲突虽然存在负向影响,但在能够有效管理和利用冲突的情况下,冲突可以带来意想不到的功效。Jehn(1995)按照类别的不同,将团队冲突划分为关系冲突和任务冲突,这种分类方法被后来学者广泛使用。关系冲突是团队成员之间由于个性、相处关系不同以及工作中存在的不同摩擦而产生的开心或矛盾的情绪,任务冲突是团队成员之间因创业目标、实施方式以及决策结果等方面存在看法与判断标准的不同而产生的矛盾。

关系冲突与团队成员的情绪有关,集中于个体之间的不相容或争端,具有负面功能。尽管变革型领导会识别高校跨学科创业团队所处的复杂环境,并实施适当行为努力达成团队目标,但关系冲突削弱了团队决策的质量和团队成员之间的理解,降低了团队成员的满意度,伤害了成员之间的感情,导致团队绩效低下。高校跨学科创业团队中关系冲突的根源在于异质性,在现实样态下,来自不同学科的团队成员在学术创业过程中存在集而不群、界限分明的负向冲突。高校跨学科创业团队中来自不同学科的团队成员会为其影响和地位不断进行达尔文主义的竞争。来自强势学科的团队成员试图掌握制定规则与标准的权力,而来自弱势学科的团队成员则力求颠覆当前权力秩序(张洋磊、张应强,2017)。围绕高校跨学科创业团队的主导权,来自不同学科的团队成员之间存在许多冲突,导致无法由脆弱的威慑型信任向坚固的认同型信任发展。虽然变革型领导是一个重要的团队内部治理变量,但也有学者认为,在成员教育水平普遍较高的团队中,变革型领导与团队绩效之间并不存在显著的相关性(Kearney & Gebert,2009)。可能的原因在于团队关系冲突会使成员间产生距离,加剧不稳定的团队关系,使沟通变得愈加困难,甚至使团队成员不愿意去思考解决问题的方法。因此,关系冲突可能导致团队危机,影响高校跨学科创业团队的跨学科合作。

任务冲突与团队任务有关,其特征为高校跨学科创业团队成员之间可以观察到如何达到共同目标的多样性。高校跨学科创业团队是一个极具异质性的团队,团队中成员的教育背景、技能培训以及职场经验的差异会使团队拥有各种各样的想法,增加团队中与任务相关的分歧。在变革型领导风格影响下,团队成员之间更易形成开放的态度与规范,可以包容异质性的意见,在面临任务冲突时能够求同存异,积极应对冲突。高校跨学科创业团队成员经历认知冲突后,更有助于做出决策并贯彻执行决策。任务冲突鼓励团队成员在团队决策过程中勇于表达自己的意见,能更为全面地理解问题,并确保领导者各种能力在团队决策过程中得以展现。对关键问题持有不同看法与意见的团队成员更有可能评估其他可供选择的可行策略(Schweiger & Sandberg,1989),更易接受来自团队其他成员的各种观点,并从并存的不同工作观点及思想中获利,以此促进团队成员的创新思维,提升高校跨学科创业团队的合作强度与合作质量。

基于此,本章提出以下假设。

H8:在高校跨学科创业团队中,关系冲突负向调节变革型领导与跨学科合作两者的关系。

H9:在高校跨学科创业团队中,任务冲突正向调节变革型领导与跨学科合作两者的关系。

综上所述,本章变革型领导、跨学科合作、冲突与学术创业绩效之间的关系理论模型如图 4-1 所示。

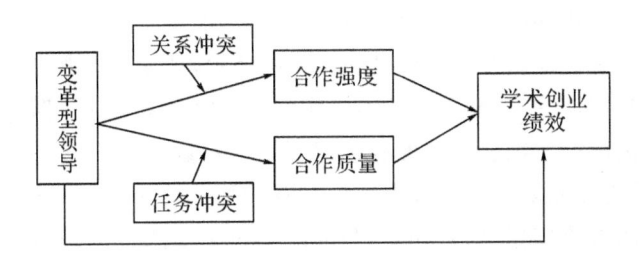

图 4-1　变革型领导、跨学科合作、冲突与学术创业绩效之间的关系概念模型

4.3.5　高校跨学科创业团队异质性与学术创业绩效

虽然众多学者对团队异质性进行了分类,但由于分类标准较为模糊,导致诸多分类比较零乱,且存在严重的交叉性。梳理这些分类可以发现,团队的异质性主要体现在内外部两个方面。就内部而言,团队异质性涉及职业背景、工作经验、思维方式、职业技能等从外部不易觉察到的更深层次的团队构成差异性;就外部而言,团队异质性涉及年龄、性别、种族、教育背景等从外部易于观察到的团队构成差异性。较早的研究关注团队外部异质性,而现阶段的研究更多聚焦团队内部异质性。其实,团队内外部异质性类似于 Jackson、Joshi 和 Erhardt(2003)提出的功能性异质性和社会性异质性,功能性异质性具有较强的内部性,而社会性异质性具有明显的外部性。功能性异质性与任务相关异质性(牛芳,张玉利,杨俊,2011;Foo,Wong,Ong,2005)、深层特质异质性(Jackson,Joshi,Erhardt,2003)虽然具有一定的相似性,但比这些分类具有更为清晰的含义;社会性异质性与社会类别异质性(Jehn,Northcraft,Neale,1999)、关系取向异质性和易观察特质异质性(Jackson,Joshi,Erhardt,2003)、非任务相关异质性(Foo,Wong,Ong,2005)、身份相关异质性(牛芳、张玉利、杨俊,2011)等虽然也存在一定的相似性,但与这些分类并非完全相同,且比这些分类的含义更为清晰。基于已有研究成果以及存在的不足,将创业团队异质性划分为功能性异质性和社会性异质性。

(1)高校跨学科创业团队功能性异质性与学术创业绩效

团队功能性异质性主要反映的是团队成员所拥有的相关的工作经验与背景、知识技能等方面所存在的差异,往往与团队工作任务有直接联系。在功能性异质性中,较具代表性的是产业经验异质性和职能经验异质性(杨俊、田莉、张玉利等,2010),这一观点也获得了胡望斌、张玉利和杨俊(2014)以及刘刚、李超和吴彦俊(2017)的支持。

就功能性异质性的属性而言,高校跨学科创业团队的产业经验异质性大,意味着团队拥有当前所在产业和其他产业的经验,即团队里既有"内行",又有"外行"(杨俊、田莉、张玉利等,2010)。作为高校跨学科创业团队的先前经验,创业团队成员的产业经验是一种有价值、稀缺、难以模仿与获取、无法替代的核心资源,是创业团队在创业过程中针对复杂而不确定性任务进行迅速决策而获得优势的重要依据(Barringer,Jones,Neubaum,2005),团队中的"外行"善于提供产品或服务的新创意,而"内行"善于判断产品或服务创意的可行性。也就是说,产业经验异质性大的高校跨学科创业团队,认知多元化能力较强,更倾向于做出创新性和高质量的决策(Murray,1989),进而促进学术创业绩效。基于此,本章提出如下假设。

假设10a:高校跨学科创业团队产业经验异质性对其学术创业绩效有正向影响。

作为高校跨学科创业团队另一种形式的先前经验,创业团队成员之间的职能经验异质性表现为针对特定职能任务所呈现出的知识水平差异性,职能经验异质性越大,意味着团队成员之间基于特定职能任务所表现出的知识水平差异性就越大,团队就拥有越充分的市场服务知识(Marvel & Lumpkin,2007)。在充分拥有市场服务知识的状态下,创业团队在借鉴已有交易结构的情况下,可能会迸发出更多创造性想法,从而设计出更具创新性的交易结构。在企业成立的前五年,职能背景较为全面的创业团队往往能够获得稳定的成长(Chandler & Hanks,1998)。朱国军等通过实证研究发现,职能经验异质性与新企业绩效存在积极的关系(朱国军、吴价宝、董诗笑等,2013)。基于此,本章提出如下假设。

假设10b:高校跨学科创业团队职能经验异质性对其学术创业绩效有正向影响。

(2)高校跨学科创业团队社会性异质性与学术创业绩效

团队社会性异质性主要反映的是团队成员在社会角色与地位等方面所存在的差异,往往与团队的工作任务无直接联系。在社会性异质性中,较具代表性的是年龄异质性和教育背景异质性(胡望斌、张玉利、杨俊,2014),这一观点也获得了刘刚、李超和吴彦俊(2017)的支持。

Henneke和Lüthje(2007)对创业团队年龄异质性和创业企业绩效两者之间的关系进行了研究,结果发现两者具有正相关关系。陈忠卫和常极(2009)对高层管理团队成员进行了实地访谈与问卷调查,并对高层管理团队的年龄异质性和集体创新能力之间的关系进行了验证，发现这两者之间存在显著的正相关关系。黄越、杨乃定和张宸璐（2011）采用上海市证券交易所上市公司中高层管理团队的相关数据进行分析后指出，团队成员的年龄异质性对企业绩效有正向的影响。魏立群和王智慧（2002）通过对上海、深圳两市的114家上市公司高层管理人员的特征和组织绩效之间的关系进行了实证分析，结果表明，高层管理团队成员年龄异质性对组织绩效有正向影响。基于此，本章提出如下假设。

假设11a：高校跨学科创业团队年龄异质性对其学术创业绩效有正向影响。

教育背景在一定程度上体现着人的知识与能力基础，并影响着人的认知。Ensley和Hmieleski（2005）通过研究发现，教育背景对创业有显著影响，并显著改变着创业绩效。教育背景异质性大的创业团队，其成员可以从不同视角对面临的复杂问题进行分析，避免出现"一言堂"现象，这非常有助于提升团队的决策质量（Amason，Shrader，Tompson，2006）。创业团队成员教育背景异质性可以为团队提供多元化的综合效益，从而提升团队绩效（Henneke，Lüthje，2007；Aspelund，Berg-Utby，Skjevdal，2005）。Williams和O'Reilly（1998）指出，由于创业团队成员教育背景的异质性，使得团队拥有多元化的观点，有利于团队分析问题和解决问题能力的提升，最终产生良好的决策与绩效。基于此，本章提出如下假设。

假设11b：高校跨学科创业团队教育背景异质性对其学术创业绩效有正向影响。

4.3.6 角色认同在"团队异质性—学术创业绩效"关系中的中介作用

角色认同反映了团队成员的行为动机，表明团队成员愿意接受某一角色规范，或团队成员主动发掘和构建某一范畴的独特身份。学术创业团队成员通常采用一种混合的角色身份，即学术角色和商业角色（Jain，George，Maltarich，2009）。从科学家到创业家的角色转变，往往伴随着从学术认同向商业认同转型的过程。学术认同更多地强调知识的社会价值，商业认同则更多地注重知识的经济价值（姚飞，2013）。当团队成员对角色的认同感愈强时，其行为愈容易受到认同的影响（Albert，Ashforth，Dutton，2000）。在高校跨学科创业团队进行学术创业的过程中，团队成员的角色认同对学术创业绩效的促进发挥着关键作用(黄攸立、薛婷、周宏,2013)。

(1)学术认同在"团队异质性—学术创业绩效"关系中的中介作用

高校学科有自己的疆域、语言和法规,即存在学科边界。学科研究成员在自己的学科边界里形成的认知范式会对质疑和批判本学科知识范式的研究人员进行学术攻击与批评(黄文彬、胡春光,2010),而高校跨学科创业团队成员来自不同学科,有不同学科的知识范式,具备不同的产业经验与职能经验,成员间知识存量有着显著差异,而知识存量差异性较大的团队认知能力更加多元化(Bantel & Jackson,1989),能够综合各相关学科的理论、概念、工具、数据、方法等解决共同面临的复杂问题。创业团队成员的经验、年龄、教育背景等方面的异质性为团队提供了多元化的综合效益。年龄异质性大的团队,可以发挥"以老带新,以新促老"的沟通机制,不同年龄段的成员一起交流与学习,不仅满足了成员个体的学习需要,而且激发了团队成员的研究灵感,使团队成员能够获得更多的认知源,提升了团队整体认知水平,从而带动了团队的研究氛围,丰富了创新研究成果。同时,教育背景的差异对思维模式会产生影响,能够刺激团队成员的学习兴趣和研究思路(曾宏建,2019)。基于此,本章提出如下假设。

假设12a:高校跨学科创业团队产业经验异质性对学术认同有正向影响。

假设12b:高校跨学科创业团队职能经验异质性对学术认同有正向影响。

假设12c:高校跨学科创业团队年龄异质性对学术认同有正向影响。

假设12d:高校跨学科创业团队教育背景异质性对学术认同有正向影响。

开展跨学科研究需要整合不同的知识,因此,成功地进行跨学科研究需要认知和社交技能,以减少整合过程中所产生的巨大协调成本。致力于整合不同的知识背景,并与不同的研究伙伴进行合作,有助于建立认知与社交技能,以增强在面对与研究目标相关的共享意义与规范薄弱、共同语言缺乏和愿望不同时的凝聚力(Obstfeld,2005)。长期从事跨学科研究的人员能够在视角和知识基础截然不同的高度异质性研究伙伴之间找到共同点和共同利益,已具备必要的认知和社交技能来降低协调成本(D'Este,Llopis,Rentocchini et al.,2019)。在进行学术创业时,学术创业者往往对什么是有价值和合理的研究目标有相互冲突的观点(Bruneel,D'Este,Salter,2010),以跨学科为导向的高校创业团队,运用拥有的认知和社交技能,更易使成员在开展学术创业时产生学术认同,减少了协调成本。因此,研究人员所取得的跨学科研究成果通过学术创业在众多领域作出了亘古未有的贡献(王兴元、姬志恒,2013)。基于此,本章提出如下假设。

假设13:学术认同对高校跨学科创业团队学术创业绩效有正向影响。

基于中介变量的含义,并结合上述分析,分别用 H14a、H14b、H14c、H14d 表示假设"学术认同"变量在产业经验异质性、职能经验异质性、年龄异质性和教育背景异质性与学术创业绩效之间关系中均发挥着某种程度的中介作用(篇幅所限,在此不作赘述)。

(2)商业认同在"高校跨学科创业团队异质性——学术创业绩效"关系中的中介作用

与技术知识相比,顾客问题知识更为重要(Shane,2000),因为创业团队在顾客问题知识缺乏的情境下,难以识别新技术能被用于开发什么样的产品或提供什么样的服务。高校跨学科创业团队产业经验能带来顾客问题知识,即关于顾客需要什么的知识(Marvel & Lumpkin,2007),这种知识与技术知识创造性组合,能带来产品或服务创新。职能经验异质性大的高校跨学科创业团队,成员之间的知识存量存在显著的差异性,因而能就某一具体问题提供更为广泛的知识与技能,在应对外部环境变化时也能保持高敏感性和具有广阔思路。年龄异质性大的高校跨学科创业团队,既可以获取到年长成员的社会阅历优势和更强的组织认同感与承诺,又可以获取到年轻成员较强的进取精神和创新能力(胡望斌、张玉利、杨俊,2014),因而在高校跨学科创业团队面临复杂多变的内外部环境时,具有较为明显的优势,能够在稳妥与进取之间获得平衡,从而促进商业认同。创业团队成员教育背景异质性可增强成员之间的互补性,使得成员有更冷静的态度、更多的资源、更丰富的经验和更多元化的视角去面对困难和风险(刘冰、蔺璇,2010),可以从不同角度来认知和分析复杂问题,从而提升团队决策质量(谢凤华、姚先国、古家军,2008),促进商业认同。基于此,本章提出如下假设。

假设 15a:高校跨学科创业团队产业经验异质性对商业认同有正向影响。

假设 15b:高校跨学科创业团队职能经验异质性对商业认同有正向影响。

假设 15c:高校跨学科创业团队年龄异质性对商业认同有正向影响。

假设 15d:高校跨学科创业团队教育背景异质性对商业认同有正向影响。

科研成果从科学场域流向经济场域,即科研成果商业化,是一个跨场域动态过程。由于科学场域和经济场域中的主体在目标和价值观、身份认同和知识创新选择等方面存在不同(刘林青、吴汉勋、齐振远,2015),导致高校传统学科组织的科研成果难以向实践转化和应用,因而被认为是一国竞争力中未被充分利用的资源(Siegel,Waldman,Atwater,2003),而集学术和创业为一体的高校跨学科创业团队(马陆亭、陈霞玲,2013),能促使科研人员了解不同的知识库,接触更广的知识源,从而能获得较高的商业认同,进而有能力将不同的知识流整合成创新性思想,主动开展学术创业进行更高层次、更为深入的协同创新(Etzkowitz,2003;Brennan & McGowan,2006;陈劲、阳银娟,2012)。基于此,本章提出如下假设。

假设16:商业认同对高校跨学科创业团队学术创业绩效有正向影响。

基于中介变量的含义,并结合上述分析,分别用 H17a、H17b、H17c、H17d 表示假设"商业认同"变量在产业经验异质性、职能经验异质性、年龄异质性和教育背景异质性与学术创业绩效之间关系中均发挥着某种程度的中介作用(篇幅所限,在此不作赘述)。

综上所述,研究的理论模型如图 4-2 所示。

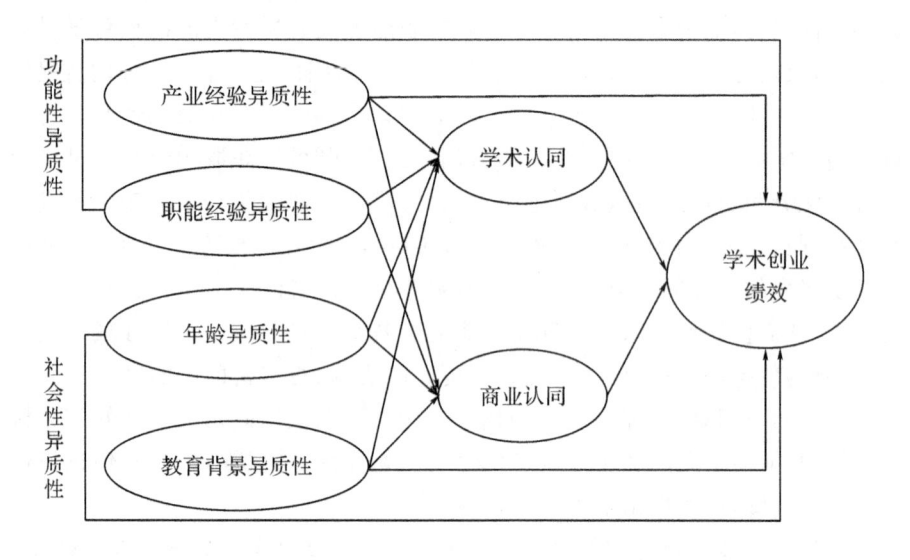

图 4-2 团队异质性、角色认同和学术创业绩效的关系理论模型

4.4 研究设计与数据收集

4.4.1 问卷设计

1. 问卷设计的基本内容

本章的问卷设计,主要围绕面向高水平科技自立自强的高校学术创业机理的分析框架展开。调查问卷涵括如下内容(问卷具体内容请参见"附录Ⅰ:面向高水平科技自立自强的高校跨学科创业团队学术创业机理调查问卷"):第一,被调查的高校跨学科创业团队的基本信息;第二,高校跨学科创业团队学术创业情况的指标体系判断。

2. 问卷设计的基本过程

本章采用的问卷基于大量文献研究成果,并通过实地调研,结合对高校跨学科创业团队管理者、项目负责人以及参与者进行深度访谈的基础上,在借鉴国内外已有成熟量表的基础上,根据面向高水平科技自立自强的高校学术创业机理问题逐步设计而成。

首先,通过检索查阅关于学术创业、知识管理、跨学科科研合作、变革型领导、冲突、团队异质性、角色认同等方面的研究文献,并结合面向高水平科技自立自强的高校学术创业影响因素指标体系,以及面向高水平科技自立自强的高校学术创业绩效指标等进行归纳,吸收与归纳了与面向高水平科技自立自强的高校学术创业机理有关的知识与指标体系。

其次,选取一些在学术创业方面已取得较好效果的高校,与这些高校跨学科创业团队的专家与学者进行了深度访谈,目的在于验证面向高水平科技自立自强的高校学术创业机理初始研究思路,在提高问卷设计合理性的同时,也初步选取合适的被调查者。在征询相关研究人员意见的基础上,进一步修正与完善研究框架与问卷设计,并对几个高校跨学科创业团队开展前测工作,旨在再一次修改完善调查问卷。基于前述工作,形成面向高水平科技自立自强的高校学术创业机理的最终调查问卷。该问卷将面向高水平科技自立自强的高校学术创业绩效题项放在了机理模型测度题项的后面,意在防止调查问卷设计中可能会隐含某种对被调查者有诱导性的假设,以防止被调查者获得可能的因果关系暗示而未能得到真实答案。

4.4.2 样本和数据收集

以高校跨学科创业团队为调查对象，主要针对高校跨学科创业团队中的关键信息者，即在高校跨学科创业团队中真正承担学术创业的人员来选择样本。通过多种途径如问卷星、电子邮件、委托他人、利用参会或访谈之机等发放问卷，收集相关数据。先后向清华大学、北京大学、浙江大学、同济大学、上海交通大学、复旦大学、哈尔滨工业大学、中南大学、湖南大学、华中科技大学、武汉大学、湖南师范大学、武汉理工大学、中国计量大学、浙江理工大学、浙江工业大学、杭州师范大学、浙江工商大学、杭州电子科技大学等高校跨学科创业团队学术创业人员发放了调查问卷。在问卷调查过程中，允许来自同一跨学科创业团队的若干人员填写问卷。共收集问卷321份，剔除掉题项答案填写不够完整、所有题项选择的答案几乎完全一致的样本数据110份，得到有效问卷211份。

调查问卷共分为两个部分，第一部分为高校跨学科创业团队的基本信息，第二部分系高校跨学科创业团队开展学术创业的情况，包括变革型领导、冲突、跨学科合作和学术创业绩效等7级Likert量表。

4.4.3 指标构建

1. 学术创业绩效

借鉴 Owen-Smith 和 Powell（2003）、Mars 和 Rios-Aguilar（2010）、Gulbrandsen 和 Smeby（2005）等的观点，结合访谈中专家意见，从高校跨学科创业团队的有形产出和无形产出两个方面测量学术创业绩效，涉及高校跨学科创业团队发表了较多高水平论文、培养的学生创业能力较强、有较多高质量专利（自然科学技术）/咨询与版税收入（人文社科）、获得了较多省部级以上奖励、科研成果总是能实现成果转化、科研到款中横向项目所占比重很高、学术创业活动为其积累了学术声誉、成员和产业界对跨学科创业团队的学术创业均较满意等8个指标。

2. 变革型领导

借鉴 García-Morales 等（2008）以及 Song 等（2009）关于测度变革型领导风格的题项量表，结合深度访谈中的专家意见，从高校跨学科创业团队领导表现出很能干且有魄力和自信、在实现目标的过程中显示出决心、让下属感觉愉快、为了团队利益不计较个人得失、向下属表达对他们高绩效的期望、充满激情地谈论需要完成的任务、给大家描绘鼓舞人心的未来、给大家传达一种使命感等8个指标对高校跨学科创业团队学术创业过程中的领导风格进行度量。

3. 跨学科合作

参考肖丁丁等(2022)、Pearsall等(2010)等的观点,结合深度访谈中的专家意见,从高校跨学科创业团队中不同学科人员进行深度合作、经常沟通合作事项、经常协商合作行动、彼此信任、彼此依赖、合作关系稳定、合作关系持久等9个指标测度高校跨学科创业团队学术创业过程中的跨学科合作。

4. 冲突

借鉴卢俊义和程刚(2009)、张洋磊和张应强(2017)、Thiel等(2018)的观点,结合深度访谈中的专家意见,从跨学科创业团队成员间经常出现不和与摩擦、存在情感上的抵触、在性格上存在较大差异、在工作执行上存在不同的观点、在工作中提出一些新想法时经常存在不一致、各自负责的工作很难调和、在工作中经常存在不同意见等7个指标对高校跨学科创业团队学术创业过程中的冲突进行测度。

5. 跨学科创业团队异质性

参考 Murray(1989)、马鸿佳等(2014)、杨俊等(2010)、Marvel 和 Lumpkin(2007)、朱国军等(2013)、Henneke 和 Lüthje(2007)等的观点,结合访谈中专家意见,从高校跨学科创业团队成员在年龄上分布很广、成员在对待问题上不会因年龄而产生分歧、团队年轻人数量多于年长的数量、团队每年都会吸收不同年龄层次的人加入、成员在教育背景上存在很大差异、成员所掌握的专业知识涉及的领域很广、成员学历分布范围较大、成员不会因学历差异彼此存在隔阂、成员的学术创业年限存在很大差异、成员的学术创业经验存在很大差异、成员间不会因创业年限差异在沟通上存在困难、成员的工作经历各不相同、成员创业所涉及的行业分布很广、成员在学术创业团队任期上各不相同、成员的创业技能积累存在较大差异等15个指标对高校跨学科创业团队异质性进行测度。

6. 角色认同

参考黄攸立等(2013)、D'Este等(2019)、Marvel 和 Lumpkin(2007)、Shane(2000)等的观点,结合访谈中专家意见,从高校跨学科创业团队成员比较认同技术研究成果的重要性、成员认为应该投入资金深入研究技术成果、成员因为技术认可和研究思维与其他成员发生冲突、成员认为市场发展策略的制定十分重要、成员认为应该把更多的时间精力和资金投入到扩大市场占有率方面、成员经常因为市场开拓和更大商业化与其他成员发生冲突等6个指标对角色认同进行测度。

7. 团队年限、规模以及学术创业时间

由于组织年龄、规模等可能会对高校跨学科创业团队学术创业绩效产生影响，本章选取了团队成立的年限、规模以及进行学术创业的时间等作为控制变量。

4.5 数据分析方法选择

本章通过问卷调查收集研究数据。对于收集的问卷数据，本章首先进行描述性统计分析，然后在检验信度与效度的基础上，进行相关分析与多元回归分析。本章所使用的统计分析软件为 SPSS 25.0 for Windows 版。具体的研究方法如下。

1. 描述性统计分析

描述性统计主要对调查样本开展学术创业的情况、高校跨学科创业团队学术创业绩效测度指标等进行统计分析，说明各变量的均值、标准差、最小值、最大值、众数和频次分布等，以描述调查样本的特性、比例分配状态。

2. 信度与效度检验

在评定实证性社会研究的质量时，常常需要对研究的信度和效度进行检验(Yin, 2003)。实证研究结果要具有可信度和说服力，必须满足信度和效度要求。对于本章而言，需要从研究模型的构建、数据的收集和变量测度是否达到了信度和效度要求等两个方面确保研究的信度和效度。本章在此将运用信度测试与因子分析予以说明。基于大量的文献研究，本章建立理论模型和选择测量工具，并根据专家意见和前测情况对测量工具进行修正，在很大程度上保证了本章的总体研究结构、变量测度以及数据获取的信度和效度。

3. 相关分析

本章将针对理论模型中涉及的变革型领导、跨学科合作、冲突、跨学科创业团队异质性、角色认同以及学术创业绩效各个变量，考察各研究变量间是否存在显著相关，将其作为下一步统计回归分析基础。

4. 多元回归分析

本章采用多元线性回归分析方法,以此验证与修正面向高水平科技自立自强的高校学术创业机理模型,并构建修正后的面向高水平科技自立自强的高校学术创业机理模型。

4.6 调查样本描述性统计

在进行实证分析之前,对所获得的调查样本数据进行整体描述性分析,包括性别分布、职称分布、学科分布、样本高校跨学科创业团队开展学术创业的情况及学术创业绩效等进行统计分析,以说明样本的整体构成状况及其他一些主要相关的性质。

4.6.1 样本基本信息

1. 性别分布状况

在回收的 211 份有效问卷中,性别分布状况如图 4-3 所示。

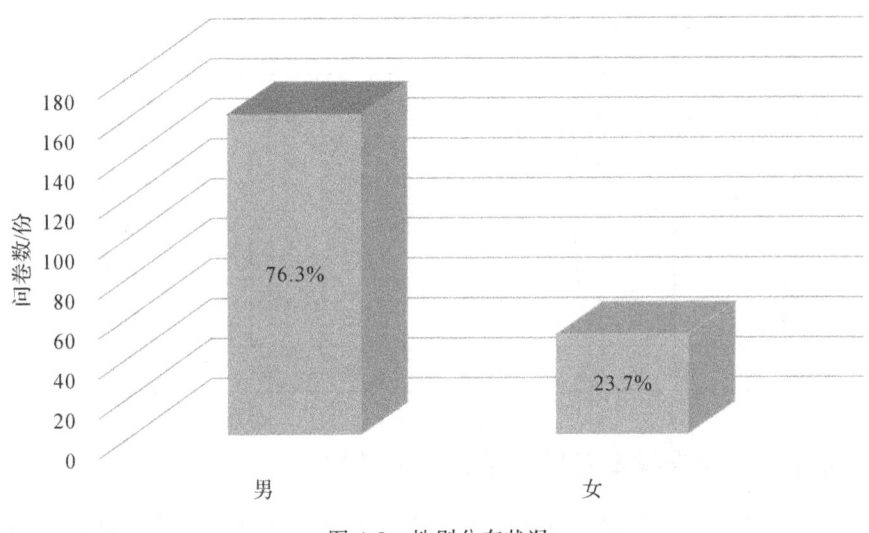

图 4-3 性别分布状况

2. 职称分布状况

在回收的 211 份有效问卷中,职称分布状况如表 4-1 所示。

表 4-1　调查样本的职称分布

职称	频率	百分比/%	累计百分比/%
正高级	42	19.9	19.9
副高级	73	34.6	54.5
中级	79	37.4	91.9
初级及以下	17	8.1	100.0
合计	211	100.0	

3. 学科分布状况

在回收的 211 份有效问卷中,学科分布状况如表 4-2 所示。

表 4-2　调查样本的学科分布

职称	频率	百分比/%	累计百分比/%
哲学	2	0.9	0.9
经济学	9	4.3	5.2
法学	11	5.2	10.4
教育学	32	15.2	25.6
文学	4	1.9	27.5
理学	16	7.6	35.1
工学	84	39.8	74.9
农学	3	1.4	76.3
医学	12	5.7	82.0
管理学	36	17.1	99.1
艺术学	2	0.9	100.0
合计	211	100.0	

4.6.2　调查样本开展学术创业的情况

表 4-3 和表 4-4 分别给出了调查样本学术创业绩效测量指标的均值、标准差、最小值、最大值、众数和频次分布。

从表 4-3 的调查样本学术创业初步描述性统计中可以看出,各测量指标的均值都在 4 以上,初步表明调查样本学术创业绩效比较高。

表 4-3 调查样本学术创业初步描述性统计

变量	N	众数	最小值	最大值	均值	标准差
(1)跨学科创业团队成员和产业界对跨学科创业团队的学术创业均较满意	211	5	1	7	4.85	1.168
(2)跨学科创业团队结合学术创业活动发表了较多高水平论文	211	5	1	7	4.71	1.256
(3)跨学科创业团队培养的学生创业能力较强	211	5	1	7	4.97	1.152
(4)跨学科创业团队有较多高质量专利(自然科学技术)/咨询、版税收入(人文社科)	211	5	1	7	4.66	1.340
(5)跨学科创业团队获得了较多省部级以上奖励	211	4	1	7	4.38	1.427
(6)跨学科创业团队的科研成果总是能实现成果转化	211	4	1	7	4.26	1.438
(7)跨学科创业团队科研到款中横向项目所占比重很高	211	5	1	7	4.61	1.250
(8)跨学科创业团队学术创业活动为其积累了学术声誉	211	5	1	7	4.83	1.211

从表 4-3 和表 4-4 的频次分布中可以看出，跨学科创业团队成员和产业界对跨学科创业团队的学术创业均较满意、跨学科创业团队结合学术创业活动发表了较多高水平论文、跨学科创业团队培养的学生创业能力较强、跨学科创业团队有较多高质量专利(自然科学技术)/咨询、版税收入(人文社科)、跨学科创业团队科研到款中横向项目所占比重很高、跨学科创业团队学术创业活动为其积累了学术声誉这几项指标的评价值的众数都为 5(样本数占总样本数百分比分别为 34.1%、30.8%、37.0%、28.9%、32.2%、34.1%)，并且这八项测度指标的标准差均较小(均在 1 左右)，说明调查样本差异较小，评价结果的一致性较好。

表 4-4　调查样本学术创业测量指标的频次分布

变量	统计类别	1	2	3	4	5	6	7
(1)跨学科创业团队成员和产业界对跨学科创业团队的学术创业均较满意	频次	2	4	18	51	72	52	12
	百分比/%	0.9	1.9	8.5	24.2	34.1	24.6	5.7
(2)跨学科创业团队结合学术创业活动发表了较多高水平论文	频次	2	10	17	60	65	43	14
	百分比/%	0.9	4.7	8.1	28.4	30.8	20.4	6.6
(3)跨学科创业团队培养的学生创业能力较强	频次	2	4	14	43	78	56	14
	百分比/%	0.9	1.9	6.6	20.4	37.0	26.5	6.6
(4)跨学科创业团队有较多高质量专利(自然科学技术)/咨询、版税收入(人文社科)	频次	6	7	23	53	61	49	12
	百分比/%	2.8	3.3	10.9	25.1	28.9	23.2	5.7
(5)跨学科创业团队获得了较多省部级以上奖励	频次	10	12	26	60	56	37	10
	百分比/%	4.7	5.7	12.3	28.4	26.5	17.5	4.7
(6)跨学科创业团队的科研成果总是能实现成果转化	频次	7	19	29	70	43	30	13
	百分比/%	3.3	9.0	13.7	33.2	20.4	14.2	6.2
(7)跨学科创业团队科研到款中横向项目所占比重很高	频次	3	13	14	63	68	41	9
	百分比/%	1.4	6.2	6.6	29.9	32.2	19.4	4.3
(8)跨学科创业团队学术创业活动为其积累了学术声誉	频次	2	8	14	52	72	50	13
	百分比/%	0.9	3.8	6.6	24.6	34.1	23.7	6.2

4.7 量表品质评估

4.7.1 变量的信度分析

从表 4-5 中可见,变革型领导的支持测量题项的一致性系数 Cronbach's α 值为 0.930,大于 0.7;CITC 最小值为 0.671,大于 0.35 的最低标准;且表中删除各观测变量后的 α 值(0.920,0.919,0.921,0.929,0.920,0.919,0.922,0.920)都比原量表的 α 值小,说明变革型领导的量表具有较高的信度。

表 4-5 信度分析结果——变革型领导

题项标签	CITC 系数	删除该题项后的 α 值	Cronbach's α 值
领导表现出很能干、有魄力和自信	0.778	0.920	0.930
领导在实现目标的过程中显示出决心	0.795	0.919	
领导让下属感觉愉快	0.763	0.921	
领导为了团队利益,不计较个人得失	0.671	0.929	
领导向下属表达对他们高绩效的期望	0.775	0.920	
领导充满激情地谈论需要完成的任务	0.784	0.919	
领导给大家描绘鼓舞人心的未来	0.748	0.922	
领导给大家传达一种使命感	0.782	0.920	

从表 4-6 中可见,跨学科合作中合作强度的测量题项的一致性系数 Cronbach's α 值为 0.925,大于 0.7;CITC 最小值为 0.723,大于 0.35 的最低标准;且表中删除各观测变量后的 α 值(0.912,0.902,0.896,0.924,0.904)都比原量表的 α 值小,说明跨学科合作中合作强度的量表具有较高的信度。

表 4-6 信度分析结果——跨学科合作中合作强度

题项标签	CITC 系数	删除该题项后的 α 值	Cronbach's α 值
在跨学科创业团队内,不同学科人员进行深度合作	0.781	0.912	0.925
在跨学科创业团队内,不同学科人员经常沟通合作事项	0.832	0.902	
在跨学科创业团队内,不同学科人员经常协商合作行动	0.861	0.896	
在跨学科创业团队内,不同学科人员开展知识技术培训	0.723	0.924	
在跨学科创业团队内,不同学科人员进行交流互动	0.824	0.904	

从表 4-7 中可见,跨学科合作中合作质量的测量题项的一致性系数 Cronbach's α 值为 0.938,大于 0.7;CITC 最小值为 0.844,大于 0.35 的最低标准;且表中删除各观测变量后的 α 值(0.922,0.917,0.915,0.922)都比原量表的 α 值小,说明跨学科合作中合作质量的量表具有较高的信度。

表 4-7 信度分析结果——跨学科合作中合作质量

题项标签	CITC 系数	删除该题项后的 α 值	Cronbach's α 值
在跨学科创业团队内,不同学科人员彼此信任	0.844	0.922	0.938
在跨学科创业团队内,不同学科人员彼此依赖	0.858	0.917	
在跨学科创业团队内,不同学科人员合作关系稳定	0.865	0.915	
在跨学科创业团队内,不同学科人员合作关系持久	0.847	0.922	

从表 4-8 中可见,冲突中的关系冲突测量题项的一致性系数 Cronbach's

α值为0.818,大于0.7;CITC最小值为0.654,大于0.35的最低标准;且表中删除各观测变量后的α值(0.755,0.724,0.773)都比原量表的α值小,说明冲突中关系冲突的量表具有较高的信度。

表4-8 信度分析结果——冲突中关系冲突

题项标签	CITC系数	删除该题项后的α值	Cronbach's α值
学术创业成员间经常出现不和与摩擦	0.667	0.755	0.818
学术创业成员间存在情感上的抵触	0.699	0.724	
学术创业成员在性格上存在较大差异	0.654	0.773	

从表4-9中可见,冲突中任务冲突的测量题项的一致性系数Cronbach's α值为0.787,大于0.7;CITC最小值为0.509,大于0.35的最低标准;且表中删除各观测变量后的α值(0.775,0.705,0.740,0.715)都比原量表的α值小,说明冲突中任务冲突的量表具有较高的信度。

表4-9 信度分析结果——冲突中任务冲突

题项标签	CITC系数	删除该题项后的α值	Cronbach's α值
学术创业成员在工作执行上存在不同的观点	0.509	0.775	0.787
学术创业成员在工作中提出一些新想法时经常存在不一致	0.654	0.705	
学术创业成员各自负责的工作很难调和	0.593	0.740	
学术创业成员间在工作中经常存在不同意见	0.634	0.715	

从表4-10中可见,跨学科创业团队社会性异质性中的年龄异质性测量题项的一致性系数Cronbach's α值为0.715,大于0.7;CITC最小值为0.484,大于0.35的最低标准;且表中删除各观测变量后的α值(0.653,0.663,0.632,0.663)都比原量表的α值小,说明跨学科创业团队社会性异质性中的年龄异质性量表具有较高的信度。

表 4-10　信度分析结果——创业团队社会性异质性中的年龄异质性

题项标签	CITC 系数	删除该题项后的 α 值	Cronbach's α 值
跨学科创业团队内成员在年龄上分布很广	0.502	0.653	0.715
跨学科创业团队内成员间在对待问题上不会因年龄而产生分歧	0.484	0.663	
跨学科创业团队内成员中年轻人数量多于年长的数量	0.536	0.632	
跨学科创业团队每年都会吸收不同年龄层次的人加入	0.487	0.663	

从表 4-11 中可见,跨学科创业团队社会性异质性中的教育背景异质性测量题项的一致性系数 Cronbach's α 值为 0.714,大于 0.7;CITC 最小值为 0.368,大于 0.35 的最低标准;除跨学科创业团队学术创业成员不会因学历差异彼此存在隔阂这一题项删除观测变量后的 α 值(0.726)比原量表的 α 值大外,表中其他题项删除各观测变量后的 α 值(0.605,0.625,0.638)都比原量表的 α 值小,先暂时保留跨学科创业团队学术创业成员不会因学历差异彼此存在隔阂这一题项,待后续进一步分析研究后再决定其去留。

表 4-11　信度分析结果——创业团队社会性异质性中的教育背景异质性

题项标签	CITC 系数	删除该题项后的 α 值	Cronbach's α 值
跨学科创业团队学术创业成员在教育背景上存在很大差异	0.574	0.605	0.714
跨学科创业团队学术创业成员所掌握的专业知识涉及的领域很广	0.553	0.625	
跨学科创业团队学术创业成员学历分布范围较大	0.523	0.638	
跨学科创业团队学术创业成员不会因学历差异彼此存在隔阂	0.368	0.726	

从表 4-12 中可见,跨学科创业团队功能性异质性中的创业经验异质性测量题项的一致性系数 Cronbach's α 值为 0.847,大于 0.7;CITC 最小值为

0.651,大于 0.35 的最低标准;除跨学科创业团队学术创业成员间不会因创业年限差异在沟通上存在困难这一题项删除观测变量后的 α 值(0.847)与原量表的 α 值相等外,表中其他题项删除各观测变量后的 α 值(0.771,0.739)都比原量表的 α 值小,先暂时保留跨学科创业团队学术创业成员间不会因创业年限差异在沟通上存在困难这一题项,待后续进一步分析研究后再决定其去留。

表 4-12 信度分析结果——创业团队功能性异质性中的创业经验异质性

题项标签	CITC 系数	删除该题项后的 α 值	Cronbach's α 值
跨学科创业团队学术创业成员的学术创业年限存在很大差异	0.732	0.771	0.847
跨学科创业团队学术创业成员的学术创业经验存在很大差异	0.766	0.739	
跨学科创业团队学术创业成员间不会因创业年限差异在沟通上存在困难	0.651	0.847	

从表 4-13 中可见,跨学科创业团队功能性异质性中的职能经验异质性测量题项的一致性系数 Cronbach's α 值为 0.854,大于 0.7;CITC 最小值为 0.679,大于 0.35 的最低标准;且表中删除各观测变量后的 α 值(0.821,0.814,0.803,0.822)都比原量表的 α 值小,说明跨学科创业团队功能性异质性中的职能经验异质性量表具有较高的信度。

表 4-13 信度分析结果——创业团队功能性异质性中的职能经验异质性

题项标签	CITC 系数	删除该题项后的 α 值	Cronbach's α 值
跨学科创业团队学术创业成员的工作经历各不相同	0.683	0.821	0.854
跨学科创业团队学术创业成员创业所涉及的行业分布很广	0.700	0.814	
跨学科创业团队学术创业成员在学术创业团队任期上各不相同	0.727	0.803	
跨学科创业团队学术创业成员的创业技能积累存在较大差异	0.679	0.822	

从表 4-14 中可见,角色认同中学术认同测量题项的一致性系数 Cronbach's α 值为 0.878,大于 0.7;CITC 最小值为 0.715,大于 0.35 的最低标准;且表中删除各观测变量后的 α 值(0.841,0.765,0.871)都比原量表的 α 值小,说明跨学科创业团队角色认同中学术认同量表具有较高的信度。

表 4-14　信度分析结果——角色认同中学术认同

题项标签	CITC 系数	删除该题项后的 α 值	Cronbach's α 值
跨学科创业团队成员比较认同技术研究成果的重要性	0.748	0.841	0.878
跨学科创业团队成员认为应该投入资金深入研究技术成果	0.832	0.765	
跨学科创业团队成员因为技术认可和研究思维与其他成员发生冲突	0.715	0.871	

从表 4-15 中可见,角色认同中商业认同测量题项的一致性系数 Cronbach's α 值为 0.879,大于 0.7;CITC 最小值为 0.740,大于 0.35 的最低标准;且表中删除各观测变量后的 α 值(0.854,0.792,0.840)都比原量表的 α 值小,说明跨学科创业团队角色认同中商业认同量表具有较高的信度。

表 4-15　信度分析结果——角色认同中商业认同

题项标签	CITC 系数	删除该题项后的 α 值	Cronbach's α 值
跨学科创业团队成员认为市场发展策略的制定十分重要	0.740	0.854	0.879
跨学科创业团队成员认为应该把更多的时间精力和资金投入到扩大市场占有率方面	0.809	0.792	
跨学科创业团队成员经常因为市场开拓和更大商业化与其他成员发生冲突	0.761	0.840	

从表 4-16 中可见,跨学科创业团队学术创业绩效测量题项的一致性系数 Cronbach's α 值为 0.905,大于 0.7;CITC 最小值为 0.658,大于 0.35 的最低标准;且表中删除各观测变量后的 α 值(0.894,0.891,0.890,0.890,0.895,0.896,0.896,0.888)都比原量表的 α 值小,说明跨学科创业团队学术创业绩

效量表具有较高的信度。

表 4-16 信度分析结果——学术创业绩效

题项标签	CITC 系数	删除该题项后的 α 值	Cronbach's α 值
跨学科创业团队成员和产业界对跨学科创业团队的学术创业均较满意	0.679	0.894	0.905
跨学科创业团队结合学术创业活动发表了较多高水平论文	0.711	0.891	
跨学科创业团队培养的学生创业能力较强	0.735	0.890	
跨学科创业团队有较多高质量专利(自然科学技术)/咨询、版税收入(人文社科)	0.722	0.890	
跨学科创业团队获得了较多省部级以上奖励	0.678	0.895	
跨学科创业团队的科研成果总是能实现成果转化	0.670	0.896	
跨学科创业团队科研到款中横向项目所占比重很高	0.658	0.896	
跨学科创业团队学术创业活动为其积累了学术声誉	0.749	0.888	

4.7.2 变量的效度分析

采用因子分析(取特征根>1)对高校跨学科创业团队变革型领导包含的 8 个题项进行分析,首先进行 KMO 和 Bartlett 球体检验,结果如表 4-17 所示,KMO 为 0.843,表明很适合做因子分析;Bartlett 球体检验的显著性概率为 0.000,表明数据具有相关性,适宜做因子分析。因子分析结果如表 4-18 所示,有一个公共因子被识别出来,各题项均较好地负载到其预期测量的公共因子之上,与预想的情况完全一致,因此公共因子被命名为变革型领导因子。同时,相应的因子负荷系数大于 0.5(最大值为 0.853,最小值为 0.739),因子的特征根累积解释了总体方差的 67.745%(见表 4-19),因子分析结果可以接受。

表 4-17 变革型领导的 KMO 和 Bartlett's 检验结果

KMO 值		0.843
Bartlett 球体检验	卡方值	1473.448
	自由度	28
	显著性概率	0.000

表 4-18 变革型领导指标体系因子分析结果

题项标签	因子负荷系数
领导表现出很能干、有魄力和自信	0.841
领导在实现目标的过程中显示出决心	0.853
领导让下属感觉愉快	0.816
领导为了团队利益,不计较个人得失	0.739
领导向下属表达对他们高绩效的期望	0.835
领导充满激情地谈论需要完成的任务	0.840
领导给大家描绘鼓舞人心的未来	0.814
领导给大家传达一种使命感	0.841

表 4-19 变革型领导因子分析方差解释

因子编号	原始特征根			旋转负载的平方和		
	值	所占方差的比例/%	所占方差的累积比例/%	值	所占方差的比例/%	所占方差的累积比例/%
1	5.420	67.745	67.745	5.420	67.745	67.745
2	0.739	9.236	76.981			
3	0.687	8.582	85.563			
4	0.507	6.343	91.906			
5	0.225	2.818	94.724			
6	0.190	2.379	97.104			
7	0.127	1.585	98.688			
8	0.105	1.312	100.00			

提取方法:主成分分析法

采用因子分析(取特征根>1)对高校跨学科创业团队跨学科合作包含的9个题项进行分析,首先进行 KMO 和 Bartlett 球体检验,结果如表 4-20 所示,KMO 为 0.892,表明很适合做因子分析;Bartlett 球体检验的显著性概率为 0.000,表明数据具有相关性,适宜做因子分析。因子分析结果如表 4-21 所示,有两个公共因子被识别出来,各题项均较好地负载到其预期测量的公共因子之上,与预想的情况完全一致,因此公共因子 1 被命名为合作强度因子,公共因子 2 被命名为合作质量因子。同时,相应的因子负荷系数均大于 0.5(最大值为 0.897,最小值为 0.787),因子的特征根累积解释了总体方差的 80.443%(见表 4-22),因子分析结果可以接受。

表 4-20 跨学科合作指标体系的 KMO 和 Bartlett's 检验结果

KMO 值		0.892
Bartlett 球体检验	卡方值	1661.120
	自由度	36
	显著性概率	0.000

表 4-21 跨学科合作指标体系因子分析结果

题项标签	因子负荷系数	
	1	2
在跨学科创业团队内,不同学科人员进行深度合作	0.810	0.294
在跨学科创业团队内,不同学科人员经常沟通合作事项	0.853	0.277
在跨学科创业团队内,不同学科人员经常协商合作行动	0.887	0.239
在跨学科创业团队内,不同学科人员开展知识技术培训	0.787	0.229
在跨学科创业团队内,不同学科人员进行交流互动	0.844	0.280
在跨学科创业团队内,不同学科人员彼此信任	0.345	0.845
在跨学科创业团队内,不同学科人员彼此依赖	0.227	0.897
在跨学科创业团队内,不同学科人员合作关系稳定	0.293	0.878
在跨学科创业团队内,不同学科人员合作关系持久	0.253	0.881

表 4-22 跨学科合作指标体系因子分析方差解释

因子编号	原始特征根 值	所占方差的比例/%	所占方差的累积比例/%	旋转负载的平方和 值	所占方差的比例/%	所占方差的累积比例/%
1	5.709	63.429	63.429	3.824	42.487	42.487
2	1.531	17.014	80.443	3.416	37.956	80.443
3	0.455	5.052	85.495			
4	0.321	3.566	89.061			
5	0.256	2.848	91.908			
6	0.248	2.755	94.663			
7	0.183	2.038	96.701			
8	0.175	1.949	98.650			
9	0.121	1.350	100.000			

提取方法:主成分分析法

采用因子分析(取特征根＞1)对高校跨学科创业团队中冲突包含的 7 个题项进行分析,首先进行 KMO 和 Bartlett 球体检验,结果如表 4-23 所示,KMO 为 0.761,表明很适合做因子分析;Bartlett 球体检验的显著性概率为 0.000,表明数据具有相关性,适宜做因子分析。因子分析结果如表 4-24 所示,有两个公共因子被识别出来,各题项均较好地负载到其预期测量的公共因子之上,与预想的情况完全一致,因此公共因子 1 被命名为任务冲突因子,公共因子 2 被命名为关系冲突因子。同时,相应的因子负荷系数均大于 0.5(最大值为 0.855,最小值为 0.678),因子的特征根累积解释了总体方差的 66.690%(见表 4-25),因子分析结果可以接受。

表 4-23 冲突指标体系的 KMO 和 Bartlett's 检验结果

KMO 值		0.761
Bartlett 球体检验	卡方值	511.540
	自由度	21
	显著性概率	0.000

表 4-24　冲突指标体系因子分析结果

题项标签	因子负荷系数	
	1	2
学术创业成员间经常出现不和与摩擦	0.188	0.831
学术创业成员间存在情感上的抵触	0.157	0.855
学术创业成员在性格上存在较大差异	0.121	0.842
学术创业成员在工作执行上存在不同的观点	0.678	0.202
学术创业成员在工作中提出一些新想法时经常存在不一致	0.806	0.153
学术创业成员各自负责的工作很难调和	0.793	0.074
学术创业成员间在工作中经常存在不同意见	0.796	0.144

表 4-25　冲突指标体系因子分析方差解释

因子编号	原始特征根			旋转负载的平方和		
	值	所占方差的比例/%	所占方差的累积比例/%	值	所占方差的比例/%	所占方差的累积比例/%
1	3.167	45.245	45.245	2.447	34.951	34.951
2	1.501	21.445	66.690	2.222	31.738	66.690
3	0.724	10.341	77.030			
4	0.487	6.954	83.985			
5	0.452	6.454	90.439			
6	0.359	5.127	95.566			
7	0.310	4.434	100.000			

提取方法：主成分分析法

采用因子分析(取特征根＞1)对高校跨学科创业团队社会性异质性包含的8个题项进行分析，首先进行KMO和Bartlett球体检验，结果如表4-26所示，KMO为0.776，表明很适合做因子分析；Bartlett球体检验的显著性概率为0.000，表明数据具有相关性，适宜做因子分析。因子分析结果如表4-27所示，有两个公共因子被识别出来，各题项均较好地负荷到其预期测量的公共因子之上，与预想的情况完全一致，因此公共因子1被命名为年龄异质性因子，公共因子2被命名为教育背景异质性因子。同时，相应的因子负荷系数除跨学科创业团队学术创业成员不会因学历差异彼此存在隔阂稍小于0.5外，其余的因子负荷系数均大于 0.5（最大值为 0.846，最小值为 0.585），因子的特征根累积解释了总体方差的 55.706%（见表 4-28）。先暂时保留跨学科创业团队学术创业成员不会因学历差异彼此存在隔阂这一题项，待后续进行进一步分析后再决定其去留。

表 4-26　社会性异质性指标体系的 KMO 和 Bartlett's 检验结果

KMO 值		0.776
Bartlett 球体检验	卡方值	436.298
	自由度	28
	显著性概率	0.000

表 4-27　社会性异质性指标体系因子分析结果

题项标签	因子负荷系数	
	1	2
跨学科创业团队学术创业成员在年龄上分布很广	0.709	0.174
跨学科创业团队学术创业成员间在对待问题上不会因年龄而产生分歧	0.756	0.100
跨学科创业团队学术创业成员中年轻人数量多于年长的数量	0.754	0.053
跨学科创业团队学术创业团队每年都会吸收不同年龄层次的人加入	0.585	0.328
跨学科创业团队学术创业成员在教育背景上存在很大差异	0.157	0.815
跨学科创业团队学术创业成员所掌握的专业知识涉及的领域很广	0.473	0.616
跨学科创业团队学术创业成员学历分布范围较大	0.001	0.846
跨学科创业团队学术创业成员不会因学历差异彼此存在隔阂	0.373	0.417

表 4-28　社会性异质性指标体系因子分析方差解释

因子编号	原始特征根			旋转负载的平方和		
	值	所占方差的比例/%	所占方差的累积比例/%	值	所占方差的比例/%	所占方差的累积比例/%
1	3.246	40.572	40.572	2.372	29.651	29.651
2	1.211	15.134	55.706	2.084	26.055	55.706

续表

因子编号	原始特征根			旋转负载的平方和		
	值	所占方差的比例/%	所占方差的累积比例/%	值	所占方差的比例/%	所占方差的累积比例/%
3	0.996	12.444	68.150			
4	0.647	8.081	76.232			
5	0.587	7.336	83.568			
6	0.524	6.548	90.116			
7	0.424	5.305	95.421			
8	0.366	4.579	100.000			

提取方法：主成分分析法

采用因子分析(取特征根＞1)对高校跨学科创业团队功能性异质性包含的 7 个题项进行分析，首先进行 KMO 和 Bartlett 球体检验，结果如表 4-29 所示，KMO 为 0.850，表明很适合做因子分析；Bartlett 球体检验的显著性概率为 0.000，表明数据具有相关性，适宜做因子分析。因子分析结果如表 4-30 所示，有两个公共因子被识别出来，各题项均较好地负载到其预期测量的公共因子之上，与预想的情况完全一致，因此公共因子 1 被命名为职能经验异质性因子，公共因子 2 被命名为创业经验异质性因子。同时，相应的因子负荷系数均大于 0.5(最大值为 0.879，最小值为 0.703)，因子的特征根累积解释了总体方差的 73.701%(见表 4-31)，因子分析结果可以接受。

表 4-29 功能性异质性指标体系的 KMO 和 Bartlett's 检验结果

KMO 值		0.850
Bartlett 球体检验	卡方值	761.048
	自由度	21
	显著性概率	0.000

表 4-30　功能性异质性指标体系因子分析结果

题项标签	因子负荷系数 1	因子负荷系数 2
跨学科创业团队学术创业成员的学术创业年限存在很大差异	0.219	0.850
跨学科创业团队学术创业成员的学术创业经验存在很大差异	0.353	0.825
跨学科创业团队学术创业成员间不会因创业年限差异在沟通上存在困难	0.174	0.828
跨学科创业团队学术创业成员的工作经历各不相同	0.713	0.392
跨学科创业团队学术创业成员创业所涉及的行业分布很广	0.879	0.094
跨学科创业团队学术创业成员在学术创业团队任期上各不相同	0.841	0.222
跨学科创业团队学术创业成员的创业技能积累存在较大差异	0.703	0.415

表 4-31　功能性异质性指标体系因子分析方差解释

因子编号	原始特征根 值	所占方差的比例/%	所占方差的累积比例/%	旋转负载的平方和 值	所占方差的比例/%	所占方差的累积比例/%
1	4.045	57.792	57.792	2.685	38.357	38.357
2	1.114	15.909	73.701	2.474	35.344	73.701
3	0.504	7.193	80.894			
4	0.452	6.451	87.345			
5	0.364	5.196	92.541			
6	0.282	4.024	96.565			
7	0.240	3.435	100.000			

提取方法：主成分分析法

采用因子分析（取特征根＞1）对高校跨学科创业团队角色认同包含的6个题项进行分析，首先进行 KMO 和 Bartlett 球体检验，结果如表 4-32 所示，KMO 为 0.765，表明很适合做因子分析；Bartlett 球体检验的显著性概率为 0.000，表明数据具有相关性，适宜做因子分析。因子分析结果如表 4-33 所示，有两个公共因子被识别出来，各题项均较好地负载到其预期测量的公共因子之上，与预想的情况完全一致，因此公共因子1被命名为学术认同因子，公共因子 2 被命名为商业认同因子。同时,相应的因子负荷系数均大于 0.5(最大值为 0.925,最小值为 0.825),因子的特征根累积解释了总体方差的 81.122%(见表 4-34),因子分析结果可以接受。

表 4-32 角色认同指标体系的 KMO 和 Bartlett's 检验结果

KMO 值		0.765
Bartlett 球体检验	卡方值	748.453
	自由度	15
	显著性概率	0.000

表 4-33 角色认同指标体系因子分析结果

题项标签	因子负荷系数	
	1	2
跨学科创业团队成员比较认同技术研究成果的重要性	0.892	0.111
跨学科创业团队成员认为应该投入资金深入研究技术成果	0.918	0.163
跨学科创业团队成员因为技术认可和研究思维与其他成员发生冲突	0.825	0.251
跨学科创业团队成员认为市场发展策略的制定十分重要	0.291	0.832
跨学科创业团队成员认为应该把更多的时间精力和资金投入到扩大市场占有率方面	0.084	0.925
跨学科创业团队成员经常因为市场开拓和更大商业化与其他成员发生冲突	0.169	0.883

表 4-34 角色认同指标体系因子分析方差解释

因子编号	原始特征根			旋转负载的平方和		
	值	所占方差的比例/%	所占方差的累积比例/%	值	所占方差的比例/%	所占方差的累积比例/%
1	3.359	55.975	55.975	2.439	40.645	40.645
2	1.509	25.147	81.122	2.429	40.477	81.122
3	0.437	7.286	88.408			
4	0.269	4.489	92.897			
5	0.227	3.786	96.683			
6	0.199	3.317	100.000			

提取方法:主成分分析法

采用因子分析（取特征根＞1）对高校跨学科创业团队学术创业绩效包含的8个题项进行分析，首先进行KMO和Bartlett球体检验，结果如表4-35所示，KMO为0.890，表明很适合做因子分析；Bartlett球体检验的显著性概率为0.000，表明数据具有相关性，适宜做因子分析。因子分析结果如表4-36所示，有一个公共因子被识别出来，各题项均较好地负载到其预期测量的公共因子之上，与预想的情况完全一致，因此公共因子被命名为学术创业绩效因子。同时，相应的因子负荷系数均大于0.5（最大值为0.821，最小值为0.732），因子的特征根累积解释了总体方差的60.625%（见表4-37），因子分析结果可以接受。

表4-35　学术创业绩效指标体系的KMO和Bartlett's检验结果

KMO值		0.890
Bartlett球体检验	卡方值	978.280
	自由度	28
	显著性概率	0.000

表4-36　学术创业绩效指标体系因子分析结果

题项标签	因子负荷系数 1
跨学科创业团队成员和产业界对跨学科创业团队的学术创业均较满意	0.769
跨学科创业团队结合学术创业活动发表了较多高水平论文	0.796
跨学科创业团队培养的学生的创业能力较强	0.814
跨学科创业团队有较多高质量专利（自然科学技术）/咨询、版税收入（人文社科）	0.801
跨学科创业团队获得了较多省部级以上奖励	0.750
跨学科创业团队的科研成果总是能实现成果转化	0.741
跨学科创业团队科研到款中横向项目所占比重很高	0.732
跨学科创业团队学术创业活动为其积累了学术声誉	0.821

表 4-37　学术创业绩效指标体系因子分析方差解释

因子编号	原始特征根			提取负载的平方和		
	值	所占方差的比例/%	所占方差的累积比例/%	值	所占方差的比例/%	所占方差的累积比例/%
1	4.850	60.625	60.625	4.850	60.625	60.625
2	0.949	11.868	72.494			
3	0.517	6.462	78.956			
4	0.493	6.164	85.120			
5	0.352	4.395	89.515			
6	0.322	4.024	93.538			
7	0.288	3.597	97.136			
8	0.229	2.864	100.000			

提取方法：主成分分析法

4.8　假设检验——学术创业内部治理机理

4.8.1　共同方法偏差检验

对面向高水平科技自立自强的高校学术创业机理一采用 Harman 单因子法检验可能因共同方法变异引起的共同方法偏差问题。研究中所有变量的测度指标进行主成分分析之后，出现了特征根大于 1 的五个公因子，其累积可解释方差为 73.305%，单个因子的最大方差解释率为 22.442%，未出现单一因子解释了所有变量大部分方差的情况，表明各个变量之间不存在严重的共同方法偏差情况。

4.8.2　模型估计结果与分析

对变量之间的关系进行多元回归分析之前，利用最大方差正交旋转的因子分析结果值分析变量间的相关性（Pearson 相关系数如表 4-38 所示）。变革型领导与跨学科合作的两个维度以及学术创业绩效均存在非常显著的正相关关系（$p<0.01$），跨学科合作的两个维度与学术创业绩效均存在非常显著的

正相关关系（$p<0.01$），表明预期假设具有初步的可行性。由于利用因子分析值对各个变量之间的相关性进行分析，各个中介变量之间以及各个调节变量之间不存在显著的相关性。后续将利用因子分析值，通过多元回归模型对各个变量之间的关系展开进一步的验证。

表 4-38　主要变量相关系数

变量	BG	KQ	KZ	GC	RC	CYJX	NX	SJ	GM
BG	1								
KQ	0.364**	1							
KZ	0.627**	0.000	1						
GC	0.035	0.129	−0.025	1					
RC	0.018	0.056	0.014	0.000	1				
CYJX	0.631**	0.437**	0.479**	0.182**	0.031	1			
NX	0.188**	0.129	0.082	−0.030	−0.072	0.195**	1		
SJ	0.075	−0.059	0.082	0.010	−0.052	0.153*	0.719**	1	
GM	0.037	−0.001	0.056	0.051	−0.001	0.129	0.534**	0.630**	1

注：BG、KQ、KZ、GC、RC、CYJX 分别表示变革型领导、合作强度、合作质量、关系冲突、任务冲突、学术创业绩效；NX、SJ 和 GM 分别表示高校跨学科创业团队成立年限、开展学术创业时间、学术创业成员规模，下同；

*、** 分别表示在 5% 和 1% 的水平上显著

在对前述各项假设采用多元回归分析法进行验证之前，检验了模型的序列相关、多重共线性和异方差等问题。所有模型中的 DW 值都接近于 2，说明不存在序列相关问题；所有模型中的容许度值和方差膨胀因子值均近似等于 1，表明不存在多重共线性问题；标准化残差的散点图呈现出无序状态，说明模型中不存在异方差问题。变革型领导、冲突、跨学科合作和学术创业绩效各个变量间的多元回归分析结果如表 4-39 所示。

在模型 11 中，变革型领导对学术创业绩效存在极显著的正向影响，回归系数为 $0.625(p<0.001)$，H1 得到支持。在模型 1 和模型 6 中，变革型领导对跨学科合作中的合作强度和合作质量均存在极显著的正向影响，回归系数分别为 0.336 和 $0.643(p$ 值均小于 0.001），H2 和 H3 得到支持。在模型 12 中，跨学科合作中的合作强度和合作质量对学术创业绩效均存在极显著的正向影响，回归系数分别为 0.446 和 $0.468(p$ 值均小于 0.001），H4 和 H5 得到

表 4-39　回归分析结果

变量	KQ 模型 1	模型 2	模型 3	模型 4	模型 5	KZ 模型 6	模型 7	模型 8	模型 9	模型 10	CYJX 模型 11	模型 12	模型 13
NX	0.256**	0.270**	0.262**	0.261**	0.263**	−0.137	−0.142	−0.136	−0.137	−0.137	−0.008	−0.009	−0.057
SJ	−0.288**	−0.291**	−0.287**	−0.286**	−0.292**	0.110	0.111	0.107	0.110	0.111	0.070	0.131	0.136
GM	0.031	0.020	0.023	0.028	0.035	0.036	0.041	0.038	0.036	0.034	0.066	0.025	0.047
BG	0.336***	0.330***	0.330***	0.335***	0.343***	0.643***	0.645***	0.645***	0.643***	0.641***	0.625***		0.360***
KQ												0.446***	0.321***
KZ												0.468***	0.245***
GC		0.127*	0.129*				−0.055	−0.056					
RC				0.054	0.050				−0.001	0.000			
BG×GC			−0.175**					0.147**					
BG×RC					0.066					−0.017			
F 值	10.741***	9.525***	9.548***	8.722***	7.449***	34.692***	27.962***	25.335***	27.619***	22.930***	36.145***	32.285***	34.081***
R^2	0.173	0.189	0.219	0.175	0.180	0.402	0.405	0.427	0.403	0.403	0.412	0.441	0.501
调整的 R^2	0.157	0.169	0.196	0.155	0.156	0.391	0.391	0.410	0.388	0.385	0.401	0.427	0.486

注：*、**、*** 分别表示在 5%、1% 和 0.1% 的水平上显著

支持。在模型 13 中,加入跨学科合作中的合作强度和合作质量等变量后,变革型领导对学术创业绩效的影响从模型 11 中的 0.625($p<0.001$)减少到模型 13 中的 0.360,且通过显著性检验($p<0.001$),而跨学科合作中的合作强度和合作质量对学术创业绩效的影响仍然显著,回归系数分别为 0.321($p<0.001$)和 0.245($p<0.001$),表明跨学科合作中的合作强度和合作质量在变革型领导和学术创业绩效之间存在部分中介效应,H6 和 H7 得到支持。

在模型 2 中,加入冲突中的关系冲突后,变革型领导对跨学科合作中的合作强度影响依然极显著,回归系数为 0.330($p<0.001$),模型 3 加入变革型领导与关系冲突的交互项后,交互项对跨学科合作中的合作强度存在非常显著的负向影响,回归系数为 -0.175($p<0.01$),表明冲突中的关系冲突在变革型领导和跨学科合作中的合作强度之间存在负向调节效应,减弱了变革型领导对跨学科合作中合作强度的影响(如图 4-4 所示);在模型 4 中,加入冲突中的任务冲突后,变革型领导对跨学科合作中的合作强度影响依然极显著,回归系数为 0.335($p<0.001$),模型 5 加入变革型领导与任务冲突的交互项后,交互项对跨学科合作中的合作强度不存在显著的影响,回归系数为 0.066($p>0.05$),表明冲突中的任务冲突在变革型领导和跨学科合作中的合作强度之间不存在调节效应,H8 得到部分支持。

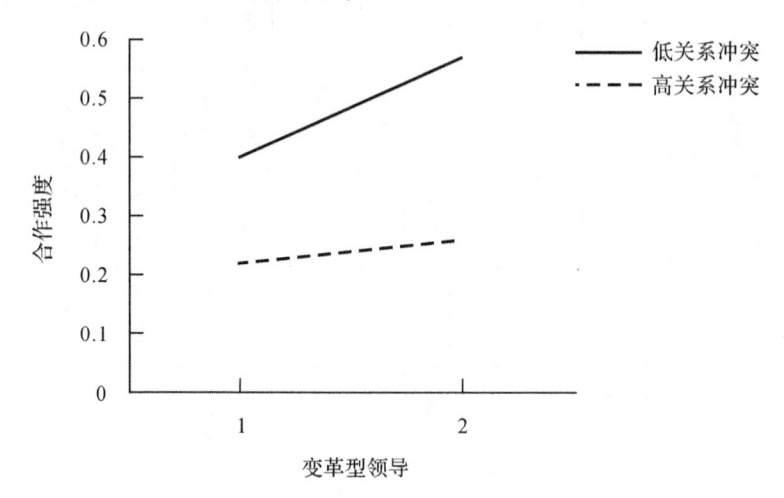

图 4-4 关系冲突在变革型领导与合作强度两者关系中的调节效应

在模型 7 中,加入冲突中的关系冲突后,变革型领导对跨学科合作中的合作质量影响依然极显著,回归系数为 0.645($p<0.001$),模型 8 加入变革型领

导与关系冲突的交互项后,交互项对跨学科合作中的合作质量存在非常显著的正向影响,回归系数为 0.147($p<$0.01),表明冲突中的关系冲突在变革型领导和跨学科合作中的合作质量之间存在正向调节效应,增强了变革型领导对跨学科合作中的合作质量的影响(如图 4-5 所示);在模型 9 中,加入冲突中的任务冲突后,变革型领导对跨学科合作中的合作质量影响依然极显著,回归系数为 0.643($p<$0.001),模型 10 加入变革型领导与任务冲突的交互项后,交互项对跨学科合作中的合作质量不存在显著的影响,回归系数为$-$0.017($p>$0.05),表明冲突中的任务冲突在变革型领导和跨学科合作中的合作质量之间不存在调节效应,H9 未得到支持。

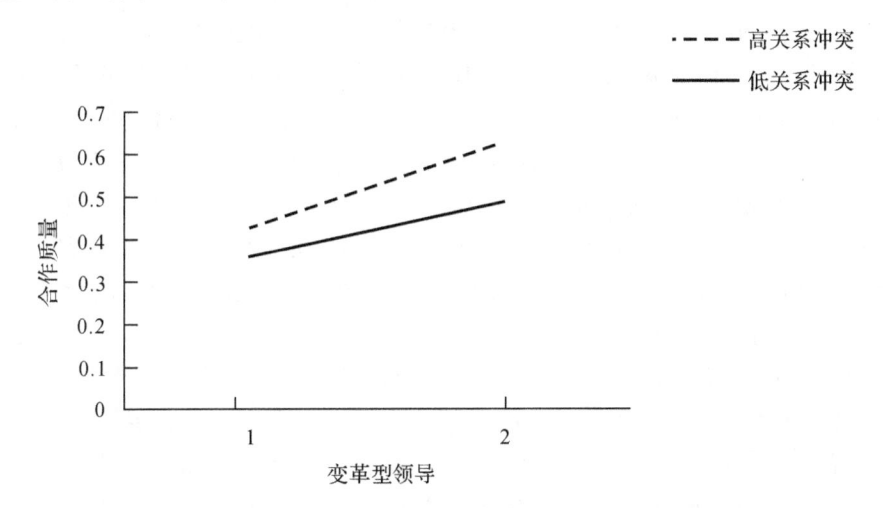

图 4-5　关系冲突在变革型领导与合作质量两者关系中的调节效应

4.8.3　学术创业内部治理机理结论与讨论

将高校跨学科创业团队中变革型领导、冲突、跨学科合作等内部治理要素融入学术创业绩效提升的研究框架中,试图揭示高校跨学科创业团队内部治理的绩效机制与规律,得到以下结论。

首先,变革型领导对跨学科合作中的合作强度与合作质量以及学术创业绩效均具有极显著的正向影响。这一结论与 Shin 等(2012)学者的观点相吻合,即变革型领导在创新过程中可以减少异质性对团队创造力造成的负面影响,促进不同思想、观点与知识间的碰撞和交流,从而提升创新绩效。其次,跨学科合作中的合作强度与合作质量均对学术创业绩效具有极显著的正向影响。这一结论与 Li 等（2018）的观点相一致，即具有多视角的团队更有可能处理和整合不同的观点来推动创新，从而提升绩效。

跨学科合作中的合作强度与合作质量在变革型领导和学术创业绩效两者之间的关系中具有部分中介效应。正如诸多学者所言，变革型领导超越了传统领导者的角色，被视为一种主流的领导风格，对知识工作团队绩效具有重要影响，而根据团队的输入—过程—输出（IPO）模型，变革型领导有一种很强的精神感召力，能让团队成员感知到工作的意义与价值，可以激发成员的高层次需求，是重要的团队输入要素，这一团队输入要素通过影响团队成员间为共同目标而进行的互动过程，从而影响团队的最终产出（董临萍，2013）。

冲突中的关系冲突在变革型领导和跨学科合作两者关系之间存在非常显著的调节效应，但冲突中的任务冲突在两者之间关系中的调节效应并不显著。具体而言，冲突中的关系冲突在变革型领导和跨学科合作中的合作强度两者之间的关系中具有非常显著的负向调节效应，但在变革型领导和跨学科合作中的合作质量两者之间的关系中却具有非常显著的正向调节效应。可能的原因在于，高校跨学科创业团队在以跨学科合作强度为主导的学术创业阶段，团队成员之间的可信度和可靠度都较低，此时冲突中的关系冲突不利于团队成员致力于寻找解决问题的方法（Thiel,Griffith,Hardy et al. ,2018），从而可能导致团队危机，而高校跨学科创业团队在以跨学科合作质量为主导的学术创业阶段，团队成员在面临关系冲突时，不会深信自己利益的增加会以牺牲他人的利益为代价，而是会相信他人目标的实现会有利于自己实现目标，团队成员之间会以一种开放的心态而非互相防备的心理解决问题（Alper,Tjosvold,Law,2000），从而促进了成员间的信息与观点交换，有助于提升团队效能（Tjosvold,1998）。这一研究结论也可以从竞合理论（Deutsch,1973）中探究到缘由，根据竞合理论，以跨学科合作强度为主导的学术创业阶段，以竞争性的目标结构为主要特征，而竞争性的目标结构会阻碍团队成员的目标达成，而以跨学科合作质量为主导的学术创业阶段，以协作性的目标结构为主要特征，而协作性的目标结构有助于团队成员的目标达成。值得注意的是，冲突中的任务冲突在变革型领导和跨学科合作中的合作质量两者之间的关系中具有负向调节效应，虽然这种负向调节效应并不显著，但其原因值得深究。尽管以往绝大多数研究表明，任务冲突对团队是有益的，可以帮助团队更好地决策（Behfar,Mannix,Peterson et al. ,2011），但也有研究表明，任务冲突会增加认知负荷，并将资源花在与项目任务不相关的方面（O'Neill,Allen,Hastings,

2013),对团队效能产生负面影响(De Dreu & Weingart,2003)。这一研究结论似乎验证了这一观点,同时也说明对这一议题仍亟待深入挖掘与检验。

4.8.4 学术创业内部治理机理理论贡献与实践启示

学术创业内部治理机理的理论贡献如下。第一,以往研究对变革型领导的维度存在争议,笔者印证了变革型领导是单因素变量,并不能划分为不同维度,表明变革型领导的维度划分可能存在重要的情境要素。第二,基于高校跨学科创业团队的跨学科特性,在"变革型领导—学术创业绩效"两者关系中引入跨学科合作这一变量作为中介变量,研究发现跨学科合作的不同维度在这一关系中均发挥着部分中介作用,这一研究不仅拓展了学术创业团队变革型领导绩效作用的分析框架,而且探索性地将变革型领导和跨学科合作这两大影响高校跨学科创业团队成长与发展的关键性治理要素纳入同一研究模型中,更为系统地刻画与描述高校跨学科创业团队的内部治理机理,超越了已有研究关于变革型领导与跨学科合作分离的研究框架,对变革型领导理论和跨学科合作理论皆是重要的补充。第三,鉴于高校跨学科创业团队的跨学科特性,在"变革型领导—跨学科合作"两者关系中引入冲突这一变量作为调节变量,研究发现冲突的不同维度在这一关系中发挥的调节作用具有明显的差异,突破了以往研究中关于关系冲突总是具有负面影响的刻板印象,对冲突理论和竞合理论亦是重要的补充。

学术创业内部治理机理的实践启示如下。首先,关注最重要的团队内部治理变量—变革型领导对高校跨学科创业团队学术创业绩效的关键作用。作为高校跨学科创业团队网络中的核心人物,变革型领导能够领导团队分析所处的复杂环境,实施合适的行为,实现团队目标。其次,重视跨学科合作是提升团队内部治理绩效的重要路径。要提升团队内部治理绩效,仅仅依靠变革型领导还不够,还应关注跨学科合作中合作强度和合作质量发挥的中介作用,采取适当措施优化与完善团队内部治理绩效提升的路径。最后,识别冲突中的不同冲突在变革型领导带领团队成员开展跨学科合作过程中所发挥的不同作用。学科背景异质性的高校跨学科创业团队成员虽然能为团队带来异质性知识、经验以及解决问题的多元化思路,但也更易卷入冲突之中,因此,在学术创业的不同阶段,应采取措施抑制和发挥冲突中关系冲突的消极和积极影响,并减少因认知负荷增加而导致冲突中的任务冲突所带来的负面影响(陈艾华、吴伟,2024)。

4.9 假设检验——学术创业协同创新机理

4.9.1 相关性分析

采用最大方差正交旋转的因子分析结果值对变量之间的相关性进行分析（见表4-40），高校跨学科创业团队功能性异质性中的产业经验异质性、职能经验异质性与角色认同中的学术认同以及学术创业绩效之间存在非常显著的正相关关系（$p<0.01$），高校跨学科创业团队社会性异质性中的年龄异质性、教育背景异质性与角色认同中的学术认同以及学术创业绩效之间存在非常显著的正相关关系（$p<0.01$），高校跨学科创业团队社会性异质性中的教育背景异质性与角色认同中的商业认同之间存在非常显著的正相关关系（$p<0.01$），表明本章的预期假设具有初步可行性。以下将利用因子分析结果值，采用多元回归模型对前述假设进行进一步验证。

表4-40 主要变量相关系数

变量	CI	ZI	NI	JI	XR	SR	CYJX	NX	SJ	GM
CI	1									
ZI	0.000	1								
NI	0.283**	0.303**	1							
JI	0.238**	0.452**	0.000	1						
XR	0.361**	0.331**	0.469**	0.277**	1					
SR	0.084	0.101	−0.019	0.291**	0.000	1				
CYJX	0.383**	0.227**	0.345**	0.426**	0.528**	0.201**	1			
NX	0.166*	0.019	0.224**	−0.083	0.160*	−0.113	0.195**	1		
SJ	0.196**	0.001	0.044	0.007	0.081	0.008	0.153*	0.719**	1	
GM	0.024	0.072	0.129	0.011	0.095	0.057	0.129	0.534**	0.630**	1

注：CI、ZI、NI、JI、XR、SR、CYJX分别表示产业经验异质性、职能经验异质性、年龄异质性、教育背景异质性、学术认同、商业认同、学术创业绩效；NX、SJ和GM分别表示高校跨学科创业团队成立年限、开展学术创业时间、学术创业成员规模，下同；

*、**分别表示在5%和1%的水平上显著

4.9.2 多元回归分析

采用多元回归分析法对前述各项假设进行验证,并对模型的序列相关、多重共线性以及异方差等问题进行检验。所有模型中的 DW 值都接近 2,表明不存在序列相关问题;模型的容许度值和方差膨胀因子值都近似等于 1,说明不存在多重共线性问题;标准化残差的散点图呈无序状态,表明不存在异方差问题。表 4-41 是创业团队异质性、角色认同和学术创业绩效各变量之间的多元回归分析结果。

表 4-41 回归分析结果

变量	XR	SR	CYJX		
	模型 1	模型 2	模型 3	模型 4	模型 5
NX	0.083	−0.220*	0.131	0.126	0.130
SJ	−0.052	0.082	−0.006	0.031	0.001
GM	0.021	0.120	0.022	−0.019	0.000
CI	0.222**	0.032	0.185**		0.107
ZI	0.151*	−0.032	−0.047		−0.093
NI	0.341***	0.156	0.275***		0.159*
JI	0.163*	0.277**	0.414***		0.325***
XR				0.507***	0.334***
SR				0.216***	0.125*
F 值	15.354***	3.668**	16.232***	20.927***	17.569***
R^2	0.346	0.112	0.359	0.338	0.440
调整的 R^2	0.324	0.082	0.337	0.322	0.415

注:*、**、*** 分别表示在 5%、1% 和 0.1% 的水平上显著

模型 1 和模型 2 分别考察控制变量、自变量对中介变量角色认同中的学术认同和商业认同的影响;模型 3 至模型 5 分别考察控制变量和自变量对因变量学术创业绩效的影响、控制变量和中介变量对因变量学术创业绩效的影响、角色认同中的学术认同和商业认同作为中介变量的检验。各个模型的 F 值显著,表明回归模型总体线性关系显著,且 R^2 值随着变量增加而变大,说明在回归模型中引入新变量是合适的,反映出以上回归模型总体上能够较好地检验各个变量之间存在的相互关系。

(1)功能性异质性中的产业经验异质性、职能经验异质性与社会性异质性中的年龄异质性、教育背景异质性对角色认同中的学术认同、商业认同的影响

在模型 1 中,跨学科创业团队功能性异质性中的产业经验异质性、职能经验异质性以及社会性异质性中的年龄异质性、教育背景异质性与角色认同中的学术认同之间显著正相关,回归系数分别为 0.222($p<0.01$)、0.151($p<0.05$)、0.341($p<0.001$)、0.163($p<0.05$),假设 12a、12b、12c 和 12d 得到支持。在模型 2 中,跨学科创业团队功能性异质性中的产业经验异质性、职能经验异质性以及社会性异质性中的年龄异质性与角色认同中的商业认同之间非显著相关,回归系数分别为 0.032、-0.032、0.156(p 值均大于 0.05),假设 15a、15b 和 15c 未得到支持;跨学科创业团队社会性异质性中的教育背景异质性与角色认同中的商业认同之间显著正相关,回归系数为 0.277($p<0.01$),假设 15d 得到支持。

(2)功能性异质性中的产业经验异质性、职能经验异质性和社会性异质性中的年龄异质性、教育背景异质性对学术创业绩效的影响

在模型 3 中,跨学科创业团队功能性异质性中的产业经验异质性以及社会性异质性中的年龄异质性、教育背景异质性与学术创业绩效之间显著正相关,回归系数分别为 0.185($p<0.01$)、0.275($p<0.001$)、0.414($p<0.001$),假设 10a、11a 和 11b 得到支持;跨学科创业团队功能性异质性中的职能经验异质性与学术创业绩效之间非显著相关,回归系数为 -0.047($p>0.05$),假设 10b 未得到支持。

(3)角色认同中学术认同和商业认同对学术创业绩效的影响,以及其中介效应检验

在模型 4 中,角色认同中的学术认同和商业认同与学术创业绩效之间显著正相关,回归系数分别为 0.507($p<0.001$)、0.216($p<0.001$),假设 13 和假设 16 得到支持。在模型 5 中,加入学术认同和商业认同等变量后,功能性异质性中的产业经验异质性对学术创业绩效的影响从前面的 0.185($p<0.01$)减少到 0.107 且未通过显著性检验($p>0.05$),而角色认同中的学术认同对学术创业绩效的影响仍然显著,表明角色认同中的学术认同在产业经验异质性与学术创业绩效之间存在完全中介效应,假设 14a 得到支持;在模型 5 中,加入角色认同中的学术认同和商业认同等变量后,社会性异质性中的年龄异质性和教育背景异质性对学术创业绩效的影响分别从前面的 0.275 和 0.414(p 值均小于 0.001)减少到 0.159 和 0.325 且通过显著性检验(p 值分

别小于 0.05 和 0.001),而角色认同中的学术认同对学术创业绩效的影响仍然显著,表明学术认同在年龄异质性、教育背景异质性与学术创业绩效之间存在部分中介效应,同时也表明商业认同在教育背景异质性与学术创业绩效之间存在部分中介效应,假设 14c、14d、17d 得到支持。由于职能经验异质性对学术创业绩效的影响不显著、产业经验异质性与职能经验异质性对商业认同的影响不显著、年龄异质性对商业认同的影响不显著,基于中介变量的含义,假设 H14b、H17a、H17b、H17c 未得到支持。

4.9.3 学术创业协同创新机理研究结论与启示

1. 结论与讨论

将高校跨学科创业团队异质性融入学术创业绩效提升机理的分析框架,试图从角色认同视角探究学术创业协同创新的机制与规律。基于国内外已有研究成果,构建了跨学科创业团队异质性、角色认同与学术创业绩效之间关系的概念模型,结合高校跨学科创业团队的调查样本,实证检验了跨学科创业团队异质性对角色认同、学术创业绩效的影响,以及角色认同在跨学科创业团队异质性与学术创业绩效之间关系中的中介作用。基于理论与实证研究,研究结论如下。

第一,高校跨学科创业团队功能性异质性中的产业经验异质性,对学术创业绩效产生显著的正向影响。这一结论与 Barringer 等(2005)的观点相吻合,即对学术创业绩效而言,创业团队成员的产业经验是一种无法替代的核心资源。值得注意的是,高校跨学科创业团队功能性异质性中的职能经验异质性,对学术创业绩效有着不显著的负向影响,这一结论似乎可以从社会认同理论找到缘由。社会认同理论认为,职能经验属性是成员自我归类的一个重要指标,职能经验异质性会使得团队成员彼此间的隔阂和距离加大,容易产生认知与价值观等方面的冲突,团队成员之间容易出现信任危机,从而引发矛盾,降低团队凝聚力,不利于提升创业绩效。高校跨学科创业团队社会性异质性中的年龄异质性和教育背景异质性,均对学术创业绩效产生显著的正向影响。这一结论与 Henneke 和 Lüthje(2007)以及 Ensley 和 Hmieleski(2005)等的观点一致,也为创业团队中吸纳不同年龄与教育背景的成员加入提供了理论支撑。

第二,高校跨学科创业团队功能性异质性中的产业经验异质性和职能经验异质性、社会性异质性中的年龄异质性和教育背景异质性均对角色认同中的学术认同有显著的正向影响。这一结论与 Aspelund 等(2005)、Henneke 和 Lüthje(2007)等的观点一致,也为高校积极开展跨学科研究、进行产学合作等实践提供了理论支持。高校跨学科创业团队社会性异质性中的教育背景异质性对角色认同中的商业认同有显著的正向影响,这一结论印证了刘冰、蔺璇(2010)和谢凤华、姚先国、古家军(2008)等的观点。高校跨学科创业团队功能性异质性中的职能经验异质性对角色认同中的商业认同存在不显著的负向影响,这一结论和前述的职能经验异质性与学术创业绩效之间存在不显著的负向影响有相似之处,说明职能经验属性作为成员自我归类的重要指标之一,其异质性可能会带来交流与冲突等方面的负向影响,从而对商业认同产生不利影响。高校跨学科创业团队功能性异质性中的产业经验异质性和社会性异质性中的年龄异质性均对角色认同中的商业认同无显著影响,这一结论与 Chowdhury(2005)和 Leary & Devaughn(2009)等的观点一致,同时也说明对这一议题的研究还处于积累阶段,亟待深入的挖掘与检验。

第三,角色认同中的学术认同和商业认同均对学术创业绩效有着显著的正向影响。正如诸多学者所言,高校跨学科创业团队在从事跨学科合作研究的过程中,能促使团队成员了解与接触不同的知识库,从而产生较高的学术认同;在学术创业过程中,又能使团队成员尽力寻找平衡点,实现商业角色和学术角色认同的吻合,最小化两种角色之间的冲突(黄攸立、薛婷、周宏,2013),达成较高的商业认同(付八军,2019),以促进高校跨学科创业团队学术创业绩效的提升(Brennan & McGowan,2006;陈劲、阳银娟,2012)。

第四,角色认同中的学术认同在功能性异质性中的产业经验异质性与学术创业绩效之间存在完全中介效应,学术认同在社会性异质性中的年龄异质性、教育背景异质性与学术创业绩效之间存在部分中介效应,角色认同中的商业认同在社会性异质性中的教育背景异质性与学术创业绩效之间存在部分中介效应。可能的原因是,功能性异质性中的产业经验具有明显的内部性(胡望斌、张玉利、杨俊,2010),它对学术创业绩效的影响往往是潜在的,在实践中需要通过角色认同中的学术认同这一"抓手"来实现,而社会性异质性中的年龄、教育背景具有较强的外部性,因此对学术创业绩效有部分直接影响。

2. 研究启示

学术创业协同创新机理的理论贡献如下。首先,基于高校学术创业团队的跨学科特性,对学术创业团队的多种异质性进行了分类与整合,超越了已有研究大多从较为单一的维度来剖析创业团队异质性与创业绩效的关系,对于已有关于创业团队异质性的研究大多强调经验这一功能属性而忽略身份这一社会属性的作用是一个有益的补充,同时也为创业团队异质性与学术创业绩效之间不一致的研究结论提供了一个新的理论解释,进一步丰富与完善了高阶理论和社会认同理论。其次,在"创业团队异质性—学术创业绩效"关系中引入角色认同这一变量作为中介变量,研究发现角色认同的不同维度在这一关系中发挥着不同程度的中介作用。这一研究开拓了学术创业团队异质性绩效作用机制的分析框架,探索性地将影响高校跨学科创业团队成长和发展的两大关键性要素——团队结构特征与角色认同纳入到统一的研究模型之中,更为详细地刻画与描述了学术创业的协同创新机理,超越了已有研究关于团队结构与角色认同分离的研究框架,对创业团队理论和角色认同理论均是重要的补充。

学术创业协同创新机理的实践启示如下。第一,识别和选择合适的学术创业伙伴是创业成功的关键。具体而言,在学术创业团队组建过程中,应尽可能选择不同的年龄、教育背景以及产业经验的对象,以获得更具多元化的观点与信息,从而有助于学术创业团队快速发现和利用市场机会。然而,对于创业伙伴的职能经验,不宜一味地追求其多样性。第二,关注团队成员的角色认同是提升学术创业绩效的重要路径。要促进学术创业绩效的发展,仅仅依靠学术创业团队的结构还不够,还应重视角色认同中学术认同和商业认同发挥的中介作用,采取措施优化学术创业绩效提升的路径(陈艾华、陈婵,2023)。

4.10 本章小结

本章以高校跨学科创业团队为研究对象,对面向高水平科技自立自强的高校学术创业机理进行了探究。本章在解析跨学科科研合作与学术创业关系的基础上,提出了要剖析的研究问题,尝试性地构建了面向高水平科技自立自强的高校学术创业机理的理论模型,提出了研究假设。在确定研究样本的基础上,通过问卷收集数据,获得211份有效问卷。对相关数据和变量的信效度进行了检验,对概念模型进行了统计分析,初始概念模型部分得到了支持。

在学术创业内部治理机理中,研究结果发现,在高校跨学科创业团队中,变革型领导对跨学科合作以及学术创业绩效均具有正向影响;跨学科合作在变革型领导和学术创业绩效之间发挥着部分中介效应;冲突中的关系冲突在变革型领导和跨学科合作的不同维度之间既发挥着负向调节效应又发挥着正向调节效应，冲突中的任务冲突在变革型领导和跨学科合作中的合作质量两者之间的关系中具有不显著的负向调节效应。学术创业内部治理机理的发现强调了高校跨学科创业团队生产力物化过程的匹配规律，也为高校跨学科创业团队内部治理过程中核心要素的耦合提供了证据。

在学术创业协同创新机理中，研究结果发现，高校跨学科创业团队社会性异质性中的年龄异质性和教育背景异质性以及高校跨学科创业团队功能性异质性中的产业经验异质性均对学术创业绩效有显著正效应，而高校跨学科创业团队功能性异质性中的职能经验异质性对学术创业绩效有不显著的负效应；角色认同中的学术认同在功能性异质性中的产业经验异质性与学术创业绩效之间发挥着完全中介作用，学术认同在社会性异质性中的年龄异质性、教育背景异质性与学术创业绩效之间发挥着部分中介作用，角色认同中的商业认同在社会性异质性中的教育背景异质性与学术创业绩效之间发挥着部分中介作用。因此，从研究样本而言，在促进高校学术创业过程中，不仅需要识别和选择合适的学术创业伙伴，而且需要关注团队成员的角色认同。

第 5 章　面向高水平科技自立自强的高校学术创业影响效应

全面系统地了解高校学术创业的影响效应,实现科技经济深度融合,是加快建设科技强国、实现高水平科技自立自强的一个重大议题。高校学术创业影响效应如何,成为面向高水平科技自立自强时代背景下理论界探究的学术热点和政府亟待破解的现实难题。本章从企业视角出发,基于产学知识联盟,对面向高水平科技自立自强的高校学术创业影响效应进行剖析与探究。

5.1　问题提出

合作网络的日益拓展与团队优势的愈益突显表明,合作对创新思想的形成和工作绩效的提升尤为关键(Wuchty,Jones,Uzzi,2007)。产学合作作为合作的一种创新形式,由于其产生的深远影响而受到广泛关注(Etzkowitz & Leydesdorff,2000;陈钰芬、陈劲,2009)。国内外学者从宏观的创新系统理论、中观的三重螺旋理论和微观的开放式创新理论等三种不同视角,阐述了学术创业对创新绩效提升的重要性。尽管已有学者基于知识流动构建了产学协同创新过程的理论框架(涂振洲、顾新,2013),然而,产学异质性组织间的知识共享对企业创新绩效的作用机理尚不明确,高校学术创业的影响效应尚不明晰。

从资源观视角而言,企业进行产学协同创新可以整合外部公共知识以弥补内部的知识落差(何郁冰,2012),获得较稀缺的研究人员或高水准的研究设备,有效实现各类创新资源的突破和融合(Subramanian,Lim,Soh,2013)。然而,学术创业只是为企业提供了利用和整合外部知识资源的机会,组织间知识壁垒的存在,容易出现冲突和不协调(Aharoni & Brock,2010),可能会限制互补效应的发挥(许春,2013)。

从交易成本视角而言,企业参与产学知识联盟协同创新可以降低交易成本,获得知识溢出效益和降低研发成本(Eom & Lee,2010)。但是,产学历来缺乏沟通(Wu & Zhou,2012),一些企业吸收能力有待提高,且高校的诸多科研成果聚焦知识生产与知识积聚,市场导向性不强,从而导致技术需求与技术供给错位,反而提高了企业知识交易成本(朱桂龙、张艺、陈凯华,2015)。此外,知识与信息由于具有公共产品特性,易出现搭便车现象,难以规避机会主义行为(原长弘、章芬、姚建军等,2015),影响企业创新绩效。

如何提升高校学术创业的影响效应,是理论界探究的学术热点和政府亟待破解的现实难题。学者们主要从资源观视角和交易成本视角对高校学术创业的影响效应进行了诠释,但一些研究结论还存在着不确定性甚至相互矛盾。同时,绝大多数的研究解释皆基于理论演绎,实证研究相对匮乏(程芬、郭瑾、梁喜,2016),使得研究结论难以令人信服。不同的协同度其知识鸿沟和知识黏性存在差异,对产学知识联盟中的企业创新绩效影响各异(Wang & Lu,2007)。基于组织间学习的高校学术创业影响效应的广度与深度如何,目前学术界对此鲜有研究。这些研究"白斑"启示着本章从组织间学习视角基于企业实证分析高校学术创业的影响效应。

5.2 初始概念模型与研究假设

5.2.1 知识共享模式与创新绩效

Hedlund(1994)提出,显性知识和隐性知识在个人、团队、组织及组织间进行互动与转移。Crossan等(1999)进一步对学习系统内各层次间的关系进行了研究,指出战略学习评价图涵括个体层学习、群体层学习和组织层学习等三个学习存量。Albino等(1998)也指出参与知识转移过程的转移主体既可以是组织也可以是个人。根据不同的知识主体,知识可由个体传递给个体、组织传递给个体、组织传递给组织,以实现知识共享,达成企业提高效率和知识创新的目标(魏江、王艳,2004)。知识,尤其是隐性知识,通过正式的网络很难进行有效传递,只有通过信赖而紧密的非正式网络才能实现知识的有效转移,而联盟各方在非正式网络中紧密的个人接触,能促成组织中的知识特别是隐性知识的转移(林莉、郑旭、葛继平,2009)。原长弘等(2015)通过单案例研究发现,政产学用协同创新使企业的自主创新能力得以提升。Subramanian等

(2013)认为,企业与高校在知识转移上开展合作,在获取各种创新资源的同时,还能获得新的科学知识和新发现。曹霞和于娟(2016)指出,稳定的产学联盟通过协同互动,共同实现产学协同创新的任务。因此,企业通过产学知识联盟实现知识共享,从外部获取满足创新活动所需求的知识,以提升企业创新绩效。基于上述分析,本章对知识共享模式与创新绩效之间关系提出以下假设。

假设1:知识共享中的个体—个体模式对创新绩效有显著的正向影响。

假设2:知识共享中的组织—个体模式对创新绩效有显著的正向影响。

假设3:知识共享中的组织—组织模式对创新绩效有显著的正向影响。

5.2.2 组织间学习与创新绩效

组织间学习是组织学习的延伸,其通过知识共享产生强大的协同效应而在20世纪90年代开始受到学术界的关注,但对于组织间学习的内涵目前学术界还未达成共识。关于组织间学习过程的研究,可划分为两大类:解决问题导向和处理信息导向。将组织间学习视为从发现问题到解决问题的过程即为解决问题导向的研究(Haeckel & Nolan,1993);将组织间学习视为不断地获得知识或信息并加以应用而再创造的过程即为处理信息导向的研究(Sinkula,1994;Slater & Narver,1995)。基于处理信息导向视角,学者们对组织间学习过程进行了诠释。Gomes-Casseres等(2006)指出,组织间学习的过程包括共享、转移、吸收、整合、应用和创造知识,结成联盟后有利于促进知识转移,实现知识创造,达成知识创新。Dyer和Singh(1998)认为组织间学习是在特定联盟合作环境中获取知识,并运用联盟合作环境中的知识搜寻机制创造知识的行为。郑素丽等(2010)发现,知识的动态能力由知识获取、知识创造和知识整合等要素构成。朱学彦(2009)通过理论与实证研究发现,知识获取与知识创造并列构成了组织间学习过程,这与Nielsen和Nielsen(2009)的观点相吻合,即知识经由组织间学习进入联盟企业后,出现两种可能性:原封不动地成为累加的新知识或与已有知识互补融合后变异成创新性的新知识,不论何种情况,均能拓展联盟企业的知识深度与宽度,使联盟企业越有可能对环境变化作出迅速反应并获取回报(张红兵,2013),这点也获得了Teece(2007)的认同,即对企业的成功而言,从联盟伙伴中学习和获取知识的能力尤为关键。本章综合以上文献成果,并顺承Dyer和Singh(1998)、朱学彦(2009)及Nielsen和Nielsen(2009)的研究,认为知识的共享、转移、吸收可以统称为知识获取,而知识整合与应用的最终目的是创造知识,因此以知识获取、知识创造并列表征组织间学习内涵。组织间学习强调合作主体间学习行为的联结互动所产生的知识流动与知识创造,通过组织间学习,企业在产学知识联盟内可以获取合作伙伴的知识资源,有助于建立新的知识体系以强化企业的竞争力。基于上述分析,本章对组织间学习与创新绩效之间关系提出以下假设。

假设4:组织间学习中的知识获取对创新绩效有显著的正向影响。

假设5:组织间学习中的知识创造对创新绩效有显著的正向影响。

5.2.3 知识共享模式与组织间学习

作为产学知识联盟中的个体,可以向组织搜索自己所需要的知识,即知识由组织向个体扩散,经内化后成为个体的专属知识。专属于产学知识联盟中个体的隐性知识通过个体之间的交流,尽管还未上升为组织知识,但为组织间学习即知识的获取与创造提供了条件。林莉等(2009)指出,营造自由开放的氛围可以促使联盟各方个人进行紧密接触,进而使组织间信息和技能成功实现交换和转移。作为产学知识联盟,知识源的团队与接受知识的团队彼此之间共享知识,以实现优势互补,提升各自的工作绩效(张绍丽、于金龙,2016;Carayannis,Alexander,Ioannidis,2000)。王飞绒和池仁勇(2011)发现,知识从个体层流向群体层然后上升至组织层,在知识创造的螺旋过程中,个体与个体以及个体与组织间的交互作用能够使企业内原有知识与联盟知识碰撞从而构建新知识。Levin和Cross(2004)指出,联盟企业内部员工将获取的外部知识与已有知识整合从而使自身行为发生改变时,便称为有效的知识转移,其最终目的是有效利用组织知识。Krogh等(2001)进一步指出,有效的知识转移不仅注重员工个体知识和行为的改变,更为重要的是注重联盟企业组织知识和行为的改变。通过知识共享,联盟中的企业将所获取的知识资源与已有的知识资源进行重新整合,以创造新知识,实现知识的溢出效应,形成企业特有的知识优势(魏奇锋、顾新,2011)。宁烨和樊治平(2010)认为,组织知识应用与创新的效率取决于知识共享能力。由此可见,通过知识共享模式,有利于促进组织间学习。基于上述分析,本章对知识共享模式与组织间学习之间关系提出以下假设。

假设6:知识共享中的个体—个体模式对组织间学习中的知识获取有显著的正向影响。

假设7:知识共享中的组织—个体模式对组织间学习中的知识获取有显

著的正向影响。

假设8：知识共享中的组织—组织模式对组织间学习中的知识获取有显著的正向影响。

假设9：知识共享中的个体—个体模式对组织间学习中的知识创造有显著的正向影响。

假设10：知识共享中的组织—个体模式对组织间学习中的知识创造有显著的正向影响。

假设11：知识共享中的组织—组织模式对组织间学习中的知识创造有显著的正向影响。

通过文献梳理与理论分析，本章逐一剖析了知识共享模式、组织间学习与创新绩效之间的关系，提出了11个假设，构建了如下初始概念模型（见图5-1）。

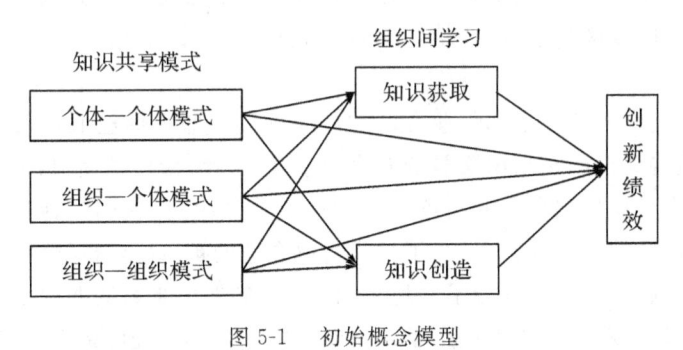

图 5-1 初始概念模型

5.3 研究过程

5.3.1 问卷设计过程

1. 问卷设计的主要内容

本章的问卷设计，以产学知识联盟为例，主要围绕面向高水平科技自立自强的高校学术创业影响效应的分析框架而展开的。调查问卷包括如下内容（问卷具体内容请参见"附录Ⅱ：面向高水平科技自立自强的高校跨学科创业团队学术创业影响效应调查问卷"）：第一，被调查的产学知识联盟基本信息；

第二，产学知识联盟情况的指标体系判断。

2. 问卷设计的主要过程

在查阅大量文献研究成果的基础上，采用实地调研，通过对产学知识联盟管理者、项目负责人以及参与者进行深度访谈，结合国内外已有成熟量表，根据面向高水平科技自立自强的高校学术创业影响效应问题设计形成本章所采用的调查问卷。

首先，通过检索查阅关于学术创业、知识管理、组织间学习、产学知识联盟等方面的研究文献，并结合产学知识联盟影响因素指标体系，以及面向高水平科技自立自强的高校学术创业影响效应指标等进行总结，吸收与归纳了与面向高水平科技自立自强的高校学术创业影响效应有关的知识与指标体系，借鉴了相关理论研究的理论构思与实证研究中构思的测度，将有关调查指标进行了再一次归纳，这些测度题项都是相关研究引用比较多的，这在一定程度上保证了问卷的效度与信度，并结合本章研究视角，设计了相关题项，形成初步调查思路。

其次，选取一些在学术创业方面和产学知识联盟方面已取得较好效果的高校，与这些高校产学知识联盟的专家与学者进行了深度访谈，目的在于验证面向高水平科技自立自强的高校学术创业影响效应初始研究思路，一是为了提高问卷设计的合理性，二是为了初步选取合适的被调查者。同时，对多家参与产学知识联盟的企业进行了实地调研，并对企业访谈对象进行了严格的甄选，有意识地选取了多年来在产学知识联盟方面取得了较好效果、以知识联盟为主要合作形式且仍保持良好合作前景的多家企业。此外，利用各种机会如参与其他课题调研、借助亲戚朋友及同学力量等，对多家企业相关人员进行了访谈，了解企业在产学知识联盟运作过程中的基本情况以及合作过程中所遇到的主要问题。访谈的目的包括三个方面：一是验证初步研究思路与现实是否相符合；二是征询被访谈者对本章重要问题的意见，了解产学知识联盟中所遇到的比较重大的问题，了解他们希望获得的政策支持等；三是与访谈对象讨论各个研究问题所反映的概念范畴，征询他们的意见，以检验问卷中各变量的测度是否与实际相符合，以充实完善问卷。这些调研访谈对本章的问卷设计具有较大的启示，修正了相关指标。

再次，向有关专家征求意见。笔者一直与浙江大学多位教授、副教授等保持紧密联系，就此调查问卷多次征求他们的意见，他们也提出了很多宝贵的修改意见。除了征询浙江大学多位教授的意见外，也向笔者所在单位相关研究领域的教授咨询了相关意见。

最后,在对相关人员征询意见的基础上,对研究框架和调查问卷进一步进行修正和完善,并对修改后的调查问卷进行了小范围预测试,以验证调查问卷中指标设置和问卷表述的合理性。预测试的范围主要选择浙江省参与产学知识联盟的企业。根据被测试者的反馈和建议,对一些测度指标的表述方式和语言进行了修改。在此基础上,以产学知识联盟为例,形成面向高水平科技自立自强的高校学术创业影响效应的最终调查问卷。和前述章节一致,本章调查问卷将面向高水平科技自立自强的高校学术创业影响效应绩效题项放在了影响效应模型测度题项的后面,旨在防止调查问卷设计中可能会隐含某种对被调查者有诱导性的假设,避免被调查者得到可能的因果关系暗示而不能得到真实答案。

5.3.2 变量测量与样本收集

1. 变量测量

基于文献研究、专家意见和实地调研,本章分别对各变量包括知识共享模式(解释变量)、组织间学习(中介变量)、创新绩效(被解释变量)采用多个题项进行度量。

(1) 被解释变量:创新绩效(IP)

本章借鉴 Cooper(1994)、Brouwer 和 Kleinknecht(1999)等的观点,结合深度访谈,采用专利申请数、开发新产品数、新产品产值占销售收入的比例等指标从不同视角度量创新绩效,并对上述指标的独立性进行了验证。

(2) 解释变量:知识共享模式(KS)

借鉴 Horwitz 和 Horwitg(2007),Fritsch(2004)以及 Bock 等(2005)的观点,结合深度访谈和实地调研,本章采用以下 9 个题项度量知识共享模式:①本人可以与合作中的他人共享工作经验;②本人可以与合作中的他人共享技术诀窍;③本人可以与合作中的他人共享业务报告和建议书、工作手册、流程和模型;④本企业可以与合作中的他人共享工作经验;⑤本企业可以与合作中的他人共享技术诀窍;⑥本企业可以与合作中的他人共享业务报告和建议书、工作手册、流程和模型;⑦本企业可以与合作中的组织共享工作经验;⑧本企业可以与合作中的组织共享技术诀窍;⑨本企业可以与合作中的组织共享业务报告和建议书、工作手册、流程和模型。

(3)中介变量:组织间学习(IOL)

借鉴 Lane 等(2001),张方华(2006),Woodman 等(1993)的观点,结合实地调研,本章采用以下 6 个题项度量组织间学习情况:①获得更多关于新技术的知识;②获得更多关于新原材料的知识;③获得更多关于新市场机会的知识;④创造更多有关工艺创新的知识;⑤创造更多有关产品创新的知识;⑥创造更多有关研发流程优化知识。

(4)控制变量

尽管企业年龄(Age)、企业所属行业(Ind)等不是本章研究的焦点,但鉴于其可能会对企业的创新绩效有显著影响,因此本章选择企业年龄、企业所属行业等作为控制变量。

2. 样本收集

本章采用向企业发放调查问卷的方式收集数据。调查对象是曾经(或正在)参与产学知识联盟的企业人员,他们具备足够的相关知识及相关经验,能够较为准确地回答问卷中关于企业产学知识联盟的问题。允许在合作对象不同的情况下,一家企业有若干人员填写调查问卷的情况。

问卷的发放和回收主要采取三种方式进行。第一种方式是笔者及团队成员在参与其他课题调研过程中进行发放和回收。第二种方式是笔者及团队成员发放与回收问卷,笔者及团队成员自行通过电子邮件或亲自前往企业请有关人员填写问卷。第三种方式是利用笔者及团队成员个人的人脉网络,委托他人代为发放与回收问卷。

共发放问卷 489 份,在回收的 363 份反馈问卷中剔除因各种原因产生的不合格问卷 37 份(不合格原因主要如下:一是问卷填写不完整,出现较多空白;二是问卷中不同指标的选择答案几乎没有差异;三是答题者为企业中未参加过任何产学合作项目的人员)后,获得有效问卷 326 份,问卷总有效率为 66.67%。有效问卷来自全国多家企业,问卷分布范围适度,具有较好的代表性。

5.3.3 分析方法

本章以问卷调查方式收集数据,对于回收的问卷数据,将进行描述性统计、信度与效度检验、相关分析、多元回归分析等统计分析工作。本章所使用的统计分析软件为 SPSS16.0 for Windows 版。具体的分析方法如下。

1. 描述性统计分析

描述性统计主要对样本企业的基本资料,包括企业的规模、所属行业等进行统计分析,说明各变量的均值、百分比等,以描述样本的类别、特性以及比例分配状况。

2. 信度与效度检验

信度是指衡量效果的一致性和稳定性,主要检验样本数据的内部一致性,具体利用 Cronbach's α 值来衡量,将针对每个变量所对应的问卷题项,计算 Cronbach's α 值评价信度。效度是指测量工具能正确测量出想要衡量的性质的程度,即测量的正确性,效度可分为内容效度(content validity)、构思效度(construct validity)和准则相关效度(criteria-related validity)等三类。

本章中的各测量题项都是直接测量,讨论内容效度和构思效度。内容效度旨在检测衡量内容的适切性,本章为达到内容效度,以相关理论为基础,参考现有实证研究进行问卷设计,并加以修订。问卷初稿完成后,多次与相关领域学者及企业相关人员讨论修改,因此,能在一定程度上确保变量测量的内容效度。所谓构思效度指测量出理论的概念和特征的程度,因子分析经常被用来检测构思效度。本章针对理论模型中涉及的知识共享模式、组织间学习、创新绩效等变量做主成分因子分析,以检验本章变量度量的构思效度。

3. 相关分析

本章将计算理论模型中涉及的知识共享模式、组织间学习、创新绩效等变量间是否有显著相关,将其作为下一步统计回归分析基础。

4. 多元回归分析

本章以多元回归分析验证知识共享模式、组织间学习、企业创新绩效三组变量之间的关系。

5.3.4 描述性统计分析

在进行实证分析之前,对所获得的调查样本进行整体描述性分析,主要分析企业的成立年份、员工数、企业性质、所属行业、上一年研发投入占销售额比重等项目的情况。

1. 调查样本基本信息

从表 5-1 中可以看到,在回收的样本中,参与产学知识联盟的企业以 2000 年以后成立的居多(77.3%),且以传统制造业和其他为主(分别占 33.7% 和 44.8%)。企业规模居中,员工数以小于 500 人的居多(64.4%),国有企业占样本量的 5.5%,民营企业占样本量的 78.5%,合资企业占样本量的 16.0%。

上一年研发投入占销售额的比重大于6%的高达66.0%。综合以上数据可见,参与问卷调查的企业呈现出规模居中、重技术、重研发等特点。问卷具有比较好的广泛性。

表 5-1 被调查企业的基本情况

被调查企业情况		频次	百分比/%
成立年份	<1980年	15	4.6
	1980—1990年	16	4.9
	1991—2000年	43	13.2
	>2000年	252	77.3
所属行业	传统制造业	110	33.7
	IT业	28	8.6
	服务业	42	12.9
	其他	146	44.8
员工数	<100人	121	37.1
	100～500人	89	27.3
	>500人	116	35.6
企业性质	国有企业	18	5.5
	民营企业	256	78.5
	合资企业	52	16.0
上一年研发投入占销售额比重	<1%	0	0.0
	1%～3%	30	9.2
	4%～6%	81	24.8
	>6%	215	66.0

2. 调查样本产学知识联盟情况

表 5-2 和表 5-3 分别给出了调查样本参与产学知识联盟后创新绩效测量指标的均值、标准差、最小值、最大值、众数和频次分布。

从表 5-2 的调查样本初步描述性统计中可以看出,各测量指标的均值都在 4 以上,初步表明样本企业参与产学知识联盟后创新绩效比较高,也说明面向高水平科技自立自强的高校学术创业具有较好的影响效应。

表 5-2 调查样本创新绩效的初步描述性统计

变量	N	众数	最小值	最大值	均值	标准差
与未参与产学知识联盟时的水平相比,本企业新产品数有所增加	326	4	1	7	5.05	1.272
与未参与产学知识联盟时的水平相比,本企业申请的专利数有所增加	326	5	1	7	4.79	1.399
与未参与产学知识联盟时的水平相比,本企业新产品产值占销售总额的比重有所增加	326	4	1	7	4.80	1.260

表 5-3 调查样本创新绩效测量指标的频次分布

变量	统计类别	1	2	3	4	5	6	7
与未参与产学知识联盟时的水平相比,本企业新产品数有所增加	频率	1	6	24	88	81	77	49
	百分比/%	0.3	1.8	7.4	27.0	24.8	23.6	15.0
与未参与产学知识联盟时的水平相比,本企业申请的专利数有所增加	频率	10	3	38	86	87	61	41
	百分比/%	3.1	0.9	11.7	26.4	26.7	18.7	12.6
与未参与产学知识联盟时的水平相比,本企业新产品产值占销售总额的比重有所增加	频率	1	14	24	100	89	67	31
	百分比/%	0.3	4.3	7.4	30.7	27.3	20.6	9.5

从表 5-2 和表 5-3 的频次分布中可以看出,与未参与产学知识联盟时的水平相比,本企业申请的专利数有所增加这一项指标的评价值的众数为 5(样本数占总样本数百分比为 26.7%),并且这三项测度指标的标准差均较小(均在 1 左右),说明调查样本差异较小,评价结果的一致性较好。

5.3.5 数据分析和处理

理论模型的构建和测量工具的选择建立在大量的文献研究基础之上,并基于专家意见、实地调研和预测试情况修正测量工具,这使得本章的总体研究结构、变量测度及数据获取的信度与效度在很大程度上得以保证。为进一步检验研究结果的可信度与说服力,本章还对研究变量的测度是否达到信度与效度的要求进行了具体分析。

1. 变量的信效度检验

(1)变量的信度检验

从表5-4中可见,个体—个体模式测量题项的一致性系数Cronbach's α值为0.951,大于0.7;CITC最小值为0.892,大于0.35的最低标准;且表中删除各观测变量后的α值(0.924,0.933,0.929)都比原量表的α值小,说明个体—个体模式的量表具有较高的信度。

表5-4 信度分析结果——个体—个体模式

题项标签	CITC系数	删除该题项后的α值	Cronbach's α值
本人可以与产学知识联盟中的他人共享工作经验	0.904	0.924	
本人可以与产学知识联盟中的他人共享技术诀窍	0.892	0.933	0.951
本人可以与产学知识联盟中的他人共享业务报告和建议书、工作手册、流程和模型	0.898	0.929	

从表5-5中可见,组织—个体模式测量题项的一致性系数Cronbach's α值为0.909,大于0.7;CITC最小值为0.790,大于0.35的最低标准;且表中删除各观测变量后的α值(0.893,0.859,0.856)都比原量表的α值小,说明组织—个体模式的量表具有较高的信度。

表 5-5　信度分析结果——组织—个体模式

题项标签	CITC 系数	删除该题项后的 α 值	Cronbach's α 值
本企业可以与产学知识联盟中的他人共享工作经验	0.790	0.893	0.909
本企业可以与产学知识联盟中的他人共享技术诀窍	0.832	0.859	
本企业可以与产学知识联盟中的他人共享业务报告和建议书、工作手册、流程和模型	0.836	0.836	

从表 5-6 中可见,组织—组织模式测量题项的一致性系数 Cronbach's α 值为 0.914,大于 0.7;CITC 最小值为 0.816,大于 0.35 的最低标准;且表中删除各观测变量后的 α 值(0.885,0.875,0.868)都比原量表的 α 值小,说明组织—组织模式的量表具有较高的信度。

表 5-6　信度分析结果——组织—组织模式

题项标签	CITC 系数	删除该题项后的 α 值	Cronbach's α 值
本企业可以与产学知识联盟中的其他组织共享工作经验	0.816	0.885	0.914
本企业可以与产学知识联盟中的其他组织共享技术诀窍	0.830	0.875	
本企业与产学知识联盟中的其他组织共享业务报告和建议书、工作手册、流程和模型	0.839	0.868	

从表 5-7 中可见,知识获取测量题项的一致性系数 Cronbach's α 值为 0.919,大于 0.7;CITC 最小值为 0.817,大于 0.35 的最低标准;且表中删除各观测变量后的 α 值(0.885,0.868,0.899)都比原量表的 α 值小,说明知识获取的量表具有较高的信度。

表 5-7　信度分析结果——知识获取

题项标签	CITC 系数	删除该题项后的 α 值	Cronbach's α 值
通过产学知识联盟,本企业可以获得更多关于新技术的知识	0.842	0.880	0.919
通过产学知识联盟,本企业可以获得更多关于新原材料的知识	0.853	0.868	
通过产学知识联盟,本企业可以获得更多关于新市场机会的知识	0.817	0.899	

从表 5-8 中可见,知识创造测量题项的一致性系数 Cronbach's α 值为 0.936,大于 0.7;CITC 最小值为 0.849,大于 0.35 的最低标准;且表中删除各观测变量后的 α 值(0.900,0.898,0.923)都比原量表的 α 值小,说明知识创造的量表具有较高的信度。

表 5-8　信度分析结果——知识创造

题项标签	CITC 系数	删除该题项后的 α 值	Cronbach's α 值
通过产学知识联盟,本企业可以创造更多有关工艺创新的知识	0.876	0.900	0.936
通过产学知识联盟,本企业可以创造更多有关产品创新的知识	0.881	0.898	
通过产学知识联盟,本企业可以创造更多有关研发流程优化知识	0.849	0.923	

从表 5-9 中可见,创新绩效测量题项的一致性系数 Cronbach's α 值为 0.932,大于 0.7;CITC 最小值为 0.846,大于 0.35 的最低标准;且表中删除各观测变量后的 α 值(0.914,0.900,0.892)都比原量表的 α 值小,说明创新绩效的量表具有较高的信度。

第5章 面向高水平科技自立自强的高校学术创业影响效应 | 145

表 5-9 信度分析结果——创新绩效

题项标签	CITC 系数	删除该题项后的 α 值	Cronbach's α 值
通过参与产学知识联盟,本企业新产品数有所增加	0.846	0.914	0.932
通过参与产学知识联盟,本企业申请的专利数有所增加	0.867	0.900	
通过参与产学知识联盟,本企业新产品产值占销售总额的比重有所增加	0.876	0.892	

(2) 变量的效度检验

采用因子分析(取特征根>1)对知识共享模式包含的9个题项进行分析,首先进行 KMO 和 Bartlett 球体检验,结果如表 5-10 所示,KMO 为 0.846,表明很适合做因子分析;Bartlett 球体检验的显著性概率为 0.000,表明数据具有相关性,适宜做因子分析。因子分析结果如表 5-11 所示,有三个公共因子被识别出来,各题项均较好地负载到其预期测量的公共因子之上,与预想的情况完全一致,因此公共因子一被命名为个体—个体模式因子,公共因子二被命名为组织—组织模式因子,公共因子三被命名为组织—个体模式因子。同时,相应的因子负荷系数大于 0.5(最大值为 0.918,最小值为 0.846),因子的特征根累积解释了总体方差的 87.286%(见表 5-12),因子分析结果可以接受。

表 5-10 知识共享模式的 KMO 和 Bartlett's 检验结果

KMO 值		0.846
Bartlett 球体检验	卡方值	2597.962
	自由度	36
	显著性概率	0.000

表 5-11 知识共享模式指标体系因子分析结果

题项标签	因子负荷系数		
	1	2	3
本人可以与产学知识联盟中的他人共享工作经验	0.915	0.154	0.243
本人可以与产学知识联盟中的他人共享技术诀窍	0.888	0.154	0.304

续表

题项标签	因子负荷系数		
	1	2	3
本人可以与产学知识联盟中的他人共享业务报告和建议书、工作手册、流程和模型	0.918	0.107	0.248
本企业可以与产学知识联盟中的他人共享工作经验	0.267	0.190	0.848
本企业可以与产学知识联盟中的他人共享技术诀窍	0.278	0.243	0.850
本企业可以与产学知识联盟中的他人共享业务报告和建议书、工作手册、流程和模型	0.277	0.254	0.846
本企业可以与其他组织共享工作经验	0.142	0.858	0.290
本企业可以与其他组织共享技术诀窍	0.093	0.909	0.171
本企业与其他组织共享业务报告和建议书、工作手册、流程和模型	0.157	0.903	0.171

表 5-12　知识共享模式因子分析方差解释

因子编号	原始特征根			旋转负载的平方和		
	值	所占方差的比例(%)	所占方差的累积比例(%)	值	所占方差的比例(%)	所占方差的累积比例(%)
1	5.075	56.393	56.393	2.747	30.523	30.523
2	1.763	19.589	75.982	2.597	28.854	59.377
3	1.017	11.304	87.286	2.512	27.909	87.286
4	0.285	3.164	90.450			
5	0.240	2.666	93.116			
6	0.221	2.455	95.571			
7	0.167	1.857	97.428			
8	0.122	1.353	98.781			
9	0.110	1.219	100.000			

提取方法：主成分分析法

采用因子分析(取特征根>1)对组织间学习包含的 6 个题项进行分析，首先进行 KMO 和 Bartlett 球体检验，结果如表 5-13 所示，KMO 为 0.841，表明很适合做因子分析；Bartlett 球体检验的显著性概率为 0.000，表明数据具有相关性,适宜做因子分析。因子分析结果如表 5-14 所示,有两个公共因子被识别出来,各题项均较好地负载到其预期测量的公共因子之上,与预想的情况完全一致,因此公共因子 1 被命名为知识创造因子,公共因子 2 被命名为知识获取因子。同时,相应的因子负荷系数均大于 0.5(最大值为 0.913,最小值为 0.865),因子的特征根累积解释了总体方差的 87.581%(见表 5-15),因子分析结果可以接受。

表 5-13　组织间学习指标体系的 KMO 和 Bartlett's 检验结果

KMO 值		0.843
Bartlett 球体检验	卡方值	1711.032
	自由度	15
	显著性概率	0.000

表 5-14　组织间学习指标体系因子分析结果

题项标签	因子负荷系数 1	因子负荷系数 2
通过产学知识联盟,本企业可以获得更多关于新技术的知识	0.329	0.869
通过产学知识联盟,本企业可以获得更多关于新原材料的知识	0.232	0.913
通过产学知识联盟,本企业可以获得更多关于新市场机会的知识	0.303	0.865
通过产学知识联盟,本企业可以创造更多有关工艺创新的知识	0.896	0.302
通过产学知识联盟,本企业可以创造更多有关产品创新的知识	0.905	0.282
通过产学知识联盟,本企业可以创造更多有关研发流程优化知识	0.889	0.281

表 5-15　组织间学习指标体系因子分析方差解释

因子编号	原始特征根 值	所占方差的比例/%	所占方差的累积比例/%	旋转负载的平方和 值	所占方差的比例/%	所占方差的累积比例/%
1	4.164	69.402	69.402	2.668	44.464	44.464
2	1.091	18.179	87.581	2.587	43.117	87.581
3	0.247	4.112	91.693			
4	0.201	3.345	95.038			

续表

因子编号	原始特征根 值	所占方差的比例/%	所占方差的累积比例/%	旋转负载的平方和 值	所占方差的比例/%	所占方差的累积比例/%
5	0.163	2.720	97.758			
6	0.135	2.242	100.000			

提取方法：主成分分析法

采用因子分析（取特征根＞1）对创新绩效包含的3个题项进行分析，首先进行 KMO 和 Bartlett 球体检验，结果如表 5-16 所示，KMO 为 0.766，表明很适合做因子分析；Bartlett 球体检验的显著性概率为 0.000，表明数据具有相关性，适宜做因子分析。因子分析结果如表 5-17 所示，有一个公共因子被识别出来，各题项均较好地负载到其预期测量的公共因子之上，与预想的情况完全一致，因此公共因子被命名为创新绩效因子。同时，相应的因子负荷系数均大于 0.5（最大值为 0.946，最小值为 0.931），因子的特征根累积解释了总体方差的 88.280%（见表 5-18），因子分析结果可以接受。

表 5-16 创新绩效指标体系的 KMO 和 Bartlett's 检验结果

KMO 值		0.766
Bartlett 球体检验	卡方值	814.080
	自由度	3
	显著性概率	0.000

表 5-17 创新绩效指标体系因子分析结果

题项标签	因子负荷系数 1
通过参与产学知识联盟，本企业新产品数有所增加	0.931
通过参与产学知识联盟，本企业申请的专利数有所增加	0.942
通过参与产学知识联盟，本企业新产品产值占销售总额的比重有所增加	0.946

表 5-18　创新绩效指标体系因子分析方差解释

因子编号	原始特征根 值	所占方差的比例/%	所占方差的累积比例/%	旋转负载的平方和 值	所占方差的比例/%	所占方差的累积比例/%
1	2.648	88.280	88.280	2.648	88.280	88.280
2	0.198	6.603	94.883			
3	0.154	5.117	100.000			

提取方法：主成分分析法

如前所述，将各个变量的信效度归纳如下（见表 5-19）：各变量 Cronbach's α 系数值均大于 0.7，因此信度符合要求。如表 5-20 和表 5-21 所示，由 KMO 检验和巴特利球体检验可知，样本数据的 KMO 均大于 0.7，因子值的显著性水平均为 0.000，小于 0.001，各个因子各自的测度题项的负载系数均大于 0.5，且累积解释率均大于 50%，表明各个变量所选取的因子效度符合要求。

表 5-19　量表的 Cronbach's α 系数

变量	Cronbach's α	题项数
创新绩效(IP)	0.934	3
个体—个体模式(P—P)	0.952	3
组织—个体模式(O—P)	0.910	3
组织—组织模式(O—O)	0.915	3
知识获取(KA)	0.920	3
知识创造(KC)	0.937	3

表 5-20　样本数据的 KMO 和 Bartlett's 检验

变量	KMO 值	Approx. Chi-Square	自由度 df	显著性水平 Sig
创新绩效(IP)	0.766	814.080	3	0.000
知识共享模式(KS)	0.846	2.598E3	36	0.000
组织间学习(IOL)	0.841	1.711E3	15	0.000

表 5-21　因子载荷及因子分析方差解释

变量	测量指标	因子载荷	所占方差的累积比例/%
创新绩效（IP）	本企业新产品数有所增加	0.931	88.280
	本企业申请的专利数有所增加	0.942	
	本企业新产品产值占销售总额的比重有所增加	0.946	
知识共享模式（KS）	本人可以与合作中的他人共享工作经验	0.915	87.286
	本人可以与合作中的他人共享技术诀窍	0.888	
	本人可以与合作中的他人共享业务报告和建议书、工作手册、流程和模型	0.918	
	本企业可以与合作中的他人共享工作经验	0.848	
	本企业可以与合作中的他人共享技术诀窍	0.850	
	本企业可以与合作中的他人共享业务报告和建议书、工作手册、流程和模型	0.846	
	本企业可以与合作中的组织共享工作经验	0.858	
	本企业可以与合作中的组织共享技术诀窍	0.909	
	本企业可以与合作中的组织共享业务报告和建议书、工作手册、流程和模型	0.903	
组织间学习（IOL）	获得更多关于新技术的知识	0.869	87.581
	获得更多关于新原材料的知识	0.913	
	获得更多关于新市场机会的知识	0.865	
	创造更多有关工艺创新的知识	0.896	
	创造更多有关产品创新的知识	0.905	
	创造更多有关研发流程优化知识	0.889	

2. 变量间的相关性分析

本章采用经过了最大方差正交旋转(Varimax)的因子分析结果值进行相关分析,因此各自变量之间、各中介变量之间相关性不显著,主要变量之间 Pearson 相关系数如表 5-22 所示。知识共享模式与创新绩效之间存在非常显著或极显著的正向关系;组织间学习与创新绩效之间存在极显著的正向关系;个体—个体模式与知识创造之间存在显著的正向关系,与知识获取之间存在极显著的正向关系,组织—组织模式与知识创造之间存在不显著的负向关系,组织—组织模式与知识获取之间存在非常显著的正向关系,组织—个体模式与知识创造和知识获取之间存在极显著的正向关系。后文将建立回归模型,以对其之间的关系进行更为精确的验证。

表 5-22 主要变量相关系数

变量	IP	P—P	O—O	O—P	KC	KA	Age	Ind
IP	1							
P—P	0.438***	1						
O—O	0.149**	0.000	1					
O—P	0.298***	0.000	0.000	1				
KC	0.461***	0.119*	−0.007	0.295***	1			
KA	0.651***	0.455***	0.187**	0.257***	0.000	1		
Age	−0.073	−0.064	−0.146**	0.036	0.024	−0.085	1	
Ind	0.056	0.073	0.025	−0.086	0.051	−0.063	−0.075	1

注:IP、P—P、O—O、O—P、KC、KA、Age、Ind 分别表示创新绩效、个体—个体模式、组织—组织模式、组织—个体模式、知识创造、知识获取、企业年龄、企业所属行业;

*、**、*** 分别表示在 5%、1% 和 0.1% 的水平上显著

5.3.6 直接效应与中介效应检验

在进行回归分析之前,对所有回归模型的多重共线性、序列相关和异方差等问题进行了检验。本章所有回归模型的容许度值和方差膨胀因子值都近似等于1,说明不存在多重共线性问题;所有模型中 DW 值均接近于2,表明本章中不存在不同编号样本值之间的序列相关问题;所有的标准化残差的散点图均呈现无序状态,表明本章中回归模型均不存在异方差问题。

本章以组织间学习为被解释变量,采用强制回归法对知识共享模式进行

回归,并采用最小二乘法(OLS)进行模型估计。回归结果如表 5-23 和表 5-24 所示。

表 5-23　知识共享模式对知识获取的回归分析结果

	Constant	P—P	O—O	O—P	Age	Ind
回归系数		0.459	0.183	0.251	−0.044	−0.082
t 值	1.501	9.877***	3.908***	5.408***	−0.943	−1.768
显著性概率	0.134	0.000	0.000	0.000	0.346	0.078

注:Constant、P—P、O—O、O—P、Age、Ind 分别表示常数、个体—个体模式、组织—组织模式、组织—个体模式、企业年龄、企业所属行业;

*、**、*** 分别表示在 5%、1% 和 0.1% 的水平上显著

由表 5-23 可以看出,在控制了企业年龄、企业所属行业等统计特征变量之后,知识共享模式对组织间学习中的知识获取有极显著的正向影响,研究结果支持假设 6、假设 7 与假设 8。对 R^2(0.316)和调整后的 R^2(0.306)的考察表明,该模型的解释力较好,模型的统计结果($F = 29.616, p < 0.001$)具有一定的稳定性。

表 5-24　知识共享模式对知识创造的回归分析结果

	Constant	P—P	O—O	O—P	Age	Ind
标准化回归系数		0.115	−0.005	0.300	0.025	0.071
t 值	−0.918	2.172*	−0.093	5.658***	0.473	1.324
显著性概率	0.359	0.031	0.926	0.000	0.637	0.186

注:Constant、P—P、O—O、O—P、Age、Ind 分别表示常数、个体—个体模式、组织—组织模式、组织—个体模式、企业年龄、企业所属行业;

*、**、*** 分别表示在 5%、1% 和 0.1% 的水平上显著

由表 5-24 可以看出,在控制了企业年龄、企业所属行业等统计特征变量之后,知识共享模式中个体—个体模式、组织—个体模式对组织间学习中的知识创造有显著或极显著的正向影响,研究结果支持假设 9 与假设 10;组织—组织模式对知识创造有不显著的负向影响,研究结果拒绝假设 11。对 R^2(0.107)和调整后的 R^2(0.093)的考察表明,该模型的解释力尚可,模型的统计结果($F = 7.632, p < 0.001$)具有一定的稳定性。

本章以企业创新绩效为被解释变量,采用强制回归法对知识共享模式、组织间学习进行回归,并采用最小二乘法(OLS)进行模型估计(见表 5-25)。

表 5-25 知识共享模式、组织间学习对创新绩效的回归分析结果

模型		标准化回归系数	t 值	显著性概率
1	Constant		0.746	0.456
	Age	−0.069	−1.242	0.215
	Ind	0.051	0.911	0.363
2	Constant		0.232	0.817
	Age	−0.032	−0.666	0.506
	Ind	0.044	0.941	0.347
	P—P	0.432	9.239***	0.000
	O—O	0.144	3.049**	0.002
	O—P	0.303	6.468***	0.000
3	Constant		−0.266	0.790
	Age	−0.017	−0.491	0.624
	Ind	0.062	1.843	0.066
	P—P	0.111	2.885**	0.004
	O—O	0.038	1.111	0.267
	O—P	0.023	0.620	0.536
	KC	0.439	12.385***	0.000
	KA	0.590	14.564***	0.000

注：Constant、P—P、O—O、O—P、Age、Ind、KC、KA 分别表示常数、个体—个体模式、组织—组织模式、组织—个体模式、企业年龄、企业所属行业、知识创造、知识获取；

*、**、*** 分别表示在 5%、1% 和 0.1% 的水平上显著

由表 5-25 可以看出，在模型 2 中，在控制了企业年龄、企业所属行业等统计特征变量之后，知识共享模式对企业创新绩效的正向影响极显著或非常显著，研究结果支持假设 1、假设 2 与假设 3。在模型 3 中，组织间学习对企业创新绩效有极显著的正向影响，研究结果支持假设 4、假设 5；个体—个体模式对创新绩效的影响非常显著（模型 3 中个体—个体模式对创新绩效的标准化回归系数为 0.111，小于模型 2 中个体—个体模式对创新绩效的标准化回归系数 0.432），组织—个体模式、组织—组织模式对创新绩效的影响不显著，说明知识共享模式中个体—个体模式通过组织间学习影响企业创新绩效的中介效应部分成立，知识共享模式中的组织—个体模式通过组织间学习影响企业创

新绩效的中介效应完全成立,而知识共享模式中的组织—组织模式通过组织间学习中的知识获取影响企业创新绩效的中介效应完全成立。对 R^2(0.652)和调整后的 R^2(0.644)的考察表明,该模型的解释力较好,模型的统计结果($F=85.172,p<0.001$)具有一定的稳定性。

综上所述,知识共享模式对产学知识联盟企业创新绩效的直接和中介效应检验结果如图 5-2 所示。

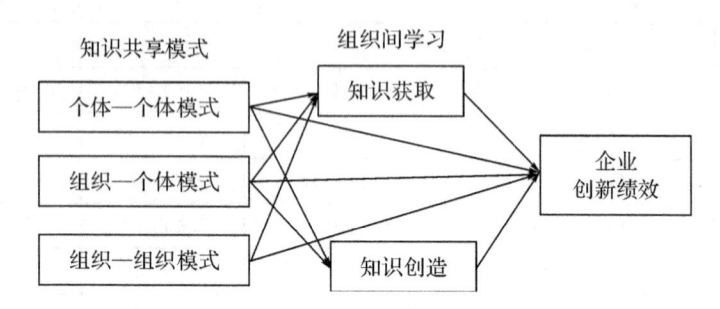

图 5-2 知识共享模式对企业创新绩效的直接效应和中介效应检验结果

5.4 讨论与结论

5.4.1 研究发现与讨论

本章从企业层面出发,对产学知识联盟协同创新机理进行了探索,研究结果仅部分验证了知识共享模式对组织间学习的促进作用,以及它们共同对创新绩效产生影响的过程。

知识共享模式包括个体—个体模式、组织—个体模式、组织—组织模式,即产学知识联盟中知识可以从个体传递给个体、组织传递给个体或组织传递给组织。其中,知识共享模式中的个体—个体模式及组织—个体模式对企业创新绩效有极显著的正向影响,而知识共享模式中的组织—组织模式对企业创新绩效有非常显著的正向影响。产学知识联盟企业通过知识共享可以提升创新绩效,虽然知识管理领域的学者对此已达成共识,但鲜有相应的实证研究文献对知识共享模式进行分类,并实证验证知识共享的不同模式对联盟企业创新绩效的影响。本章通过对 326 份有效问卷的分析发现,在知识共享模式中,个体—个体模式对联盟企业创新绩效的影响力路径系数为 0.432($t=$

9.239),组织—个体模式对联盟企业创新绩效的影响力路径系数为 0.303($t=$ 6.468),而组织—组织模式对联盟企业创新绩效的影响力路径系数为 0.144 ($t=3.049$),由此实证检验了知识共享的不同模式对创新绩效显著的正向促进程度,补充完善了现有研究。

组织间学习包括知识获取与知识创造,对企业创新绩效有极显著的正向影响。这也是组织间学习自 20 世纪 90 年代以来一直受到学术界关注的原因,同时这一研究结论也为愈演愈烈的产学知识联盟协同创新实践提供了理论支撑。然而,值得注意的是,尽管知识共享模式中的个体—个体模式及组织—个体模式对组织间学习分别有显著和极显著的正向影响,但知识共享中的组织—组织模式对组织间学习中的知识创造有负向的影响,虽然这种负向影响不显著,但是其原因值得深究。基于资源观与交易成本视角,形成产学知识联盟只是为组织间提供了获取外部知识的机会,能否利用这些机会进行知识创造还取决于参与各方的文化认同(张绍丽、于金龙,2016)、沟通机制、利益机制、吸收能力(魏奇锋、顾新,2011)以及合作生态环境(何郁冰,2012)等的协同作用,而个体—个体模式及组织—个体模式由于其具有较强的灵活性,受诸如上述因素的影响可能较小,因此更易获取与创造知识。这一研究结果不仅探明了以往关于产学协同创新研究结论产生分歧的根源,而且也丰富和深化了知识共享、组织间学习理论的相关研究。

知识共享模式中个体—个体模式通过组织间学习影响企业创新绩效的中介效应部分成立,知识共享模式中的组织—个体模式通过组织间学习影响企业创新绩效的中介效应完全成立,知识共享模式中的组织—组织模式通过组织间学习中的知识获取影响企业创新绩效的中介效应完全成立。产学知识联盟中各知识转移主体之间的知识势差及利益互补构成了知识转移的自然推动力和社会基础,有利于参与各方获取到有助于自身发展的知识,形成驱动演化发展的知识创造机制,实现提升创新绩效的目标。然而,该研究结论也从某种程度上反映出目前产学知识联盟协同创新缺乏广度与深度,未能从知识共享中的组织—组织模式这一广度上通过知识创造这一相对较深层次的方式提升企业的创新绩效水平(陈艾华、邹晓东,2017)。

5.4.2 理论贡献与实践启示

本章的理论贡献如下。第一,已有研究大多理论阐释知识共享对创新绩效的作用,鲜有研究从知识共享的不同模式实证验证其对创新绩效的影响,而本章基于理论探讨,实证检验了知识共享的不同模式对创新绩效的促进程度,弥补了现有研究的不足。第二,借鉴组织间学习直接作用于创新绩效的研究思路,验证了组织间学习在知识共享模式与创新绩效之间的中介作用。研究结论既揭开了以往关于产学协同创新研究结论产生争论的本质,也在某种程度上促进了知识共享、组织间学习的理论发展。第三,构建和验证了"知识共享模式—组织间学习—创新绩效"概念框架,揭示了提升创新绩效的路径,也反映出了目前产学知识联盟协同创新的深度与广度,有助于指导实践。

本章为产学知识联盟企业协同创新实践提供了以下重要启示。首先,研究表明,知识共享有利于促进创新绩效。因此,产学知识联盟企业应营造一种分享、交流、拓展知识的氛围,有效利用产学知识联盟伙伴互补性的优势知识资源,实现企业内部知识与"知识源"知识的有机融合。其次,研究显示,组织间学习对创新绩效存在正向关系。因此,组织间学习应成为产学知识联盟企业的战略重点,企业应根据自身的能力和知识库,主动地建立跨组织的学习团队,积极地设定学习目标与策略,在企业中构建起组织间学习的长效机制。最后,知识共享模式中的组织—组织模式对组织间学习中的知识创造的负效应表明,产学知识联盟企业应避免因过度强调资源柔性所导致的组织惰性和知识资源刚性化,从而削弱产学知识联盟企业学习外部新知识的意愿,阻碍其创造知识,同时,产学知识联盟企业应扩展知识宽度与深度,强化能力柔性,缩减对机会识别及环境变化反应的时间与成本,从而有效实现创造知识的目标。

5.5 本章小结

本章以产学知识联盟为例,剖析了面向高水平科技自立自强的高校学术创业影响效应。通过理论与实证研究聚焦知识共享模式、组织间学习共同对企业创新绩效产生影响的过程,探究基于组织间学习的产学知识联盟协同创新机理。研究发现,首先,知识共享模式与组织间学习均对企业创新绩效有显著的正向效应。其次,知识共享模式中的个体—个体模式、组织—个体模式通过组织间学习影响企业创新绩效的中介效应得到了实证研究的支持。其中,知识共享模式中个体—个体模式通过组织间学习影响企业创新绩效的中介效应部分成立,知识共享模式中的组织—个体模式通过组织间学习影响企业创新绩效的中介效应完全成立,知识共享模式中的组织—组织模式通过组织间学习中的知识获取影响企业创新绩效的中介效应完全成立。最后,值得注意的是,尽管知识共享模式中的个体—个体模式及组织—个体模式对组织间学习分别有显著和极显著的正向影响,但知识共享中的组织—组织模式对组织间学习中的知识创造有不显著的负向影响。

第 6 章 结论与展望

本章为本书研究的总结部分,涵括三个主要部分:首先,总结和概述了本书的核心研究结论;其次,根据研究结论,设计了相关的政策框架;最后,分析与总结了本书的局限性,并指出了未来的研究方向。

6.1 主要研究结论

党的二十大报告提出要加快实现高水平科技自立自强,加快实施创新驱动发展战略。随着创新驱动发展战略的深入实施与创新创业、众创空间热潮的出现,反映知识资本向创业活动演变的学术创业成为高校必然的"第三使命",在实现高校组织创新、促进区域经济发展、提升国家核心竞争力等方面发挥着日益显著的作用。然而,我国高校学术创业成功率并不高,且易在 2~3 年内陷入"死亡之谷",对高校学术创业的路径、机理和过程规律认识不足可能是导致这一现象频现的原因。

本书选取面向高水平科技自立自强的高校学术创业路径、机理及影响效应问题为研究主题,以理论分析与实地调查为基础,从纵横两个断面探究面向高水平科技自立自强的高校学术创业路径,重点聚焦面向高水平科技自立自强的高校学术创业机理,并从知识共享的几种模式中关注面向高水平科技自立自强的高校学术创业影响效应。

遵循从"学术创业路径"到"学术创业机理"再到"学术创业影响效应"的逻辑链条,本书形成了三个核心研究模块。研究模块 1:面向高水平科技自立自强的高校学术创业路径。全面系统地了解高校学术创业的路径,实现科技与经济的深度融合,是实现高水平科技自立自强的关键。由于技术转移是学术创业最主要的一种具体表现形式,而作为世界上最大的学术研究机构之一,中国高校体系发挥其核心作用的一个关键是开展学术创业进行技术转移。以中国高校技术转移为例,基于文献计量学方法,利用元分析和知识图谱分析法,试图对面向高水平科技自立自强的高校学术创业路径进行剖析。研究模块2:面向高水平科技自立自强的高校学术创业机理。作为开展高校学术创业的关键载体,高校跨学科创业团队在提升高校科技成果转化力、助推国家创新体系构建中发挥着举足轻重的作用。因此,以高校跨学科创业团队为例,构建高校跨学科创业团队中变革型领导、跨学科合作、冲突、团队异质性、角色认同与学术创业绩效初始概念模型,以期发现高校跨学科创业团队生产力物化过程的匹配规律,也为高校学术创业过程中核心要素的耦合提供证据。通过调查收集数据,利用OLS估计方法对模型的参数进行估计,进而阐释面向高水平科技自立自强的高校学术创业机理。研究模块3:面向高水平科技自立自强的高校学术创业影响效应。从企业视角出发,基于产学知识联盟,构建从"知识共享模式"到"组织间学习"再到"创新绩效"的理论假设模型,提出研究假设,并通过调查收集数据,利用OLS估计方法对模型参数进行估计,检验研究假设,重点阐释面向高水平科技自立自强的高校学术创业影响效应问题。

为此,本书以学术创业理论、知识管理理论、跨学科科研合作理论作为理论基础,构建数据库和理论模型,并通过实地调查,得出如图6-1所示的研究结果。

通过总结以上研究结果,本书主要得出了如下的研究结论。

第一,对构建的数据库利用元分析法和知识图谱分析法进行统计分析发现,创建校办企业、创办高校科技园、建立高校衍生企业、开展高校专利工作等系面向高水平科技自立自强的高校学术创业具体路径。同时,从横向上比较了中英文研究社区在剖析面向高水平科技自立自强的高校学术创业路径时存在的异同;从纵向上刻画了中英文研究社区在剖析面向高水平科技自立自强的高校学术创业路径时在时间上的演化轨迹与演化规律。

第二,在面向高水平科技自立自强的高校学术创业内部治理机理中,由于跨学科创业团队是高校开展学术创业的关键载体,以高校跨学科创业团队为例,研究发现,变革型领导对跨学科合作以及学术创业绩效均具有正向影响;跨学科合作在变革型领导和学术创业绩效之间发挥着部分中介效应;冲突中的关系冲突在变革型领导和跨学科合作的不同维度之间既发挥着负向调节效应又发挥着正向调节效应，冲突中的任务冲突在变革型领导和跨学科合作中的合作质量两者之间的关系中具有不显著的负向调节效应。

第三，在面向高水平科技自立自强的高校学术创业协同创新机理中，高校跨学科创业团队社会性异质性中的年龄异质性和教育背景异质性以及高校跨学科创业团队功能性异质性中的产业经验异质性均对学术创业绩效具有显著正效应，而高校跨学科创业团队功能性异质性中的职能经验异质性对学术创业绩效有不显著的负效应；角色认同中的学术认同在功能性异质性中的产业经验异质性与学术创业绩效之间发挥着完全中介作用，学术认同在社会性异质性中的年龄异质性、教育背景异质性与学术创业绩效之间发挥着部分中介作用，角色认同中的商业认同在社会性异质性中的教育背景异质性与学术创业绩效之间发挥着部分中介作用。

第四，在面向高水平科技自立自强的高校学术创业影响效应中，产学知识联盟中知识共享模式与组织间学习均对企业创新绩效具有显著的正向效应。知识共享模式中的个体—个体模式、组织—个体模式通过组织间学习影响企业创新绩效的中介效应得到了实证研究的支持，其中，知识共享模式中个体—个体模式通过组织间学习影响企业创新绩效的中介效应部分成立，知识共享模式中的组织—个体模式通过组织间学习影响企业创新绩效的中介效应完全成立，知识共享模式中的组织—组织模式通过组织间学习中的知识获取影响企业创新绩效的中介效应完全成立。值得注意的是，尽管知识共享模式中的个体—个体模式及组织—个体模式对组织间学习分别有显著和极显著的正向影响，但知识共享中的组织—组织模式对组织间学习中的知识创造有不显著的负向影响。

通过更进一步的梳理与分析，本书总结与归纳的具体研究结果如表 6-1 所示。

第 6 章 结论与展望 | 161

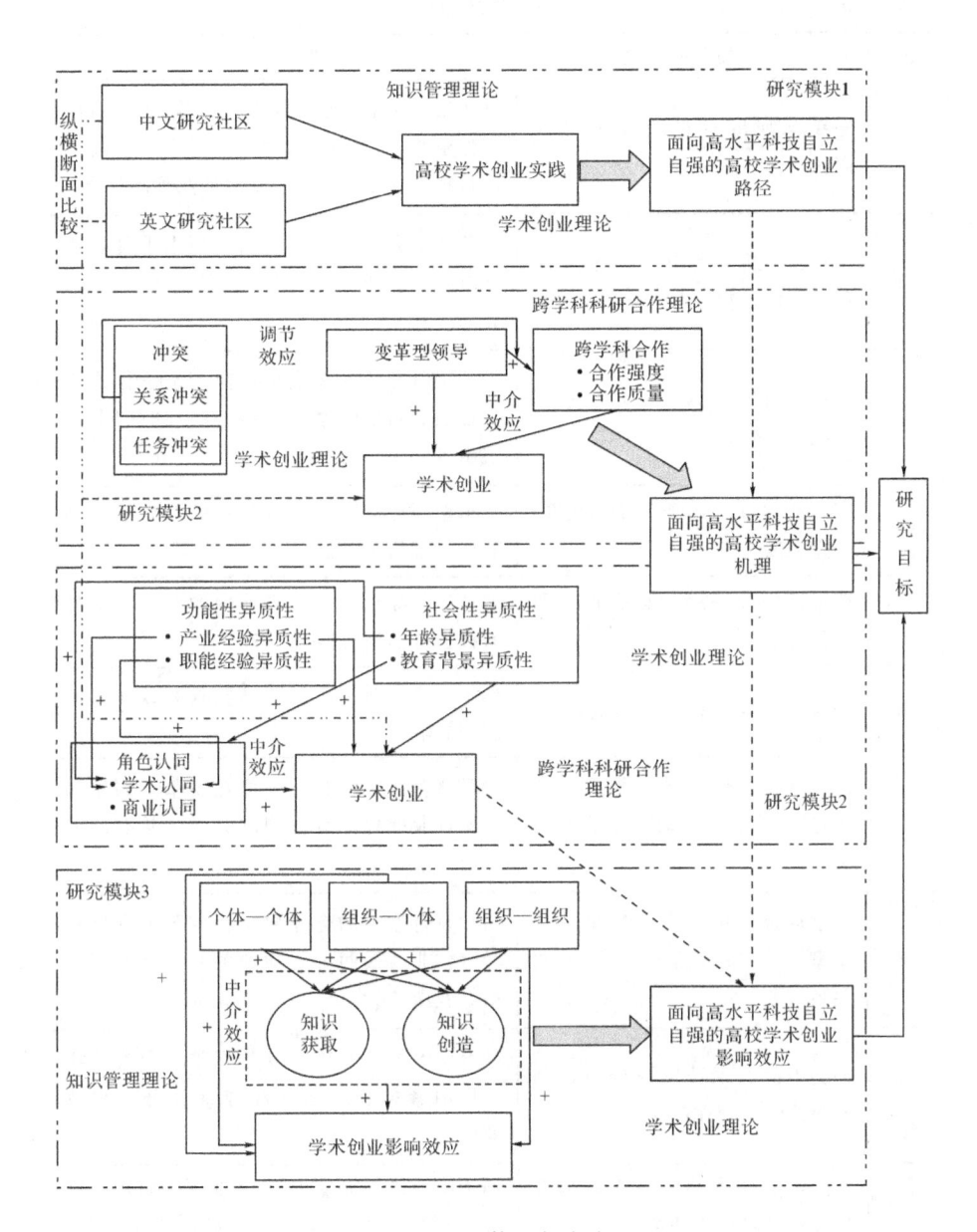

图 6-1 总体研究结果

表 6-1　研究结果的归纳总结

序号	关系描述	研究结果
1	中英文研究社区→学术创业路径	创建校办企业、创办高校科技园、建立高校衍生企业、开展高校专利工作等系面向高水平科技自立自强的高校学术创业具体路径
2	中英文研究社区→学术创业路径异同(横向)	中英文研究社区在剖析面向高水平科技自立自强的高校学术创业路径时存在较大异同
3	中英文研究社区→学术创业路径演化(纵向)	中英文研究社区在剖析面向高水平科技自立自强的高校学术创业路径时在时间上呈现出各异的演化规律
4	变革型领导→跨学科合作中的合作强度	变革型领导对跨学科合作中的合作强度具有极显著的正向影响
5	变革型领导→跨学科合作中的合作质量	变革型领导对跨学科合作中的合作质量具有极显著的正向影响
6	变革型领导→学术创业绩效	变革型领导对学术创业绩效具有极显著的正向影响
7	跨学科合作中的合作强度→变革型领导和学术创业绩效的关系	跨学科合作中的合作强度在变革型领导和学术创业绩效两者之间的关系中具有部分中介效应
8	跨学科合作中的合作质量→变革型领导和学术创业绩效的关系	跨学科合作中的合作质量在变革型领导和学术创业绩效两者之间的关系中具有部分中介效应
9	冲突中的关系冲突→变革型领导和跨学科合作的关系	冲突中的关系冲突在变革型领导和跨学科合作两者关系之间存在非常显著的调节效应
10	冲突中的任务冲突→变革型领导和跨学科合作的关系	冲突中的任务冲突在变革型领导和跨学科合作两者之间关系中的调节效应并不显著

续表

序号	关系描述	研究结果
11	产业经验异质性→学术创业绩效	高校跨学科创业团队功能性异质性中的产业经验异质性，对学术创业绩效产生显著的正向影响
12	职能经验异质性→学术创业绩效	高校跨学科创业团队功能性异质性中的职能经验异质性，对学术创业绩效具有着不显著的负向影响
13	年龄异质性→学术创业绩效	高校跨学科创业团队社会性异质性中的年龄异质性，对学术创业绩效产生显著的正向影响
14	教育背景异质性→学术创业绩效	高校跨学科创业团队社会性异质性中的教育背景异质性，对学术创业绩效产生显著的正向影响
15	产业经验异质性→学术认同	产业经验异质性对学术认同产生了显著正向影响
16	职能经验异质性→学术认同	职能经验异质性对学术认同产生了显著正向影响
17	年龄异质性→学术认同	年龄异质性对学术认同产生了显著正向影响
18	教育背景异质性→学术认同	教育背景异质性对学术认同产生了显著正向影响
19	教育背景异质性→商业认同	教育背景异质性对商业认同产生了显著正向影响
20	职能经验异质性→商业认同	职能经验异质性对商业认同存在不显著的负向影响
21	产业经验异质性→商业认同	产业经验异质性对商业认同无显著影响
22	年龄异质性→商业认同	年龄异质性对商业认同无显著影响
23	学术认同→学术创业绩效	学术认同对学术创业绩效产生了显著的正向影响

续表

序号	关系描述	研究结果
24	商业认同→学术创业绩效	商业认同对学术创业绩效产生了显著的正向影响
25	学术认同→产业经验异质性与学术创业绩效两者的关系	学术认同在功能性异质性中的产业经验异质性与学术创业绩效之间存在完全中介效应
26	学术认同→年龄异质性与学术创业绩效两者的关系	学术认同在社会性异质性中的年龄异质性与学术创业绩效之间存在部分中介效应
27	学术认同→教育背景异质性与学术创业绩效两者的关系	学术认同在社会性异质性中的教育背景异质性与学术创业绩效之间存在部分中介效应
28	商业认同→教育背景异质性与学术创业绩效两者的关系	商业认同在社会性异质性中的教育背景异质性与学术创业绩效之间存在部分中介效应
29	个体—个体模式→企业创新绩效	个体—个体模式对企业创新绩效具有显著的正向影响
30	组织—个体模式→企业创新绩效	组织—个体模式对企业创新绩效具有显著的正向影响
31	组织—组织模式→企业创新绩效	组织—组织模式对企业创新绩效具有显著的正向影响
32	知识获取→企业创新绩效	知识获取对企业创新绩效具有显著的正向影响
33	知识创造→企业创新绩效	知识创造对企业创新绩效具有显著的正向影响
34	个体—个体模式→组织间学习	个体—个体模式对组织间学习具有显著的正向影响
35	组织—个体模式→组织间学习	组织—个体模式对组织间学习具有显著的正向影响

续表

序号	关系描述	研究结果
36	组织—组织模式→知识创造	组织—组织模式对组织间学习中的知识创造具有不显著的负向影响
37	组织间学习→个体—个体模式和企业创新绩效两者关系	个体—个体模式通过组织间学习影响企业创新绩效的中介效应部分成立
38	组织间学习→组织—个体模式和企业创新绩效两者关系	组织—个体模式通过组织间学习影响企业创新绩效的中介效应完全成立
39	组织间学习→知识获取和企业创新绩效两者关系	组织—组织模式通过组织间学习中的知识获取影响企业创新绩效的中介效应完全成立

6.2 政策建议

基于以上研究结论,提出如下政策建议。

6.2.1 开放知识边界,激活学术心脏地带

1. 创新实践育人机制

创新实践育人机制,培养高校学术创业的生力军。高校不仅可安排学生到企业参观与实习以增加知识储备,还可与研究机构建立紧密的合作关系,通过鼓励学生深入研究机构的实验室,接触并了解研究项目,以提升学生的科技素养和创新意识。产学研协作从多角度提高了学生的实践能力,使其快速成长为与社会活动和社会生产紧密相关的人才,成为激活学术心脏地带、促进学术创业的强大生力军。

2. 搭建产学研协同创新平台

高校可以通过建立学术创业平台,促进高校与企业、研究机构的交流,促进人才、技术、资本、信息的交流。企业可以运用他们在产品运营、管理和市场营销等领域的技术,而高校、研究机构则可以充分发挥他们在基础科研和技术研发上的优势。通过创新平台,产学研各方可以高效、便捷地进行合作和交流,将有助于提高科技创新的效率。高校要运用产学研协同创新平台,开放知

识边界,发挥其科学研究的优势,把产学研教育、相关研究和市场分析有机地结合在一起。以研究成果的运用为核心,充分发挥科研优势,将科研成果最大限度地转化为现实生产力,以激活学术心脏地带。

6.2.2 促进科研成果转化,提升知识应用能力

1. 利用信息技术手段

由于资源有限、信息交流缓慢、信息不对称等因素,在人才、资金、信息等方面,高校、企业、研究机构之间,乃至产学研协同创新各主体内部系统之间的竞争越来越激烈。互联网技术的飞速发展,为各主体间的顺畅交流和合作提供了有力的支持。高校要充分利用现代化信息技术手段,加强与企业、研究机构之间的合作,提升合作的效率,在合作中充分吸收隐性知识,促进内外知识的耦合,从而提升高校科研成果转化能力和知识应用能力。

2. 聚焦企业需求

为解决高校基础研究与企业需求间的错位问题,仅靠鼓励企业加强基础研究是远远不够的。高校若想实现产学研领域的创新合作,必须以企业的需求为动力,围绕加强高科技产业所需的关键技术,开展有针对性的基础研究。由此可见,最具成本效益和效率的解决方案是:高校提前与企业沟通,根据从企业收集的有关技术发展和需求方面的信息,将研究人员的注意力集中在研究成果的可转让性和知识的商业化上。同时,企业也可以充分利用高校基础研究能力强和人才集中的优势,充分发挥高校在高科技研究体系中的作用,依靠具备相关研究资质的高校,支持高校创建更多的产业技术研究院,有选择地关注少数关键的先进基础技术和通用技术,构建符合未来产业需求的先进研究体系。同时,学术创业项目的公布可由企业提出需求并推出方案,高校通过竞标方式获得立项,政府依据项目的重要性提供必要的政策倾斜,以此促进面向高水平科技自立自强的高校学术创业发展。

6.2.3 构建人才流动机制,发挥政府引导作用

1. 建立人才流动机制

促进高校与企业、研究机构间的交流与合作。可以从高校和研究机构中招聘具备一定资质的人员到企业工作,在技术研究和开发方面提供咨询和指导。在合作创新的过程中,由于企业缺乏足够时间与精力投入到基础研究中,他们更注重应用研究和技术的转化。在科技创新过程中,当出现基础知识储

备不足等问题时,高校的研究人员可凭借自己的相关专业知识,帮助企业解决技术创新过程中的复杂问题,促进企业创新与发展。同时,企业研发管理人员也可以作为高校和研究机构的外部顾问,利用他们的市场经验指导技术开发,促进知识转化。高校的研究人员更注重基础研究,但会忽略科学创新与市场需求两者之间的联系,这是与企业的最大不同之处。因此,许多研究成果未产生经济和社会价值。企业技术人员凭借其在运营管理和市场营销方面的专长,可帮助高校将研究成果推向市场,从而提高科研成果的转化效率,促进高校学术创业发展,加快实现高水平科技自立自强。

2. 发挥政府引导作用

政府作为学术创业的推动者和促进者,要根据区域学术创业的现状,制定相应的地方性法规和政策,明确高校、研究机构、企业以及政府的职责,提高各部门对学术创业创新的认识。首先,政府要加强舆论宣传,营造全社会支持与参与学术创业创新的良好氛围;其次,政府应完善高校、研究机构以及企业之间沟通的渠道,促进产学研多方合作目标趋向一致,切实提升学术创业创新的效能;再次,政府要转变角色,采用市场化的调控机制,构建适用于学术创业的评价制度,促进学术创业发展;最后,政府应加强技术创新的公共平台建设,同时,还要完善相关政策和法规,为学术创业提供制度保障。

6.3 研究局限与研究展望

由于面向高水平科技自立自强的高校学术创业是一个非常复杂的现象,对其进行整体性和全局性的把握并非易事。尽管本书的研究结论具有重要的理论价值与实践启示意义,但仍然存在一定的局限性。

第一,尽管本书在实地调查中反复强调调查信息是为了学术研究之用,并确保被测试者资料的保密性,但不可避免地存在社会称许性偏见效应。出于种种原因,高校学术创业相关人员在自我评价时可能会以社会较认可的方式做出评价反应,这样使自己或别人看起来更适合社会需要,从而能够更好地保护自己。同时,模块2、模块3中采取自我报告数据的方法容易导致同源误差问题。同源误差问题导致变量间协方差数据可能不能体现客观规律,从而无法反映变量间的真实关系。本书在样本中剔除了在作假变量上做出异常反应的被试者,以获得近似真实的数据。此外,本书尽可能帮助被调查者完全理解问卷中的问题,以避免同源方差问题。

  第二,由于缺乏二手档案数据客观反映高校跨学科创业团队变革型领导、冲突、跨学科合作、团队异质性、角色认同以及学术创业绩效的情况,本书通过问卷调查的方式获取数据,数据来源局限于关键信息者的主观感知,未来的研究需要加强主客观数据之间的融合。在面向高水平科技自立自强的高校学术创业内部治理机理中,本书引入跨学科合作作为中介变量、冲突作为调节变量,剖析高校跨学科创业团队的内部治理机理,但可能忽视了学术创业不同阶段情境、认知差异等中介变量或调节变量,未来的研究可以结合学术创业的不同阶段情境,提炼其他中介变量和调节变量,以进一步优化理论模型。同时,本书以冲突作为调节变量的研究结论表明,高校跨学科创业团队可能存在利他主义,需要未来的研究破解"利他之谜"。在面向高水平科技自立自强的高校学术创业协同创新机理中,本书引入角色认同作为中介变量,剖析了高校跨学科创业团队异质性对学术创业绩效的影响机理,但可能忽略了学术创业情境、学术创业动态演化过程等其他调节变量或中介变量,未来的研究可以结合学术创业的现实情境,提炼出其他中介变量,并纳入调节变量研究调节效应,以进一步优化理论概念模型,从而更为详细而深入地揭示高校跨学科创业团队学术创业的协同创新机理。

  第三,在面向高水平科技自立自强的高校学术创业影响效应中,本书借鉴已有相关研究对其影响效应进行了尝试性的分析。虽然通过此次研究获得了一些较为重要的结论,但本书仅从企业视角对面向高水平科技自立自强的高校学术创业影响效应进行了研究,研究样本较为单一,难以对企业、高校等进行比较分析,未来研究可以在此方面进行深入挖掘。

参考文献

[1] Abramo G, D'Angelo C A, Di Costa F, 2018. The effect of multidisciplinary collaboration on research diversification[J]. Scientometrics, 116(1): 423-433.

[2] Aharoni Y, Brock D M, 2010. International Business Research: Locking back and Looking forward[J]. Journal of International Management, 16(1): 5-15.

[3] Alavi M, Leidner D E, 2001. Review: Knowledge Management and Knowledge Management Systems: Conceptual Foundations and Research Issues[J]. MIS Quarterly, 25(1): 107-136.

[4] Albert S, Ashforth B E, Dutton J E, 2001. Organizational Identity and Identification: Charting New Waters and Building New Bridges [J]. Academy of Management Review, 25(1): 13-17.

[5] Albino V, Garavelli A C, Schiuma G, 1998. Knowledge Transfer and Inter-firm Relationships in Industrial District: The Role of the Leader Firm[J]. Technovation, 1(19): 53-63.

[6] Alper S, Tjosvold D, Law K S, 2000. Conflict Management, Efficacy, and Performance in Self-Managing Work Teams[J]. Personnel Psychology, 53(3): 625-642.

[7] Altbach P G, Balan J (Eds.), 2007. World Class Worldwide: Transforming Research Universities in Asia and Latin America [M]. Baltimore: Johns Hopkins University Press.

[8] Amason A C, Shrader R C, Tompson G H, 2006. Newness and Novelty: Relating Top Management Team Composition to New Venture Performance[J]. Journal of Business Venturing, 21(1): 125-148.

[9] Anderson N, Potocnik K, Zhou J, 2014. Innovation and Creativity

in Organizations: A State-of-the-Science Review, Prospective Commentary, and Guiding Framework[J]. Journal of Management, 40(5): 1297-1333.

[10] Aspelund A, Berg-Utby T, Skjevdal R, 2005. Initial Resources' Influence on New Venture Survival: A Longitudinal Study of New Technology-based Firms[J]. Technovation, 25(11): 1337-1347.

[11] Audretsch D B, Thurik A R, 2000. Capitalism and Democracy in the 21st Century: From the Managed to the Entrepreneurial Economy[J]. Journal of Evolutionary Economics, 10(1-2): 17-34.

[12] Azoulay P, Ding W, Stuart T, 2007. The Determinants of Faculty Patenting Behavior: Demographics or Opportunities? [J]. Journal of Economic Behavior & Organization, 63(4): 599-623.

[13] Baber Z, Gibbons M, Limoges C, et al., 1995. The New Production of Knowledge: The Dynamics of Science and Research in Contemporary Societies[J]. Contemporary Sociology, 24(6): 751.

[14] Baglieri D, Cesaroni F, Orsi, L, 2014. Does the Nano-Patent 'Gold Rush' Lead to Entrepreneurial-Driven Growth? Some Policy Lessons From China and Japan[J]. Technovation, 34(12): 746-761.

[15] Baldini N, 2010. Do Royalties Really Foster University Patenting Activity? An Answer from Italy[J]. Technovation, 30(2): 109-116.

[16] Bandura A, 1986. Social Foundations of Thought and Action: A Social Cognitive Theory[M]. Englewood Cliffs, NJ, US: Prentice-Hall, Inc.

[17] Bantel K A, Jackson S E, 1989. Top Management and Innovations in Banking: Does the Composition of the Top Team Make a Difference? [J]. Strategic Management Journal, 10 (S1): 107-124.

[18] Barringer B R, Jones F F, Neubaum D O A, 2005. Quantitative Content Analysis of the Characteristics of Rapid-Growth Firms and Their Founders[J]. Journal of Business Venturing, 20(5):

663-687.

[19] Bassi L J, 1997. Harnessing the Power of Intellectual Capital[J]. Training and Development, 51(12): 25-30.

[20] Bauer M W, 2008. Diffuse Anxieties, Deprived Entrepreneurs: Commission Reform and Middle Management[J]. Journal of European Public Policy, 15(5): 691-707.

[21] Behfar K J, Mannix E A, Peterson R S, et al., 2011. Conflict in Small Groups: The Meaning and Consequences of Process Conflict [J]. Small Group Research, 42(2): 127-176.

[22] Bercovitz J, Feldman M, 2006. Entpreprenerial Universities and Technology Transfer: A Conceptual Framework for Understanding Knowledge-based Economic Development[J]. The Journal of Technology Transfer, 31(1): 175-188.

[23] Biglaiser G, Brown D S, 2003. The Determinants of Privatization in Latin America[J]. Political Research Quarterly, 56(1): 77-89.

[24] Bock G W, Zmud R W, Kim Y G, et al., 2005. Behavioral Intention Formation in Knowledge Sharing: Examining the Roles of Extrinsic Motivators, Social-psychological Forces, and Organizational Climate[J]. MIS Quarterly, 29(1): 87-111.

[25] Borrego M, Newswander L K, 2010. Definitions of Interdisciplinary Research: Toward Graduate-Level Interdisciplinary Learning Outcomes[J]. The Review of Higher Education, 34(1):61-84.

[26] Bozeman B, 2000. Technology Transfer and Public Policy: A Review of Research and Theory[J]. Research Policy, 29(4-5): 627-655.

[27] Bozeman B, Gaughan M, 2007. Impacts of Grants and Contracts on Academic Researchers' Interactions with Industry[J]. Research Policy, 36(5): 694-707.

[28] Brehm S, Lundin, N, 2012. University-Industry Linkages and Absorptive Capacity: An Empirical Analysis of China's Manufacturing Industry[J]. Economics of Innovation and New Technology, 21(8): 837-852.

[29] Brennan M C, McGowan P, 2006. Academic Entrepreneurship: An Exploratory Case Study[J]. International Journal of Entrepreneurial Behaviour & Research, 12(3): 144-164.

[30] Brodack F, Sinell A, 2017. Promoting Entrepreneurial Commitment: The Benefits of IInterdisciplinarity[J]. Technology Innovation Management Review, 7(12): 6-13.

[31] Brouwer E, Kleinknecht A, 1999. Innovative Output, and a Firm's Propensity to Patent: An Exploration of CIS Micro Data [J]. Research Policy, 28(6): 615-624.

[32] Brundenius C, Lundvall B Å, Sutz J, 2011. The Role of Universities in Innovation Systems in Developing Countries: Developmental University Systems-Empirical, Analytical and Normative Perspectives[A]. In Lundvall B Å, Joseph K J, Chaminade C, et al. (Eds.). Handbook of Innovation Systems and Developing Countries: Building Domestic Capabilities in a Global Setting[M]. Cheltenham, UK: Edward Elgar.

[33] Bruneel J, D'Este P, Salter A, 2010. Investigating the Factors that Diminish the Barriers to University-industry Collaboration [J]. Research Policy, 39(7): 858-868.

[34] Caloghirou Y, Kastelli I, Tsakanikas A, 2004. Internal Capabilities and External Knowledge Sources: Complements or Substitutes for Innovation Performance? [J]. Technovation, 24(1): 29-39.

[35] Camison C, Fores B, 2011. Knowledge Creation and Absorptive Capacity: The Effect of Intra-District Shared Competences[J]. Scandinavian Journal of Management, 27(1): 66-86.

[36] Cao Y, Zhao L, Chen R, 2009. Institutional Structure and Incentives of Technology Transfer: Some New Evidence from Chinese Universities[J]. Journal of Technology Management in China, 4(1): 67-84.

[37] Cao C, 2004. Zhongguancun and China's High-tech Parks in Transition: "Growing Pains" or "Premature Senility"? [J]. Asian Survey, 44(5), 647-668.

[38] Carayannis E G, Alexander J, Ioannidis A, 2000. Leveraging Knowledge, Learning, and Innovation in Forming Strategic Government-university-industry (GUI) R&D Partnership in the US, Germany, and France[J]. Technovation, 20(9): 477-488.

[39] Carboni R A, 1992. Planning and Managing Industry-University Research Collaboration[M]. London: Quorum Books, Westport.

[40] Certo S T, Holcomb T R, Holmes R M J, 2009. IPO Research in Management and Entrepreneurship: Moving the Agenda forward [J]. Journal of Management, 35(6): 1340-1378.

[41] CFIR (Committee on Facilitating Interdisciplinary Research), 2004. Facilitating Interdisciplinary Research[M]. Washington, D C: The National Academies Press.

[42] Chan L, Daim T U, 2011. Technology Transfer in China: Literature Review and Policy Implications[J]. Journal of Science and Technology Policy in China, 2(2): 122-145.

[43] Chandler G N, Hanks S H, 1998. An Examination of the Substitutability of Founders Human and Financial Capital in Emerging Business Ventures[J]. Journal of Business Venturing, 13(5): 353-369.

[44] Chang P-L, Shih H-Y, 2004. The Innovation Systems of Taiwan and China: A Comparative Analysis[J]. Technovation, 24(7): 529-539.

[45] Chen K, Kenney M, 2007. Universities/Research Institutes and Regional Innovation Systems: The Cases of Beijing and Shenzhen [J]. World Development, 35(6): 1056-1074.

[46] Chen A, Patton D, Kenney M, 2016. University Technology Transfer in China: A Literature Review and Taxonomy[J]. Journal of Technology Transfer, 41(5): 891-929.

[47] Chowdhury S, 2005. Demographic Diversity for Building an Effective Entrepreneurial Team: Is It Important? [J]. Journal of Business Venturing, 20(6): 727-746.

[48] Clark B Y, Llorens J J, 2012. Investments in Scientific Research:

Examining the Funding Threshold Effects on Scientific Collaboration and Variation by Academic Discipline[J]. Policy Studies Journal, 40(4): 698-729.

[49] Clarysse B, Wright M, Lockett A, et al., 2007. Academic Spin-offs, Formal Technology Transfer and Capital Raising[J]. Industrial and Corporate Change, 16(4): 609-640.

[50] Clarysse B, Wright M, Lockett A, et al., 2005. Spinning out New Ventures: A Typology of Incubation Strategies from European Research Institutions [J]. Journal of Business Venturing, 20(2): 183-216.

[51] Cohen W M, Nelson R R, Walsh J P, 2002. Link and Impacts: The Influence of Public Research on Industrial R&D[J]. Management Science, 48(1): 1-23.

[52] Conti A, Liu C C, 2015. Bringing the Lab Back in: Personnel Composition and Scientific Output at the MIT Department of Biology[J]. Research Policy, 44(9): 1633-1644.

[53] Cooper R G, 1994. New Products: The Factors that Drive Success [J]. International Marketing Review, 11(1): 60-76.

[54] Crossan M, Lane H W, White R E, 1999. An Organizational Learning Framework: From Intuition to Institution[J]. Academy of Management Review, 24(3): 522-538.

[55] Cyert R M, Goodman P S, 1997. Creating Effective University-Industry Alliances: An Organizational Learning Perspective[J]. Organizational Dynamics, 5(1): 45-47.

[56] D'Este P, Llopis O, Rentocch F, et al., 2019. The Relationship Between Interdisciplinary and Distinct Modes of University-Industry Interaction[J]. Research Policy, 48(9): 1-23.

[57] D'Este P, Perkmann M, 2011. Why Do Academic Engage with Industry? The Entrepreneurial University and Individual Motivations[J]. The Journal of Technology Transfer, 36(3): 316-339.

[58] Darbellay F, 2015. Rethinking Inter-and Transdisciplinarity: Undisciplined Knowledge and the Emergence of a New Thought Style

[J]. Futures, 65: 163-174.

[59] Davenport J, Delong D, Beers M, 1998. Successful Knowledge Management Projects[J]. Sloan Management Review, 39(2): 43-57.

[60] De Dreu C K W, Weingart L R, 2003. Task Versus Relationship Conflict, Team Performance, and Team Member Satisfaction: a Meta-Analysis[J]. Journal of Applied Psychology, 88(4): 741-749.

[61] Degroof J J, Roberts E B, 2004. Overcoming Weak Entrepreneurial Infrastructures for Academic Spin-Off Ventures[J]. Journal of Technology Transfer, 29(3/4): 327-352.

[62] Desouza, K C, 2003. Strategic Contributions of Game Rooms to Knowledge Management: Some Prelimenary Insights[J]. Information & Management, 41(1): 63-74.

[63] Despres C, Chauvel D, 1999. Knowledge Management(s)[J]. Journal of Knowledge Management, 3(2): 110-123.

[64] Deutsch J M, 2014. Biophysics Software for Interdisciplinary Education and Research[J]. American Journal of Physics, 82(5): 442-450.

[65] Deutsch M, 1973. The Resolution of Conflict[M]. New Haven: Yale University Press.

[66] Dyer J H, Singh H, 1998. The Relational View: Cooperative Strategy and Sources of Inter-organizational Competitive Advantage[J]. The Academy of Management Journal, 23(4): 660-679.

[67] Elston J A, Audretsch D B, 2010. Risk Attitudes, Wealth and Sources of Entrepreneurial Start-up Capital[J]. Journal of Economic Behavior & Organization, 76(1): 82-89.

[68] Ensley M D, Hmieleski K M, 2005. A Comparative Study of New Venture Top Management Team Composition, Dynamics and Performance between University-Based and Independent Start-ups[J]. Research Policy, 34(7): 1091-1105.

[69] Eom B Y, Lee K, 2010. Determinants of Industry-Academy Link-

ages and, Their Impact on Firm Performance: The Case of Korea as a Latecomer in Knowledge Industrialization[J]. Research Policy, 39(5): 625-639.

[70] Etzkowitz H, 2003. Research Groups as "Quasi-firms": The Invention of the Entrepreneurial University[J]. Research Policy, 32(1): 109-121.

[71] Etzkowitz H, Leydesdorff L, 2000. The Dynamics of Innovation: From National Systems and "Mode 2" to a Triple Helix of University-Industry-Government Relations[J]. Research Policy, 29(2): 109-123.

[72] Etzkowitz H, 1998. The Norms of Entrepreneurial Science: Cognitive Effects of the New University-Industry Linkages[J]. Research Policy, 27(8): 823-833.

[73] Eun J-H, Lee K, Wu G, 2006. Explaining the "UREs" in China: A Theoretical Framework for University-Industry Relationship in Developing Countries and Its Application to China[J]. Research Policy, 35(9): 1329-1346.

[74] Farsi J, Modarresi M, Motavaseli M, et al., 2014. Institutional Factors Affecting Academic Entrepreneurship: The Case of University of Tehran[J]. Economic Analysis, 47(1-2): 139-159.

[75] Fisch C O, Block J H, Sandner P G, 2014. Chinese University Patents: Quantity, Quality, and the Role of Subsidy Programs[J]. Journal of Technology Transfer, Published online: 10 December.

[76] Foo M D, Wong P K, Ong A, 2005. Do Others Think You Have a Viable Business Idea? Team Diversity and Judges' Evaluation of Ideas in a Business Plan Competition[J]. Journal of Business Venturing, 20(3): 385-402.

[77] Fritsch M, 2004. Innovation, Regional Knowledge Spillovers and R&D Cooperation[J]. Research Policy, 33(2): 245-255.

[78] Fu X, 2015. China's Path to Innovation[M]. Cambridge: Cambridge University Press.

[79] Gao X, Song W, Peng X, et al., 2014. Technology Transferring Performance of Chinese Universities: Insights from Patent Licensing Data[J]. Advances in Applied Sociology, 4(12): 289-300.

[80] García-Morales V J, Montes F J L, Verdú A, 2008. The Effects of Transformational Leadership on Organizational Performance through Knowledge and Innovation[J]. British Journal of Management, 19(4): 299-319.

[81] Gephardt C, 1999. Asia is Taking a Hard Look: University-Foreign Company Relations in China[J]. Journal of Technology Transfer, 24(2-3): 247-254.

[82] Gibbons M, Limoges C, Nowotny H, et al., 1994. The New Production of Knowledge: The Dynamics of Science and Research in Contemporary Society[M]. London: Sage Publications.

[83] Giuliani E, Morrison A, Pietrobelli C, et al., 2010. Who Are the Researchers That Are Collaborating with Industry? An Analysis of the Wine Sectors in Chile, South Africa and Italy[J]. Research Policy, 39(6): 748-761.

[84] Gold A H, Malhotra A, Segars A H, 2001. Knowledge Management: An Organizational Capabilities Perspective[J]. Journal of Management Information Systems, 18(1): 185-214.

[85] Goldfarb B, Henrekson M, 2003. Bottom-up Versus Top-down Policies Towards the Commercialization of University Intellectual Property[J]. Research Policy, 32(4): 639-658.

[86] Gomes-Casseres B, Hagedoorn J, Jaffe A B, 2006. Do Alliances Promote Knowledge Flows?[J]. Journal of Financial Economics, 80(1): 5-33.

[87] Guan J C, Yam R C M, Mok C K, 2005. Collaboration Between Industry and Research Institutes/Universities on Industrial Innovation in Beijing, China[J]. Technology Analysis & Strategic Management, 17(3): 339-353.

[88] Guillaume Y R F, Dawson J F, Otaye-Ebede L, et al., 2017. Harnessing Demographic Differences in Organizations: What

Moderates the Effects of Workplace Diversity? [J]. Journal of Organizational Behavior, 38(2): 276-303.

[89] Gulbrandsen M, Smeby J C, 2005. Industry Funding and University Professors' Research Performance[J]. Research Policy, 34(6): 932-950.

[90] Gumport P J, Snydman S K, 2002. The Formal Organization of Knowledge: An Analysis of Academic Structure[J]. Journal of Higher Education, 73(3): 375-408.

[91] Haeckel S, Nolan R, 1993. Managing by Wire[J]. Harvard Business Review, 71(5): 122-132.

[92] Hayhoe R, 1989. China's Universities and Western Academic Models[J]. Higher Education, 18(1): 49-85.

[93] Hayter C S, 2013. Harnessing University Entrepreneurship for Economic Growth: Factors of Success Among University Spin-offs [J]. Economic Development Quarterly, 27(1): 18-28.

[94] Hayter C S, Nelson A J, Zayed S, et al. , 2018. Conceptualizing Academic Entrepreneurship Ecosystems: A Review, Analysis and Extension of the Literature[J]. Journal of Technology Transfer, 43(4): 1039-1082.

[95] Hedlund G, 1994. A Model of Knowledge Management and the N-form Corporation[J]. Strategic Management Journal, 15(S2): 73-90.

[96] Hershberg E, Nabeshima K, Yusuf S, 2007. Opening the Ivory Tower to Business: University-Industry Linkages and the Development of Knowledge-Intensive Clusters in Asian Cities [J]. World Development, 35(6): 931-940.

[97] Hill T L, Mudambi R, 2010. Far from Silicon Valley: How Emerging Economies Are Re-shaping Our Understanding of Global Entrepreneurship[J]. Journal of International Management, 16(4): 321-327.

[98] Holley K A, 2009. Special Issue: Understanding Interdisciplinary Challenges and Opportunities in Higher Education[J]. ASHE

Higher Education Report, 35(2): 1-131.

[99] Holsapple C W, Singh M, 2001. The Knowledge Chain Model: Activities for Competitiveness[J]. Expert Systems with Applications, 20(1): 77-98.

[100] Hong W, 2008. Decline of the Center: The Decentralizing Process of Knowledge Transfer of Chinese Universities from 1985 to 2004[J]. Research Policy, 37(4): 580-595.

[101] Hong W, Su Y S, 2013. The Effect of Institutional Proximity in Non-Local University-Industry Collaborations: An Analysis Based on Chinese Patent Data[J]. Research Policy, 42(2): 454-464.

[102] Horwitz S K, Horwitg I B, 2007. The Effects of Team Diversity on Team Outcomes: A Meta-Analytic Review of Team Demography[J]. Journal of Management, 33(6): 987-1015.

[103] Hu M C, Mathews J A, 2008. China's National Innovative Capacity[J]. Research Policy, 37(9): 1465-1479.

[104] Inkpen A C, Dinur A, 1998. Knowledge Management Processes and International Joint Ventures[J]. Organization Science, 9 (4): 454-468.

[105] Jackson S E, Joshi A, Erhardt N L, 2003. Recent Research on Team and Organizational Diversity: SWOT Analysis and Implications[J]. Journal of Management, 29(6): 801-830.

[106] Jain S, George G, Maltarich M, 2009. Academics or Entrepreneurs? Investigating Role Identity Modification of University Scientists Involved in Commercialization Activity[J]. Research Policy, 38(6): 922-935.

[107] Jehn K A, 1995. A Multimethod Examination of the Benefits and Detriments of Intragroup Conflict[J]. Administrative Science Quarterly, 40(2): 256-282.

[108] Jehn K A, Northcraft G B, Neale M A, 1999. Why Differences Make a Difference: A Field Study of Diversity, Conflict and Performance in Workgroups[J]. Administrative Science Quar-

terly, 44(4): 741-763.

[109] Jensen R A, Thursby J G, Thursby M C, 2003. Disclosure and Licensing of University Inventions[J]. International Journal of Industrial Organization, 21(9): 1271-1300.

[110] Kaneva M, Untura G, 2014. The Knowledge Economy in China and Public-Private Partnerships of Universities[J]. European Journal of Economics and Management, 1(1): 193-211.

[111] Kearney E, Gebert D, 2009. Managing Diversity and Enhancing Team Outcomes: The Promise of Transformational Leadership [J]. Journal of Applied Psychology, 94(1): 77-89.

[112] Kenney M, Breznitz D, Murphree M, 2013. Coming Back Home after the Sun Rises: Returnee Entrepreneurs and Growth of High Tech Industries[J]. Research Policy, 42(2): 391-407.

[113] Kenney M, Mowery D C (Eds.), 2014. Public Universities and Regional Growth: Insights from the University of California [M]. Stanford, CA: Stanford University Press.

[114] Kenney M, Goe W R, 2004,. The Role of Social Embeddedness in Professorial Entrepreneurship: A Comparison of Electrical Engineering and Computer Science at UC Berkeley and Stanford [J]. Research Policy 33(5): 691-707.

[115] Klein J T, 1996. Crossing Boundaries: Knowledge, Disciplinarities, and Interdisciplinarities[M]. Charlottesville and London: University Press of Virginia.

[116] Klein J T, 2008. Evaluation of Interdisciplinary and Transdisciplinary Research: A Literature Review[J]. American Journal of Preventive Medicine, 35(2): S116-S123.

[117] Klein J T, 1990. Interdisciplinarity: History, Theory and Practice[M]. Detroit: Wayne State University Press.

[118] Klein J T, Falk-Krzesinski H J, 2017. Interdisciplinary and Collaborative Work: Framing Promotion and Tenure Practices and Policies[J]. Research Policy, 46(6): 1055-1061.

[119] Klofsten M, Jones-Evans D, 2000. Comparing Academic Entre-

preneurship in Europe-The Case of Sweden and Ireland[J]. Small Business Economics, 14(4): 299-309.

[120] Kockelmans J J, 1975. Interdisciplinarity and Higher Education [M]. Pennsylvania: The Pennsylvania State University Press.

[121] Krabel S, Mueller P, 2009. What Drives Scientists to Start Their Own Company?: An Empirical Investigation of Max Planck Society Scientists[J]. Research Policy, 38(6): 947-956.

[122] Krogh G V, Nonaka I, Aben M, 2001. Making the Most of Your Company's Knowledge: A Strategic Framework [J]. Long Range Plan, 34(4): 421-439.

[123] Kroll H, Liefner I, 2008. Spin-off Enterprises as a Means of Technology Commercialization in a Transforming Economy-Evidence from Three Universities in China[J]. Technovation, 28 (5): 298-313.

[124] Lane P J, Salk J E, Lyles M A, 2001. Absorptive Capacity, Learning, and Performance in International Joint Ventures[J]. Strategic Management Journal, 22(12): 1139-1161.

[125] Leary M M, Devaughn M L, 2009. Entrepreneurial Team Characteristics that Influence the Successful Launch of a New Venture[J]. Management Research News, 32(6): 567-579.

[126] Leidner D, 2000. Knowledge Management and Knowledge Management Systems[J]. The Journal of Strategic Information Systems, 9(2-3): 101-105.

[127] Levin D Z, Cross R, 2004. The Strength of Weak Ties You Can Trust: The Mediating Role of Trust in Effective Knowledge Transfer[J]. Management Science, 50(11): 1477-1490.

[128] Lewin A, Murmann J, Kenney M, 2016. China's Innovation Challenge: Overcoming the Middle-Income Trap[M]. Cambridge: Cambridge University Press.

[129] Li Q, She Z, Yang B, 2018. Promoting Innovative Performance in Multidisciplinary Teams: The Roles of Paradoxical Leadership and Team Perspective Taking[J]. Frontiers in Psychology,

9：1083.

[130] Liang M, 2012. Chinese Patent Quality：Running the Numbers and Possible Remedies[J]. John Marshall Review of Intellectual Property Law, 11：478.

[131] Link A N, Siegel D S, 2005. University-Based Technology Initiatives：Quantitative and Qualitative Evidence[J]. Research Policy, 34(3)：253-257.

[132] Link A N, Scott J T, 2009. Private Investor Participation and Commercialization Rates for Government-Sponsored Research and Development：Would a Prediction Market Improve the Performance of the SBIR Programme? [J]. Economica, 76(302)：264-281.

[133] Liu H, Jiang Y, 2001. Technology Transfer from Higher Education Institutions to Industry in China：Nature and Implications [J]. Technovation, 21(3)：175-188.

[134] Liu X, White S, 2001. Comparing Innovation Systems：A Framework and Application to China's Transitional Context[J]. Research Policy, 30(7)：1091-1114.

[135] Louis K S, Blumenthal D, Stoto G M A, 1989. Entrepreneurs in Academe：An Exploration of Behaviors Among Life Scientists [J]. Administrative Science Quarterly, 34(1)：110-131.

[136] Lu Q, 2000. China's Leap into the Information Age：Innovation and Organization in the Computer Industry[M]. Oxford：Oxford University Press.

[137] Luan C, Zhou C, Liu A, 2010. Patent Strategy in Chinese Universities：A Comparative Perspective[J]. Scientometrics, 84(1)：53-63.

[138] Lundvall B-A (Ed.), 1992. National Systems of Innovation：Towards a Theory of Innovation and Interactive Learning[M]. London：Pinter.

[139] Malhotra Y, 2005. Integrating Knowledge Management Technologies in Organizational Business Processes：Getting Real Time

Enterprises to Deliver Real Business Performance[J]. Journal of Knowledge Management, 9(1): 7-28.

[140] Malone C F, Roberts R W, 1996. Factors Associated with the Incidence of Reduced Audit Quality Behaviors[J]. Auditing, 15(2): 42-49.

[141] Marvel M R, Lumpkin G T, 2007. Technology Entrepreneurs' Human Capital and Its Effects on Innovation Radicalness[J]. Entrepreneurship Theory and Practice, 31(6): 807-828.

[142] McGrath R, MacMillan I C, 2000. The Entrepreneurial Mindset: Strategies for Continuously Creating Opportunity in an Age of Uncertainty[M]. Boston: Harvard Business School Press.

[143] Mciver D, Lengnick-Hall C A, Lengnick-Hall M L, et al., 2013. Understanding Work and Knowledge Management from a Knowledge-in-Practice Perspective[J]. Academy of Management Review, 38(4): 597-620.

[144] Miller, R. C, 2010. Interdisciplinarity: Its Meaning and Consequences[J]. Oxford Research Encyclopedia of International Studies, 2(11): 1-25.

[145] Minniti M, Nardone C, 2007. Being in Someone Else's Shoes: The Role of Gender in Nascent Entrepreneurship[J]. Small Business Economics, 28(2-3): 223-238.

[146] Mo G Y, 2016. Examining Cross-Disciplinary Communication's Impact on Multidisciplinary Collaborations: Implications for Innovations[J]. Information, Communication and Society, 19(9): 1250-1266.

[147] Mowery D C, 1998. Collaborative R&D: How Effective Is It? [J]. Issues in Science and Technology, 15(1): 37-44.

[148] Murray A I, 1989. Top Management Group Heterogeneity and Firm Performance[J]. Strategic Management Journal, 10(S1): 125-141.

[149] Nelson A J, 2012. Putting University Research in Context: Assessing Alternative Measures of Production and Diffusion at

Stanford[J]. Research Policy, 41(4): 678-691.
[150] Nelson R R (Ed.), 1993. National Innovation Systems: A Comparative Analysis[M]. Oxford: Oxford University Press.
[151] Nesta L, Saviotti P P, 2005. Coherence of the Knowledge Base and the Firm's Innovative Performance: Evidence from the U. S. Pharmaceutical Industry[J]. Journal of Industrial Economics, 53(1): 123-142.
[152] Nicolaou N, Shane S, Cherkas L, et al., 2009. Opportunity Recognition and the Tendency to Be an Entrepreneur: A Bivariate Genetics Perspective[J]. Organizational Behavior and Human Decision Processes, 110(2): 108-117.
[153] Nicolaou N, Shane S, Cherkas L, et al., 2008. Is the Tendency to Engage in Entrepreneurship Genetic? [J]. Management Science, 54(1): 167-179.
[154] Nielsen B B, Nielsen S, 2009. Learning and Innovation in International Strategic Alliances: An Empirical Test of the Role of Trust and Tacitness[J]. Emerald Management Reviews, 46(6): 1031-1056.
[155] Nonaka I, 1994. A Dynamic Theory of Organizational Knowledge Creation[J]. Organization Science, 5(1): 14-37.
[156] Nonaka I, Takeuchi H, 1996. The Knowledge-Creating Company: How Japanese Companies Create the Dynamics of Innovation[J]. Journal of International Business Studies, 27(1): 196-201.
[157] Obstfeld D, 2005. Social Networks, the Tertius Iungens Orientation, and Involvement in Innovation[J]. Administrative Science Quarterly, 50(1): 100-130.
[158] OECD, 1972. Interdisciplinarity: Problems of Teaching and Research in Universities[M]. Paris: OECD Publications.
[159] O'Neill T A, Allen N J, Hastings S E, 2013. Examining the "Pros" and "Cons" of Team Conflict: A Team-Level Meta-Analysis of Task, Relationship, and Process Conflict[J]. Human

Performance, 26(3): 236-260.

[160] Owen-Smith J, Powell W W, 2003. The Expanding Role of University Patenting in the Life Sciences: Assessing the Importance of Experience and Connectivity[J]. Research Policy, 32(9): 1695-1711.

[161] Palmer C L, 2001. Work at the Boundaries of Science[M]. Netherlands: Kluwer Academic Publishers.

[162] Parker D D, Zilberman D, 1993. University Technology Transfers: Impacts on Local and US Economics[J]. Contemporary Economic Policy, 11(2): 87-99.

[163] Pearsall M J, Christian M S, Ellis A P J, 2010. Motivating Interdependent Teams: Individual Rewards, Shared Rewards, or Something in between? [J]. Journal of Applied Psychology, 95(1): 183-191.

[164] Pearsall J, 1998. The New Oxford Dictionary of English[M]. Oxford: Clarendon Press: 525+1849.

[165] Perkmann M, Tartari V, McKelvey M, et al., 2013. Academic Engagement and Commercialization: A Review of the Literature on University—Industry Relations[J]. Research Policy, 42(2): 423-442.

[166] Phan P, Siegel D S, 2006. The Effectiveness of University Technology Transfer[J]. Foundations and Trends in Entrepreneurship, 2(2): 7-15.

[167] Philpott K, Dooley L, O'Reilly C, et al., 2011. The Entrepreneurial University: Examining the Underlying Academic Tensions[J]. Technovation, 31(4): 161-170.

[168] Piñeiro C L, Hicks D, 2014. Reception of Spanish Sociology by Domestic and Foreign Audiences Differs and Has Consequences for Evaluation[J]. Research Evaluation, 24(1): 78-89.

[169] Provasi G, Flaminio S, 2007. Academic Entrepreneurship and Scientific Innovation: Micro-Foundations and Institutions[J]. Department of Social Sciences, 1-62.

[170] Psacharopoulos G, Patrinos H A, 2004. Returns to Investment in Education: A Further Update[J]. Education Economics, 12(2): 111-134.

[171] Psacharopoulos G, 1994. Returns to Investment in Education: A Global Update[J]. World Development, 22(9): 1325-1343.

[172] Quintas P, Lefere P, Jones G, 1997. Knowledge Management: A Strategic Agenda[J]. Long Range Planning, 30(3): 385-391.

[173] Rasmussen E, 2008. Government Instruments to Support the Commercialization of University Research: Lessons from Canada[J]. Technovation, 28(8): 506-517.

[174] Rasmussen E, Borch O J, 2010. University Capabilities in Facilitating Entrepreneurship a Longitudinal Study of Spin-off Ventures at Mid-Range Universities[J]. Research Policy, 39(5): 602-612.

[175] Rebentisch E S, Ferretti M, 1995. A Knowledge Asset-Based View of Technology Transfer in International Joint Ventures[J]. Journal of Engineering and Technology Management, 12(1-2): 1-25.

[176] Rost K, 2011. The Strength of Strong Ties in the Creation of Innovation[J]. Research Policy, 40(4): 588-604.

[177] Rothaermel F T, Agung S D, Lin J, 2007. University Entrepreneurship: Taxonomy of the Literature[J]. Industrial and Corporate Change, 16(4): 691-791.

[178] Schmidt J C, 2008. Towards a Philosophy of Interdisciplinary. An Attempt to Provide a Classification and Clarification[J]. Poiesis & Praxis, 5: 53-69.

[179] Schweiger D M, Sandberg W R, 1989. The Utilization of Individual Capabilities in Group Approaches to Strategic Decision-making[J]. Strategic Management Journal, 10(1): 31-43.

[180] Shane S, 2000. Prior Knowledge and the Discovery of Entrepreneurial Opportunities[J]. Organization Science, 11(4): 448-469.

[181] Shane S, 2004. Academic Entrepreneurship: University Spinoffs and Wealth Creation[J]. Social Science Electronic Publishing, 30(4): 494-496.

[182] Shane S, 2010. Born Entrepreneurs, Born Leaders: How Your Ggenes Affect Your Work Life[M]. Oxford: Oxford University Press, 65.

[183] Shane S, 2004. Encouraging University Entrepreneurship? The Effect of the Bayh-Dole Act on University Patenting in the United States[J]. Journal of Business Venturing, 19(1): 127-151.

[184] Shane S, Lockeea E A, Collins C J, 2003. Entrepreneurial Motivation[J]. Human Resource Management Review, 13(2): 257-279.

[185] Shane S, Venkataraman S, 2000. The Promise of Entrepreneurship as a Field of Research[J]. Academy of Management Review, 25(1): 217-226.

[186] Shin S J, Kim T Y, Lee J Y, et al., 2012. Cognitive Team Diversity and Individual Team Member Creativity: A Cross-level Interaction[J]. Academy of Management Journal, 55(1): 197-212.

[187] Shin M, Holden T, Schmidt R A, 2001. From Knowledge Theory to Management Practice: Towards an Integrated Approach [J]. Information Processing & Management, 37(2): 335-355.

[188] Siegel D S, Waldman D A, Atwater L E, et al, 2003. Commercial Knowledge Transfers from Universities to Firms: Improving the Effectiveness of University-Industry Collaboration[J]. The Journal of High Technology Management Research, 14(1): 111-133.

[189] Sinkula J M, 1994. Market Information Processing and Organizational Learning[J]. Journal of Marketing, 58(1): 35-45.

[190] Slater S F, Narver J C, 1995. Market Orientation and the Learning Organization[J]. Journal of Marketing, 59(3): 63-74.

[191] Smith W K, Lewis M W, 2011. Toward a Theory of Paradox: A Dynamic Rquilibrium Model of Organizing[J]. The Academy of

Management Review, 36(2): 381-403.

[192] Song L J, Tsui A S, Law K S, 2009. Unpacking Employee Responses to Organizational Exchange Mechanisms: The Role of Social and Economic Exchange Perceptions[J]. Journal of Management, 35(1): 56-93.

[193] Struppa D C, 2002. The Nature of Interdisciplinarity[J]. The Journal of the Association of General and Liberal Studies, 30(1): 97-105.

[194] Stuart T E, Ding W W, 2006. When Do Scientists Become Entrepreneurs? The Social Structural Antecedents of Commercial Activity in the Academic Life Sciences[J]. American Journal of Sociology, 112(1): 97-144.

[195] Su D, Ali M, Sohn D W, 2011. A Model to Create High-tech Start-ups from the Academic Environment: The Case of Peking University (PKU) and Tsinghua University (THU)[J]. African Journal of Business Management, 5(26): 10821-10833.

[196] Subramanian A M, Lim K H, Soh P H, 2013. When Birds of a Feather Don't Flock Together: Different Scientists and the Roles They Play in Biotech R&D Alliances[J]. Research Policy, 42(3): 595-612.

[197] Swan J, Newell S, Scarbrough H, et al., 1999. Knowledge Management and Innovation: Networks and Networking[J]. Journal of Knowledge Management, 3(4): 262-275.

[198] Tang M F, 2006. A Comparative Study on the Role of National Technology Transfer Centers in Different Chinese Universities [C]. 4th Globelics Conference in Trivandrum, India.

[199] Teece D J, 2007. Explicating Dynamic Capabilities: The Nature and Microfoundations of (Sustainable) Enterprise Performance [J]. Strategic Management Journal, 28(13): 1319-1350.

[200] Thiel C E, Griffith J A, Hardy J H, et al, 2018. Let's Look at This Another Way: How Supervisors Can Help Subordinates Manage the Threat of Relationship Conflict[J]. Journal of Lead-

ership & Organizational Studies, 25(3): 368-380.

[201] Thursby J G, Thursby M C, 2002. Who Is Selling the Ivory Tower? Sources of Growth in University Licensing[J]. Management Science, 48(1): 90-104.

[202] Tjosvold D, 1998. Cooperative and Competitive Goal Approach to Conflict: Accomplishments and Challenges[J]. Applied Psychology, 47(3): 285-313.

[203] Tobi H, Kampen J K, 2017. Research Design: The Methodology for Interdisciplinary Research Framework[J]. Quality & Quantity, 52(3): 1209-1225.

[204] U. S. National Science Foundation, 2016. Science and Engineering Indicators 2016[R]. Washington D C: U. S. National Science Foundation.

[205] Van den Besselaar P, Heimeriks G, 2001. Disciplinary, Multidisciplinary, Interdisciplinary—Concepts and Indicators[C]//In Davis M, Wilison C S(Eds.). Proceedings of the 8th International Conferece on Scientomettics and Informetrics. Sydney: University of New South Wales.

[206] Van Essen C, 2007. The Development and Diversity of Science Parks in China: Three Cases[D]. Master Thesis, Erasmus University, May.

[207] Van Knippenberg D, De Dreu C K W, Homan A C, 2004. Work Group Diversity and Group Performance: An Integrative Model and Research Agenda[J]. Journal of Applied Psychology, 89(6): 1008-1022.

[208] Van Knippenberg D, Schippers M C, 2007. Work Group Diversity[J]. Annual Review of Psychology, 58(1): 515-541.

[209] Van Looy B, Ranga M, Callaert J, et al. , 2004. Combining Entrepreneurial and Scientific Performance in Academia: Towards a Compounded and Reciprocal Matthew-Effect? [J] Research Policy, 33(3): 425-441.

[210] Van Rijnsoever F J, Hessels L K, Vandeberg R L J, 2008. A

Resource-Based View on the Interactions of University Researchers[J]. Research Policy, 37(8): 1255-1266.

[211] Vanaelst I, Clarysse B, Wright M, et al., 2006. Entrepreneurial Team Development in Academics Spinout: An Examination of Team Heterogeneity[J]. Entrepreneurship Theory and Practice, 30(2): 249-271.

[212] Von Hippel E, 1988. The Sources of Innovation[M]. New York: Oxford University Press.

[213] Wagner C S, Roessner J D, Bobb K, et al., 2011. Approaches to Understanding and Measuring Interdisciplinary Scientific Research (IDR): A Review of the Literature[J]. Journal of Informetrics, 5(1): 14-26.

[214] Waldman D A, Bowen D E, 2016. Learning to Be a Paradox-Savvy Leader[J]. Academy of Management Perspectives, 30(3): 316-327.

[215] Wang B, Ma J, 2007. Collaborative R&D: Intellectual Property Rights Between Tsinghua University and Multinational Companies[J]. Journal of Technology Transfer, 32(4): 457-474.

[216] Wang X, Wang Z, Huang Y, et al., 2017. Measuring Interdisciplinarity of a Research System: Detecting Distinction Between Publication Categories and Citation Categories[J]. Scientometrics, 111(3): 2023-2039.

[217] Wang Y, Lu L, 2007. Knowledge Transfer Through Effective University-Industry Interactions-Empirical Experiences from China[J]. Journal of Technology Management in China, 2(2): 119-133.

[218] Wang Y, Huang J, Chen Y, et al., 2013. Have Chinese Universities Embraced Their Third Mission? New Insight from a Business Perspective[J]. Scientometrics, 97(2): 207-222.

[219] Wiig K M, 1997. Knowledge Management: Where Did It Come from and Where Will It Go? [J]. Expert Systems with Applications, 13(1): 1-14.

[220] Wiig K M, Dehoog R, Vanderspek R, 1997. Supporting Knowledge Management: A Selection of Methods and Techniques[J]. Expert Systems with Applications, 13(1): 15-27.

[221] Woodman R W, Sawyer J E, Griffin R W, 1993. Toward a Theory of Organizational Creativity[J]. Academy of Management Review, 18(2): 293-321.

[222] Wright M, Birley S, Mosey S, 2004. Entrepreneurship and University Technology Transfer[J]. Journal of Technology Transfer, 29(3-4): 235-246.

[223] Wright S J, Stoner K E, Beckman N, et al, 2007. The Plight of Large Animals in Tropical Forests and the Consequences for Plant Regeneration[J]. Biotropica, 39(3): 289-291.

[224] Wu W, 2007. Cultivating Research Universities and Industrial Linkages in China: The Case of Shanghai[J]. World Development, 35(6): 1075-1093.

[225] Wu W, 2010. Managing and Incentivizing Research Commercialization in Chinese Universities[J]. Journal of Technology Transfer, 35(2): 203-224.

[226] Wu W, Zhou Y, 2012. The Third Mission Stalled? Universities in China's Technological Progress[J]. Journal of Technology Transfer, 37(6): 812-827.

[227] Wuchty S, Jones B F, Uzzi B, 2007. The Increasing Dominance of Teams in the Production of Knowledge[J]. Science, 316(5827): 1036-1039.

[228] Yin R K, 2003. Case Study Research: Design and Methods (3rd edition)[M]. Thousands Oaks: Sage Publications.

[229] Yusof M, Jain K K, 2010. Categories of University-Level Entrepreneurship: A Literature Survey[J]. International Entrepreneurship & Management Journal, 6(1): 81-96.

[230] Yusuf S, Nabeshima K, 2007. How Universities Promote Economic Growth[M]. Washington D. C. : World Bank Publications.

[231] Zhang H, Patton D, Kenney M, 2013. Building Global-Class Universities: Assessing the Impact of the 985 Project[J]. Research Policy, 42(3): 765-775.

[232] Zhou Y, 2015. The Rapid Rise of a Research Nation[J]. Nature, 528(7582): S170-S173.

[233] Zhou Y, Minshall T, 2014. Building Global Products and Competing in Innovation: The Role of Chinese University Spin-outs and Required Innovation Capabilities[J]. International Journal of Technology Management, 64(2/3/4): 180-209.

[234] Zhou Y, Minshall T, Hampden-Turner C, 2010. Building Innovation Capabilities: An Inquiry into the Dynamic Growth Process of University Spin-outs in China[J]. International Journal of Innovation and Technology Management, 7(3): 273-302.

[235] Zou Y, Zhao W, 2014. Anatomy of Tsinghua University Science Park in China: Institutional Evolution and Assessment[J]. Journal of Technology Transfer, 39(5): 663-674.

[236] 白利娟,汪小梅,2006.基于模糊综合评判方法的陕西高校科技成果转化分析[J].情报杂志,25(7):46-48.

[237] 毕会英.政府在大学技术转移中的职能定位[J].科技管理研究,2006(1):17-20,23.

[238] 毕颖,杨连生,2014.大学跨学科研究组织协同创新的本质及其政策建议[J].教育发展研究,9:34-39.

[239] 伯顿·克拉克,2003.建立创业型大学:组织上转型的途径[M].王承绪,译.北京:人民教育出版社.

[240] 曹霞,于娟,2016.联盟伙伴视角下产学研联盟稳定性提升路径——理论框架与实证分析[J].科学学研究,34(10):1522-1531.

[241] 陈艾华,邹晓东,2017.基于组织间学习的产学研知识联盟协同创新机理——来自企业的实证研究[J].浙江大学学报(人文社会科学版),47(6):74-87.

[242] 陈艾华,Patton Donald,Kenney Martin,2017.中国大学技术转移前沿理论动态:学术背景与理论焦点[J].科学学与科学技术管理,38(4):16-23.

[243] 陈艾华,陈婵,2023.基于角色认同的学术创业协同创新机理——来自高校跨学科创业团队的实证研究[J].科学学研究,4(3):491-499,555.

[244] 陈艾华,2018.协同创新视域下大学跨学科科研生产力:理论与实证[M].杭州:浙江大学出版社.

[245] 陈艾华,吕旭峰,王晓婷,2017.研究型大学跨学科科研生产力提升机制实证研究[J].科研管理,38(11):82-87.

[246] 陈艾华,吴伟,2024.高校跨学科创业团队内部治理机理[J].科学学研究,42(6):189-198.

[247] 陈海秋,宋志琼,杨敏,2007.中国大学专利实施现状的原因分析与初步研究[J].研究与发展管理,19(4):101-106.

[248] 陈建东,2007.知识管理理论流派初探[J].中国科技论坛,2:94-97.

[249] 陈劲,阳银娟,2012.协同创新的理论基础与内涵[J].科学学研究,30(2):161-164.

[250] 陈静远,黄长春,左亮,2005.中国大学科技园与英国科技园建设和管理模式研究[J].科学学与科学技术管理,8:50-54.

[251] 陈琨,李晓轩,杨国梁,2014.中外大学技术转移效率比较研究[J].科学学与科学技术管理,35(7):98-106.

[252] 陈钰芬,陈劲,2009.开放式创新促进创新绩效的机理研究[J].科研管理,30(4):1-9+28.

[253] 陈忠卫,常极,2009.高管团队异质性、集体创新能力与公司绩效关系的实证研究[J].软科学,23(9):78-83.

[254] 陈祖嘉,1986.前所未有的活动连接科技与生产[N].人民日报海外版,1986-02-14.

[255] 程芬,郭瑾,梁喜,2016.产学研联盟知识转移研究述评与展望[J].科技进步与对策,33(11):157-160.

[256] 丁雪辰,柳卸林,2020.基于文献计量分析的国内外学术创业研究现状与热点趋势评析[J].科学学与科学技术管理,41(5):22-41.

[257] 董临萍,2013.知识工作团队中变革型领导与团队冲突管理方式研究[J].管理学报,10(10):1470-1477.

[258] 段琪,麦晴峰,廖青虎,2017.基于扎根理论的高校学术创业过程研

究[J].科学学研究,35(8):1212-1220,1252.

[259] 樊晨晨,陈益升,2000.大学科技园在中国的崛起[J].科研管理,21(6):101-106.

[260] 范柏乃,余钧,2013.资源投入、区域环境对高校技术转移的影响——基于1994—2009年我国省级面板数据的分析[J].科学学研究,31(11):1656-1662.

[261] 冯冠平,王德保,2003.研究型大学在产学研结合中的作用和角色[J].清华大学教育研究,24(2):92-95.

[262] 付八军,2019.创业型大学本土化的内涵诠释[J].教育研究,8:92-99.

[263] 付八军,2020.大学教师学术创业:内涵、价值与路径[J].清华大学教育研究,41(5):28-36.

[264] 付晔,张乐平,马强,等,2021.R&D资源投入对不同类型高校专利产出的影响[J].研究与发展管理,2010,22(3):103-111.

[265] 郭东妮,2013.中国高校技术转移制度体系研究[J].科研管理,34(6):115-121,160.

[266] 郭强,叶继红,2000.论企业知识管理的基本问题[J].福州大学学报(哲学社会科学版),1:19-20.

[267] 郭秋梅,刘莉,2005.高校科技投入、专利申请及专利管理分析[J].研究与发展管理,17(4):87-93.

[268] 哈贝马斯,1999.认识与兴趣[M].郭官义,李黎,译.上海:学林出版社,130.

[269] 韩锦标,2011.基于知识管理的大学核心竞争力研究[D].徐州:中国矿业大学.

[270] 韩萌,2020.剑桥大学学术创业集群的构建及其启示[J].高等教育研究,41(1):99-106.

[271] 何彬,范硕,2013.中国大学科技成果转化效率演变与影响因素[J].科学学与科学技术管理,34(10):85-94.

[272] 何建坤,孟浩,周立,等,2007.研究型大学技术转移及其对策[J].教育研究,8:15-22.

[273] 何建坤,吴玉鸣,周立,2007.大学技术转移对首都区域经济增长的贡献分析[J].科学学研究,25(5):871-876.

[274] 何先美,符颖,孙景乐,2010.关于促进高校科技成果转化的对策研究[J].研究与发展管理,22(6):128-132.

[275] 何郁冰,张迎春,2017.网络嵌入性对产学研知识协同绩效的影响[J].科学学研究,35(9):1396-1408.

[276] 何郁冰,2012.产学研协同创新的理论模式[J].科学学研究,30(2):165-174.

[277] 贺伟,张柏秋,田辛玲,等,2014.基于Innography平台的吉林大学专利分析[J].情报科学,32(8):144-147,156.

[278] 洪伟,2010.区域校企专利合作创新模式的变化——基于社会网络方法的分析[J].科学学研究,28(1):40-46,150.

[279] 胡恩华,2002.产学研合作创新中问题及对策研究[J].研究与发展管理,14(1):54-57.

[280] 胡罡,章向宏,刘薇薇,等,2014.地方研究院:高校科技成果转化模式新探索[J].研究与发展管理,26(3):122-128.

[281] 胡海峰,2010.孵化、转移、回馈、联盟:大学衍生企业的创新发展路径——以威视股份公司为例[J].中国软科学,7:58-63.

[282] 胡金有,2009.我国高校技术转移问题分析[J].科技管理研究,29(11):224-225.

[283] 胡望斌,张玉利,杨俊,2014.同质性还是异质性:创业导向对技术创业团队与新企业绩效关系的调节作用研究[J].管理世界,6:92-109.

[284] 华勒斯坦,等,1999.学科·知识·权力[M].刘健芝,等译.北京:生活·读书·新知三联书店,79.

[285] 欢喜隆司,钟言,1990.学科的历史与本质[J].外国教育资料,4:16-23.

[286] 黄荣怀,郑兰琴,2007.隐性知识论[M].长沙:湖南师范大学出版社:8.

[287] 黄文彬,胡春光,2010.试论大学学科边界的形成与分化[J].中国高教研,7:49-53.

[288] 黄扬杰,2014.大学学科组织的学术创业力研究[D].杭州:浙江大学.

[289] 黄攸立,薛婷,周宏,2013.学术创业背景下学者角色认同演变模式

研究[J].管理学报,10(3):438-443.

[290] 黄越,杨乃定,张宸璐,2011.高层管理团队异质性对企业绩效的影响研究——以股权集中度为调节变量[J].管理评论,23(11):120-125.

[291] 贾大平,1996.《促进科技成果转化法》的立法背景与主要内容[J].科技成果纵横,5:13-17,43.

[292] 杰勒德·德兰迪,2010.知识社会中的大学[M].黄建如,译.北京:北京大学出版社:127.

[293] 教育部科技发展中心,2011.2010年度全国高校校办产业利润总额排名(第20名)[EB/OL].http://www.cutech.edu.cn/cn/kjcy/xbcytj/2012/05/1331845776580212.htm.

[294] 金吾伦,1997.跨学科研究引论[M].北京:中央编译出版社.

[295] 雷朝滋,黄应刚,2003.中外大学技术转移比较[J].研究与发展管理,15(5):45-52.

[296] 李华晶,王刚,2010.基于知识溢出视角的学术创业问题探究[J].研究与发展管理,22(1):52-59.

[297] 李华晶,2009.学者、学术组织与环境:学术创业研究评析[J].科学学与科学技术管理,2:51-54.

[298] 李娟,任利成,吴翠花,2010.科研机构、高校、企业R&D支出与专利产出的关系研究[J].科技进步与对策,27(20):103-108.

[299] 李平,2002.高校科技成果转化与地方政府管理创新研究[J].科学学研究,20(3):292-296.

[300] 李平,2006.粤港政府在高校科技成果转化中的作用比较[J].科学学研究,24(6):890-894.

[301] 李平,1999.中国大学科技园发展模式的比较[J].科学学研究,17(4):90-95.

[302] 李仕明,韩春林,杨鸿谟,2002.大学科技园的功能与定位[J].研究与发展管理,14(4):77-80.

[303] 李文波,2003.我国大学和国立科研机构技术转移影响因素分析[J].科学学与科学技术管理,6:48-51.

[304] 李修全,玄兆辉,杨洋,2014.从中美高校知识流动对比看我国高校科技成果转化特点[J].中国科技论坛,12:98-102,113.

[305] 李正风,张寒,2013.大学技术转移"带土移植"社会网络的塑造——基于同方威视的案例分析[J].科学与社会,3(3):121-135.

[306] 廖述梅,徐升华,2009.我国校企技术转移效率及影响因素分析[J].科学学与科学技术管理,11:52-56.

[307] 林晶晶,周国华,2006.企业—大学合作中的知识转移机制研究——以某转制院所实施项目管理模式为例[J].中国软科学,3:139-144.

[308] 林莉,郑旭,葛继平,2009.产学研联盟知识转移的影响因素及促进机制研究[J].中国科技论坛,5:39-43.

[309] 刘冰,蔺璇,2010.团队异质性对团队效能的影响研究——以领导行为作为调节变量[J].经济管理,11:74-80.

[310] 刘春林,彭纪生,2004.大学科技园是如何打造的?——关于南大科技园的实证研究[J].研究与发展管理,16(4):101-107.

[311] 刘刚,李超,吴彦俊,2017.创业团队异质性与新企业绩效关系的路径:基于动态能力的视角[J].系统管理学报,26(4):655-662.

[312] 刘和东,施建军,2009.大学技术转移与中国经济增长关系的实证研究[J].科技管理研究,7:244-246.

[313] 刘林青,吴汉勋,齐振远,2015.基于悖论思想解决技术商业化难题——以杨代常的学术—创业历程为例[J].科技进步与对策,32(22):51-60.

[314] 刘慎河,2000.我国企业实施知识管理的若干思考[J].企业经济,6:35-36.

[315] 刘彦,2007.我国大学技术转移的发展与问题[J].中国科技论坛,3:99-104.

[316] 刘永芳,2013.创业型大学视角下的学术创业行为与策略研究[D].南京:南京大学.

[317] 刘月娥,张阳,杨健安,等,2007.高等学校专利实施现状的调研与思考[J].研究与发展管理,19(1):112-119.

[318] 刘泽政,傅正华,2010.地方高校技术转移影响因素分析[J].科学管理研究,28(3):26-29.

[319] 刘仲林,2003.交叉学科分类模式与管理沉思[J].科学学研究,21(6):561-566.

[320] 刘仲林,1990.跨学科学导论[M].杭州:浙江教育出版社.
[321] 刘仲林,1994.迈向跨学科研究的新阶段[J].天津师大学报(社科版),1:44-46.
[322] 卢金鹏,杨超,2005.大学科技成果转化模式的选择与应用研究[J].科技管理研究,25(9):80-83.
[323] 卢俊义,程刚,2009.创业团队内认知冲突、合作行为与公司绩效关系的实证研究[J].科学学与科学技术管理,30(5):117-123.
[324] 卢艳秋,叶英平,肖艳红,2017.产学合作中网络权力对网络惯例的影响[J].社会科学战线,4:257-260.
[325] 陆瑾,谈顺法,2008.上海高校科技成果转化联动机构的运作实践[J].研究与发展管理,20(2):122-126.
[326] 罗凤竹,1989.汉语大词典[M].上海:汉语大词典出版社,245.
[327] 罗建,史敏,彭清辉,等,2019.核心利益相关者认知差异视角下高校科技成果转化问题及对策研究[J].科技进步与对策,36(13):112-117.
[328] 吕春燕,孟浩,何建坤,2005.研究型大学在国家自主创新体系中的作用分析[J].清华大学教育研究,26(5):1-7.
[329] 马鸿佳,董保宝,葛宝山,2014.创业能力、动态能力与企业竞争优势的关系研究[J].科学学研究,32(3):431-440.
[330] 马陆亭,陈霞玲,2013.欧美创业型大学的典型与借鉴[J].中国高等教育,13,14:77-79.
[331] 马艳艳,刘凤朝,孙玉涛,2012.中国大学专利被企业引用网络分析——以清华大学为例[J].科研管理,33(6):92-99.
[332] 迈克尔·波兰尼,2000.个人知识:迈向后批判哲学[M].许泽民,译.贵阳:贵州人民出版社,129.
[333] 迈克尔·吉本斯,卡米耶·利摩日,黑尔佳·诺沃提尼,等,2011.知识生产的新模式:当代社会科学与研究的动力学[M].陈洪捷,沈文钦,等译.北京:北京大学出版社,107.
[334] 毛义华,康晓婷,方燕翎,2021.创新氛围与知识管理对创新绩效的影响研究[J].科学学研究,39(3):519-529.
[335] 梅元红,孟宪飞,2009.高校技术转移模式探析——清华大学技术转移的调研与思考[J].科技进步与对策,26(24):1-5.

[336] 孟浩,何建坤,吕春燕,2006.清华科技园创新集成分析[J].清华大学教育研究,27(2):69-74.

[337] 闵维方,马万华,1999.大学在知识经济时代的作用——北京大学的实践与展望[J].教育发展研究,27(2):65-67.

[338] 宁烨,樊治平,2010.知识能力的构成要素:一个实证研究[J].管理评论,22(12):96-103.

[339] 牛芳,张玉利,杨俊,2011.创业团队异质性与新企业绩效:领导者乐观心理的调节作用[J].管理评论,23(11):110-119.

[340] 庞青山,2006.大学学科论[M].广州:广东教育出版社,20.

[341] 邱琼,2002.我国高校校办科技企业产权安排的理论分析[J].中国软科学,5:117-121.

[342] 曲雁,2010.中美高校科技成果转化中的知识产权保护问题刍议[J].北京交通大学学报(社会科学版),9(2):101-105.

[343] 饶凯,孟宪飞,Piccaluga Andrea,2012.政府研发投入对中国大学技术转移合同的影响——基于三螺旋理论的视角[J].科学学与科学技术管理,33(8):74-81.

[344] 饶凯,孟宪飞,陈绮,等,2011.中欧大学专利技术转移比较研究[J].软科学,25(10):22-26.

[345] 饶凯,孟宪飞,徐亮,等,2013.研发投入对地方高校专利技术转移活动的影响——基于省级面板数据的实证分析[J].管理评论,25(5):144-154.

[346] 饶凯,孟宪飞,徐亮,等,2012.研发投入对中国大学技术转移合同的影响[J].管理科学,25(5):76-84.

[347] 饶凯,孟宪飞,于晓丹,2013.科技人力资源因素对中国地方大学专利申请——专利许可的影响[J].中国科技论坛,4:135-141.

[348] 让-弗朗索瓦·利奥塔尔,2011.后现代状态:关于知识的报告[M].车槿山,译.南京:南京大学出版社,17.

[349] 申佳,李雪灵,马文杰,2013.不同成长阶段下新企业关系强度与绩效研究[J].科研管理,34(8):115-122.

[350] 盛小平,2002.国内知识管理研究综述[J].中国图书馆学报,28(3):60-64.

[351] 施定国,徐海洪,刘凤朝,2009.政府科技投入对高校科技支出及专

利产出的影响[J].科技进步与对策,26(23):192-195.

[352] 苏洋,赵文华,2019.我国研究型大学教师学术创业影响因素的实证研究——基于计划行为理论视角[J].教育发展研究,1:70-76,84.

[353] 唐磊,2011.理解跨学科研究:从概念到进路[J].国外社会科学,3:89-98.

[354] 涂振洲,顾新,2013.基于知识流动的产学研协同创新过程研究[J].科学学研究,31(9):1381-1390.

[355] 王飞绒,池仁勇,2011.基于组织间学习的技术联盟与企业创新绩效关系的实证研究——以生物产业为例[J].研究与发展管理,23(3):1-8,135.

[356] 王凤彬,陈建勋,2011.动态环境下变革型领导行为对探索式技术创新和组织绩效的影响[J].南开管理评论,14(1):4-16.

[357] 王平,2010.知识管理理论构建的哲学反思——一个跨学科的研究视角[J].图书情报知识,3:84-90.

[358] 王权赫,吴巨丰,沈映春,2012.可量化资源因素与理工科高校技术转移产出的相关性研究[J].科技管理研究,9:81-86.

[359] 王铁军,2010.新疆高校科技成果转化模式研究[J].中国科技论坛,1:96-100.

[360] 王新德,张月珍,王志新,2004.加强知识产权保护,促进和推动高校技术转移[J].研究与发展管理,16(2):110-115.

[361] 王兴元,姬志恒,2013.跨学科创新团队知识异质性与绩效关系研究[J].科研管理,34(3):14-22.

[362] 王雁,孔寒冰,王沛民,2005.两次学术革命与大学的两次转型[J].浙江大学学报(人文社会科学版),35(3):162-167.

[363] 王燕,雷环,2012.工程教育的责任延续:高校技术转移与专利管理[J].高等工程教育研究,6:158-162.

[364] 王永伟,韩亚峰,2019.环境不确定情境下组织惯例更新的前因与后果[J].科研管理,40(10):268-277.

[365] 卫海英,骆紫薇,2014.中国的服务企业如何与顾客建立长期关系?——企业互动导向、变革型领导和员工互动响应对中国式顾客关系的双驱动模型[J].管理世界,244(1):105-119.

[366] 魏江,王艳,2004.企业内部知识共享模式研究[J].技术经济与管理研究,1:68-69.

[367] 魏立群,王智慧,2002.我国上市公司高管特征与企业绩效的实证研究[J].南开管理评论,5(4):16-22.

[368] 魏昕,张志学,2018.团队的和谐型创新激情:前因、结果及边界条件[J].管理世界,34(7):100-113,184.

[369] 翁君奕,2004.美日中高校技术转移激励政策比较[J].高等教育研究,4:98-102.

[370] 吴凡,董正英,2010.高等学校技术转移能力影响因素及实证分析[J].科技进步与对策,27(10):137-140.

[371] 吴洁,张运华,施琴芬,2008.高校知识创新效率研究——以专利申请为例[J].研究与发展管理,20(6):117-121.

[372] 吴荫方,葛仲,郑永平,2001.加强高校专利工作,促进科技事业发展[J].科学学与科学技术管理,4:38-41.

[373] 希拉·斯劳特,拉里·莱斯利,2008.学术资本主义:政治、政策和创业型大学[M].梁骁,黎丽,译.北京:北京大学出版社,209.

[374] 肖丁丁,任雪琳,朱桂龙,2022.学术创业团队中持续合作意愿的构建机制——基于过程与结果双重视角[J].科学学研究,40(12):2228-2237,2245.

[375] 肖国芳,李建强,2014.专利资助政策对高校技术转移的影响分析——以上海为例[J].科学管理研究,32(6):37-40.

[376] 小林达也,1981.技术转移——从历史上考察美国和日本[M].东京:东京文真堂,62-65.

[377] 谢凤华,姚先国,古家军,2008.高层管理团队异质性与企业技术创新绩效关系的实证研究[J].科研管理,29(6):65-73.

[378] 谢开勇,赵邦友,张礼达,等,2002.论高校产学研及其运行机制[J].科学学研究,20(4):423-427.

[379] 徐国东,叶金福,邹艳,2008.企业—大学合作中的知识转移影响因素分析[J].情报杂志,2:87-89.

[380] 徐建中,吕希琛,2014.关系质量对制造企业团队创新绩效影响研究——业务转型外包情境视角[J].科学学与科学技术管理,35(9):141-151.

[381] 徐井宏,梅萌,2003.知识经济的加速器——清华科技园的理念和发展战略[J].清华大学学报(哲学社会科学版),18(4):89-94.

[382] 徐凯,高山行,2008.中国高等院校科研投入—产出研究[J].研究与发展管理,20(2):97-101.

[383] 徐敏,2010.高校知识管理综合评价研究[D].哈尔滨:哈尔滨工业大学.

[384] 徐锐,2000.知识型企业的知识管理特征[J].图书情报工作,1:46-48.

[385] 徐炎章,陈子侠,2005.基于B/S高校科技成果转化信息系统分析设计[J].自然辩证法研究,21(7):90-93.

[386] 许春,2013.中国大学专利、技术转移与企业创新——基于累积创新视角[J].科学学与科学技术管理,34(12):78-86.

[387] 许楠,田涵艺,刘浩,2021.创业团队的内部治理:协作需求、薪酬差距与团队稳定性[J].管理世界,37(4):216-230.

[388] 许运娜,2003.论战略联盟中的知识转移——基于动态能力的观点[D].北京:对外经济贸易大学.

[389] 宣勇,凌健,2006."学科"考辨[J].高等教育研究,4:18-23.

[390] 宣勇,张金福,凌健,等,2009.大学学科组织化研究:多学科的审视[J].教育发展研究,5:45-55.

[391] 炎冰,宋子良,1996."交叉学科"概念新解[J].科学技术与辩证法,4:51-54.

[392] 阎为民,周飞跃,2006.高校科技成果转化绩效模糊评价方法研究[J].研究与发展管理,18(6):129-133.

[393] 杨德林,汪青云,孟祥清,2007.中国研究型大学衍生企业活动影响因素分析[J].科学学研究,25(3):511-517.

[394] 杨继明,李春景,2010.麻省理工学院与清华大学技术转移做法比较研究及启示[J].中国科技论坛,1:147-151.

[395] 杨俊,田莉,张玉利,等,2010.创新还是模仿:创业团队经验异质性与冲突特征的角色[J].管理世界,3:84-96.

[396] 杨廷钫,凌文辁,2009.广东省高校技术转移与经济增长的协整和Granger因果关系分析[J].科技管理研究,11:215-217.

[397] 杨祖国,2008.中国大学专利及科技创新活动分析研究[J].图书馆

工作与研究,6:90-93.

[398] 姚飞,孙涛,谢觉萍,2016.学术创业的边界、绩效与争议——基于1990—2014年文献的扎根分析[J].科技管理研究,6:98-102.

[399] 姚飞,2013.学者向创业者转型过程释意的多案例研究[J].南开管理评论,1:138-148.

[400] 叶静怡,杨洋,韩佳伟,等,2014.投入、隐性因素与大学技术成果转化——基于中国大学专利出售数据的实证分析[J].经济科学,5:103-117.

[401] 易高峰,2020.大学科研人员学术创业意愿的影响因素及其作用路径研究[J].科研管理,41(9):247-256.

[402] 易高峰,2017.我国高校学术创业政策演化的过程、问题与对策——基于1985—2016年高校学术创业政策文本分析[J].教育发展研究,5:70-76.

[403] 殷朝晖,李瑞君,2018.美国研究型大学教师学术创业及其启示[J].教育科学,34(3):88-94.

[404] 殷朝晖,李瑞君,2017.研究型大学学术创业者的角色冲突研究[J].教育发展研究,13-14:49-55.

[405] 伊曼纽尔·沃勒斯坦,2006.知识的不确定性[M].王昺,等译.济南:山东大学出版社,104.

[406] 余晓卉,戚巍,李峰,等,2011.各省区高校技术转移的全过程评价研究——基于突变理论的视角[J].中国科技论坛,10:102-108.

[407] 原长弘,高金燕,孙会娟,2013.地方政府支持与区域市场需求规模不确定性对高校技术转移效率的影响——来自中国"211工程"大学的证据[J].研究与发展管理,25(3):10-17.

[408] 原长弘,贾一伟,方坤,等,2009.中国大学体制类型对高校知识转移的影响:一个基于资源观的分析[J].科学学与科学技术管理,30(7):134-138.

[409] 原长弘,孙会娟,方坤,2013.转轨时期高校体制变革对高校知识转移影响的实证研究[J].管理学报,10(3):451-457.

[410] 原长弘,孙会娟,李雪梅,2013.地方政府科技投入强度及本地市场技术需求对研究型大学专利产出效率影响研究[J].科技进步与对策,30(10),26-30.

[411] 原长弘,孙会娟,王涛,2012.存在双元:政府支持与高校知识创造转移效率[J].科学学研究,30(9):1397-1404.

[412] 原长弘,章芬,姚建军,等,2015.政产学研用协同创新与企业竞争力提升[J].科研管理,36(12):1-8.

[413] 原长弘,赵文红,周林海,2012.政府支持、市场不确定性对校企知识转移效率的影响[J].科研管理,33(10):106-113.

[414] 翟天任,李源,2012.高校科技成果转化的协同管理路径研究[J].科技进步与对策,29(22):44-47.

[415] 张春博,杨阳,丁堃,等,2016.中国大学专利技术转移模式分析与展望——以985工程高校为例[J].科技进步与对策,33(6):117-121.

[416] 张方华,2006.知识型企业的社会资本与知识获取关系研究——基于BP神经网络模型的实证分析[J].科学学研究,24(1):106-111.

[417] 张寒,胡宗彪,李正风,2013.研发项目对大学技术转让合同影响的实证研究——以中国985工程高校为例[J].科学学研究,31(4):495,537-545.

[418] 张红兵,2013.技术联盟知识转移有效性的差异来源研究——组织间学习和战略柔性的视角[J].科学学研究,31(11):1687-1696,1707.

[419] 张金福,王维明,2013.法国高校与研究机构协同创新机制及其启示[J].教育研究,8:142-148.

[420] 张娟,刘威,2012.高校技术转移机构的演变过程及发展趋势[J].科技进步与对策,29(6):147-150.

[421] 张绍丽,于金龙,2016.产学研协同创新的文化协同过程及策略研究[J].科学学研究,34(4):624-629.

[422] 张婉莹,毛亚庆,2022.校长变革型领导如何影响教师组织承诺——基于中介效应与调节效应的实证分析[J].教育研究,6:134-147.

[423] 张炜,邹晓东,陈劲,2002.基于跨学科的新型大学学术组织模式构造[J].科学学研究,20(4):362-366.

[424] 张洋磊,张应强,2017.大学跨学科学术组织发展的冲突及其治理

[J].教育研究,38(9):55-60,131.
[425] 张运华,吴洁,施琴芬,2008.高校科技投入及成果转化效率分析——价值链角度的考察[J].科技管理研究,8:133-135.
[426] 赵树智,张薇,1993.现代跨学科研究的兴起和特点[M].济南:山东教育出版社.
[427] 赵文华,薛天祥,侯定凯,1998.各国高等学校技术转移的比较研究[J].外国教育研究,5:39-43.
[428] 曾宏建,2019."团队异质性"对中学教研团队绩效影响的实证研究[J].教育学术月刊,6:86-93.
[429] 曾粤亮,司莉,2020.组织视角下跨学科科研合作运行机制研究——以斯坦福大学跨学科研究机构为例[J].图书与情报,2:64-75.
[430] 郑素丽,章威,吴晓波,2010.基于知识的动态能力:理论与实证[J].科学学研究,28(3):405-411,466.
[431] 中国社会科学院语言研究所词典编辑室,2000.现代汉语词典[M].北京:商务印书馆.
[432] 周程,张杰军,2010.跨越创新过程中的"死亡之谷"——科技成果产业化问题刍议[J].科学学与科学技术管理,31(3):50-55.
[433] 周凤华,朱雪忠,2007.资源因素与大学技术转移绩效研究[J].研究与发展管理,19(5):87-94.
[434] 周荣,涂国平,喻登科,2013.高校科技成果转化团队知识网络的结构、行为及其演化分析[J].中国科技论坛,11:79-84.
[435] 周训胜,2011.我国高校科技成果转化模式研究[J].福州大学学报(哲学社会科学版),25(1):104-107.
[436] 朱桂龙,张艺,陈凯华,2015.产学研合作国际研究的演化[J].科学学研究,33(11):1669-1686.
[437] 朱国军,吴价宝,董诗笑,等,2013.高管团队人口特征、激励与创新绩效的关系研究——来自中国创业板上市公司的实证研究[J].中国科技论坛,1(6):143-150.
[438] 朱凌,薛萍,梅景瑶,2015.研究型高校交叉新兴学科发展方向分析——基于社会网络分析和专利数据的学科预测模型[J].教育研究,6:46-54.

[439] 朱学彦,2009.基于嵌入性关系和组织间学习的产学知识联盟研究[D].杭州:浙江大学.

[440] 邹晓东,陈汉聪,2011.创业型大学:概念内涵、组织特征与实践路径[J].高等工程教育研究,3:54-59.

[441] 邹晓东,舟杭,2004.大学学科组织创新研究[M].杭州:浙江大学出版社.

附录Ⅰ:调查问卷Ⅰ

面向高水平科技自立自强的高校跨学科创业团队学术创业机理调查问卷

尊敬的专家/学者:

您好!

为了解我国高校跨学科创业团队学术创业现状,以便提出改善学术创业的合理建议,特邀您参与此项调查,您的意见和建议将是本研究成功的关键。

烦请您于百忙中协助完成这份问卷的填写。本调查完全采用匿名方式进行,所获数据只用于课题研究,并受严格保密。衷心感谢您的支持和协助!

衷心祝愿您的事业蒸蒸日上!

高校跨学科创业团队学术创业研究课题组
2019 年 3 月

填写说明:学术创业主要是指学者或学术组织利用学术成果参与商业创业活动(如产学合作、基于大学的风险投资基金、以大学为基础的孵化器企业、由学者组建的新创企业等)。

一、基本情况(请在相应的选项上打"√")

1. 您的性别:
(1)男　　　　　　(2)女

2. 您的职称:
(1)正高级　(2)副高级　(3)中级　(4)初级及以下

3. 您所在的学科:
(1)哲学　(2)经济学　(3)法学　(4)教育学　(5)文学　(6)历史学
(7)理学　(8)工学　(9)农学　(10)医学　(11)管理学　(12)军事学

(13)艺术学

4. 您所在的跨学科创业团队成立年限(年):
(1)1年以内 (2)1~3年 (3)4~6年 (4)7~9年 (5)10~12年
(6)13~15年 (7)15年以上

5. 您所在的跨学科创业团队开展学术创业的时间(年):
(1)1年以内 (2)1~3年 (3)4~6年 (4)7~9年 (5)10~12年
(6)13~15年 (7)15年以上

6. 您所在的跨学科创业团队,学术创业成员规模(人):
(1)1~5人 (2)6~10人 (3)11~15人 (4)16~20人
(5)21~25人 (6)26~30人 (7)31人以上

7. 您所在跨学科创业团队进行学术创业,带头人的学术地位是:
(1)本领域领军人才 (2)学科带头人 (3)学术骨干
(4)一般研究人员

8. 您所在的跨学科创业团队,所属的高校类别:
(1)C9联盟高校(原前9所985高校) (2)除C9以外的其他原985高校
(3)原211高校 (4)其他高校

9. 您所在的跨学科创业团队,所属高校的地理区域:
(1)华东 (2)华南 (3)华北 (4)华中 (5)东北 (6)西南 (7)西北
(8)港澳台地区

二、以下是被调查的跨学科创业团队学术创业的情况判断,请您根据实际情况,给下列各个指标打分(每个指标为7分制:1=极不符合;2=不符合;3=较不符合;4=一般;5=较符合;6=符合;7=极符合)(请在您的选择上打√)

测度题项	极不符合←——→极符合						
1. 跨学科创业团队学术创业成员在年龄上分布很广	1	2	3	4	5	6	7
2. 跨学科创业团队学术创业成员间在对待问题上不会因年龄而产生分歧	1	2	3	4	5	6	7
3. 跨学科创业团队学术创业成员中年轻人数量多于年长的数量	1	2	3	4	5	6	7
4. 跨学科创业团队学术创业团队每年都会吸收不同年龄层次的人加入	1	2	3	4	5	6	7

续表

测度题项	极不符合←→极符合						
5. 跨学科创业团队学术创业成员在教育背景上存在很大差异	1	2	3	4	5	6	7
6. 跨学科创业团队学术创业成员所掌握的专业知识涉及的领域很广	1	2	3	4	5	6	7
7. 跨学科创业团队学术创业成员学历分布范围较大	1	2	3	4	5	6	7
8. 跨学科创业团队学术创业成员不会因学历差异彼此存在隔阂	1	2	3	4	5	6	7
9. 跨学科创业团队学术创业成员的学术创业年限存在很大差异	1	2	3	4	5	6	7
10. 跨学科创业团队学术创业成员的学术创业经验存在很大差异	1	2	3	4	5	6	7
11. 跨学科创业团队学术创业成员间不会因创业年限差异在沟通上存在困难	1	2	3	4	5	6	7
12. 跨学科创业团队学术创业成员的工作经历各不相同	1	2	3	4	5	6	7
13. 跨学科创业团队学术创业成员创业所涉及的行业分布很广	1	2	3	4	5	6	7
14. 跨学科创业团队学术创业成员在学术创业团队任期上各不相同	1	2	3	4	5	6	7
15. 跨学科创业团队学术创业成员的创业技能积累存在较大差异	1	2	3	4	5	6	7
16. 跨学科创业团队成员比较认同技术研究成果的重要性	1	2	3	4	5	6	7
17. 跨学科创业团队成员认为应该投入资金深入研究技术成果	1	2	3	4	5	6	7
18. 跨学科创业团队成员因为技术认可和研究思维与其他成员发生冲突	1	2	3	4	5	6	7
19. 跨学科创业团队成员认为市场发展策略的制定十分重要	1	2	3	4	5	6	7
20. 跨学科创业团队成员认为应该把更多的时间精力和资金投入到扩大市场占有率方面	1	2	3	4	5	6	7

续表

测度题项	极不符合←→极符合						
21. 跨学科创业团队成员不会因为市场开拓和更大商业化与其他成员发生冲突	1	2	3	4	5	6	7
22. 在跨学科创业团队内,不同学科人员进行深度合作	1	2	3	4	5	6	7
23. 在跨学科创业团队内,不同学科人员经常沟通合作事项	1	2	3	4	5	6	7
24. 在跨学科创业团队内,不同学科人员经常协商合作行动	1	2	3	4	5	6	7
25. 在跨学科创业团队内,不同学科人员开展知识技术培训	1	2	3	4	5	6	7
26. 在跨学科创业团队内,不同学科人员进行交流互动	1	2	3	4	5	6	7
27. 在跨学科创业团队内,不同学科人员彼此信任	1	2	3	4	5	6	7
28. 在跨学科创业团队内,不同学科人员彼此依赖	1	2	3	4	5	6	7
29. 在跨学科创业团队内,不同学科人员合作关系稳定	1	2	3	4	5	6	7
30. 在跨学科创业团队内,不同学科人员合作关系持久	1	2	3	4	5	6	7
31. 领导表现出很能干、有魄力和自信	1	2	3	4	5	6	7
32. 领导在实现目标的过程中显示出决心	1	2	3	4	5	6	7
33. 领导让下属感觉愉快	1	2	3	4	5	6	7
34. 领导为了团队利益,不计较个人得失	1	2	3	4	5	6	7
35. 领导向下属表达对他们高绩效的期望	1	2	3	4	5	6	7
36. 领导充满激情地谈论需要完成的任务	1	2	3	4	5	6	7
37. 领导给大家描绘鼓舞人心的未来	1	2	3	4	5	6	7
38. 领导给大家传达一种使命感	1	2	3	4	5	6	7
39. 学术创业成员间经常出现不和与摩擦	1	2	3	4	5	6	7
40. 学术创业成员间存在情感上的抵触	1	2	3	4	5	6	7
41. 学术创业成员在性格上存在较大差异	1	2	3	4	5	6	7
42. 学术创业成员在工作执行上存在不同的观点	1	2	3	4	5	6	7

续表

测度题项	极不符合←→极符合
43. 学术创业成员在工作中提出一些新想法时经常存在不一致	1 2 3 4 5 6 7
44. 学术创业成员各自负责的工作很难调和	1 2 3 4 5 6 7
45. 学术创业成员间在工作中经常存在不同意见	1 2 3 4 5 6 7

三、以下是对被调查的跨学科创业团队近三年学术创业的绩效判断,请您根据实际情况,给下列各个指标打分(每个指标为7分制:1＝极不符合;2＝不符合;3＝较不符合;4＝一般;5＝较符合;6＝符合;7＝极符合)(请在您的选择上打√)

测度题项	极不符合←→极符合
1. 跨学科创业团队成员和产业界对跨学科创业团队的学术创业均较满意	1 2 3 4 5 6 7
2. 跨学科创业团队结合学术创业活动发表了较多高水平论文	1 2 3 4 5 6 7
3. 跨学科创业团队培养的学生的创业能力较强	1 2 3 4 5 6 7
4. 跨学科创业团队有较多高质量专利(自然科学技术)/咨询、版税收入(人文社科)	1 2 3 4 5 6 7
5. 跨学科创业团队获得了较多省部级以上奖励	1 2 3 4 5 6 7
6. 跨学科创业团队的科研成果总是能实现成果转化	1 2 3 4 5 6 7
7. 跨学科创业团队科研到款中横向项目所占比重很高	1 2 3 4 5 6 7
8. 跨学科创业团队学术创业活动为其积累了学术声誉	1 2 3 4 5 6 7

再次衷心感谢您的大力支持!

附录Ⅱ:调查问卷Ⅱ

面向高水平科技自立自强的高校学术创业影响效应调查问卷

本问卷是课题研究的重要一环。您的意见和答案将对课题研究提供非常重要的帮助。烦请您在百忙之中协助完成这份问卷的填写。本课题研究的数据只用于科学统计分析,且严格保密所有信息。真诚希望得到您的帮助!十分感谢!敬祝事业顺利!

填表说明:本研究中"产学知识联盟"是企业通过各种形式如技术咨询服务、研究支持(资助高校、科研机构进行研究)、成果转化、合作研究等与高校进行合作与整合,发挥各自优势以获取外部性效应,从而实现创新成本降低、创新绩效提高的目标。

一、产学知识联盟基本情况(请在相应的选项划"√")

1. 贵企业名称:＿＿＿＿＿＿＿＿＿＿＿＿＿＿＿＿＿＿＿
2. 成立年份:＿＿＿＿＿＿＿＿＿＿＿＿＿＿＿＿
3. 上一年研发投入占销售额的比重:＿＿＿＿＿＿＿＿＿＿
4. 贵企业所属行业:＿＿＿＿＿＿＿＿＿＿＿
5. 贵企业性质是:(1)国有企业　(2)民营企业　(3)合资企业
6. 贵企业员工人数:(1)＜100人　(2)100~500人　(3)＞500人
7. 贵企业参与过的产学合作方式包括(可多选):
(1)技术转让　(2)专利出售　(3)专利许可　(4)联合技术攻关　(5)委托开发　(6)委托咨询　(7)技术入股　(8)创办新企业　(9)共建联合实验室　(10)共建技术中心　(11)共建企业博士后流动站　(12)合作培养本科生、

研究生 （13）培训企业员工

二、以下是关于合作方知识共享模式、组织间学习、创新绩效情况(请在相应选项划"√")(1表示完全不符合,7表示完全符合)

序号	具体内容	完全不符合	不符合	较不符合	一般	较符合	符合	完全符合
1	通过参与产学知识联盟,本人可以与合作中的他人共享工作经验	1	2	3	4	5	6	7
2	通过参与产学知识联盟,本人可以与合作中的他人共享技术诀窍	1	2	3	4	5	6	7
3	通过参与产学知识联盟,本人可以与合作中的他人共享业务报告和建议书、工作手册、流程和模型	1	2	3	4	5	6	7
4	通过参与产学知识联盟,本企业可以与合作中的他人共享工作经验	1	2	3	4	5	6	7
5	通过参与产学知识联盟,本企业可以与他人共享技术诀窍	1	2	3	4	5	6	7
6	通过参与产学知识联盟,本企业可以与合作中的他人共享业务报告和建议书、工作手册、流程和模型	1	2	3	4	5	6	7
7	通过参与产学知识联盟,本企业可以与合作中的其他组织共享工作经验	1	2	3	4	5	6	7
8	通过参与产学知识联盟,本企业可以与合作中的其他组织共享技术诀窍	1	2	3	4	5	6	7
9	通过参与产学知识联盟,本企业与合作中的其他组织共享业务报告和建议书、工作手册、流程和模型	1	2	3	4	5	6	7

续表

序号	具体内容	完全不符合	不符合	较不符合	一般	较符合	符合	完全符合
10	通过参与产学知识联盟,本企业可以获得更多关于新技术的知识	1	2	3	4	5	6	7
11	通过参与产学知识联盟,本企业可以获得更多关于新原材料的知识	1	2	3	4	5	6	7
12	通过参与产学知识联盟,本企业可以获得更多关于新市场机会的知识	1	2	3	4	5	6	7
13	通过参与产学知识联盟,本企业可以创造更多有关工艺创新的知识	1	2	3	4	5	6	7
14	通过参与产学知识联盟,本企业可以创造更多有关产品创新的知识	1	2	3	4	5	6	7
15	通过参与产学知识联盟,本企业可以创造更多有关研发流程优化知识	1	2	3	4	5	6	7
16	通过参与产学知识联盟,本企业新产品数有所增加	1	2	3	4	5	6	7
17	通过参与产学知识联盟,本企业申请的专利数有所增加	1	2	3	4	5	6	7
18	通过参与产学知识联盟,本企业新产品产值占销售总额的比重有所增加	1	2	3	4	5	6	7

再次衷心感谢您的大力支持!

后 记

  本书的写作和完成以及相关研究工作的进行,得到了各位前辈的悉心指导。此外,杭州师范大学中国创新创业教育研究院教授黄扬杰博士在本书写作过程中提出了许多中肯意见。在此,谨向各位致以最真挚的谢意!

  还要衷心感谢在本书撰写各个阶段给予大力支持与帮助的领导和同事,没有你们的大力支持,我不可能完成这项艰巨的任务。

  还要特别感谢浙江大学出版社李海燕老师,她为本书的出版付出了心血。

  受邀接受项目研究访谈和问卷调查的诸多专家和学者,为本书研究成果的实现奠定了有效根基,在此一并表示衷心感谢!

  最后,谨将这本专著献给我的家人!是你们的大力支持,才使得这本专著得以顺利完稿。你们无私的爱是我勇往直前的不竭动力!

  此外,感谢所有帮助过我的人!感恩有你们!

  本书学习、借鉴了学术同行的若干相关工作,已在本书的参考文献中列出,谨此表示谢意!但是由于水平、时间、精力所限,本书定然有不少纰漏,敬请各位读者不吝指教!

作者
2024 年 2 月